Ortotanásia:

Bioética, Biodireito, Medicina e Direitos de Personalidade

Coordenadora:
Hildeliza Lacerda Tinoco Boechat Cabral

Ortotanásia:

Bioética, Biodireito, Medicina e Direitos de Personalidade

2ª TIRAGEM

Del Rey Editora

Belo Horizonte
2016

Impresso no Brasil | *Printed in Brazil*

EDITORA DEL REY LTDA.
www.livrariadelrey.com.br

Editor: Arnaldo Oliveira

Editor Adjunto: Ricardo A. Malheiros Fiuza

Editora Assistente: Waneska Diniz

Coordenação Editorial: Wendell Campos Borges

Projeto Gráfico: Dilex Editoração Ltda.

Editoração: Dilex Editoração Ltda.

Revisora de Língua Portuguesa: Mestranda Joane Marieli Pereira Caetano

Revisora de Metodologia: Ms Marlene Soares Freire Germano

Capa: CYB Comunicações

Editora Del Rey
Rua dos Goitacazes, 71 - Sala 709-C - Centro
Belo Horizonte - MG - CEP 30190-050
Tel: (31) 3284-5845
editora@delreyonline.com.br

O78 Ortotanásia: bioética, biodireito, medicna e direitos de personalidade. / Hildeliza Lacerda Tinoco Boechat Cabral (Coord.). Belo Horizonte: Del Rey, 2015.

xxii + 274 p.

ISBN: 978-85-384-0421-7

Colaboradores: Amanda Figueiredo de Oliveira, Amauri Chaves Filho, Andrea Rodrigues Von-Held, Ari Gonçalves Neto, Artur José Cabral, Carlos Felipe Felix Ventura Lopes, Carlos Henrique Medeiros de Souza, Hildeliza Lacerda Tinoco Boechat Cabral, João Pedro Soares de Freitas, João Romário Gomes da Silva, Leandro Bastos Machado, Leandro Dutra Peres, Luiza Figueiras Bicalho, Marlene Soares Freire Germano, Matheus Paulo Rodrigues Dias, Raquel Veggi Moreira, Rodrigo da Costa Amil, Rodrigo Moreira Pereira, Sabrina Maria Brandi Tinoco, Ulisses de Barros Ramos.

1. Ortotanásia, Brasil. 2. Ortotanásia, aspectos jurídicos, Brasil. 3. Bioética, Brasil. 4. Biodireito, Brasil. 5. Direitos da personalidade, Brasil. 6. Morte, aspectos jurídicos, Brasil. 7. Relação médico paciente, Brasil. 8. Conselho Federal de Medicina (Brasil) (CFM). 9. Doente terminal, Brasil. I. Cabral, Hildeliza Lacerda Tinoco Boechat (Coord.).

CDU: 343.614(81)

Nilcéia Lage de Medeiros
Bibliotecária
CRB6: 1545

Escreveram nesta obra:

Professores

Andrea Rodrigues Von-Held
Artur José Cabral
Carlos Felipe Felix Ventura Lopes
Carlos Henrique Medeiros de Souza
Hildeliza Lacerda Tinoco Boechat Cabral
Leandro Dutra Peres
Marlene Soares Freire Germano
Raquel Veggi Moreira
Rodrigo da Costa Amil

Estudantes-Pesquisadores

Amanda Figueiredo de Oliveira
Amauri Chaves Filho
Ari Gonçalves Neto
João Pedro Soares de Freitas
João Romário Gomes da Silva
Leandro Bastos Machado
Luiza Figueiras Bicalho
Matheus Paulo Rodrigues Dias
Rodrigo Moreira Pereira
Sabrina Maria Brandi Tinoco
Ulisses de Barros Ramos

Aos meus pais, meu marido e minhas filhas.

À minha mãe, Vasti, mulher que demonstra saber que a oração é a chave do coração do Senhor. Na flor de seus 81 anos, num ato de extrema fé, optou pela cirurgia arriscada e consequente excesso terapêutico, sacrificando-se para permanecer mais tempo entre nós;

Ao meu pai, Norberto, homem de fé e coragem, que aos 84 nos não se curvou ante ao diagnóstico de câncer, enfrentando com fé, firmeza e disciplina todas as consequências dessa decisão cujo resultado foi cura;

Ao meu marido, Artur, por todos os motivos! E ainda, por juntamente com minhas filhas, Vívian, Rachel e Liz, constituir meu sólido núcleo afetivo – minha base emocional,

dedico

A Deus, nosso Pai Eterno, por haver inspirado esta obra e por ter-nos abençoado durante todas as atividades referentes a este projeto;

aos estudantes-pesquisadores do PIC Ortotanásia, pela garra, determinação, esforço e tempo investidos;

à Universidade Iguaçu Campus Itaperuna – fértil lócus onde esta pesquisa nasceu e se desenvolveu, alcançando a região e ainda pela parceria nesta obra;

ao Reitor da Universidade Iguaçu, Professor André do Nascimento Monteiro, pela confiança, apoio e incentivo ao nosso trabalho;

ao Professor Cristiano Chaves de Farias, pelos elevados conhecimentos sobre direitos de personalidade, pelo rico Prefácio, que muito valorizou esta obra, e ainda pela colaboração, sempre prestigiando nosso trabalho, com peculiar atenção e carinho;

ao Professor Nelson Rosenvald,pelos ensinamentos sobre a dignidade da pessoa humana, pela dedicada Apresentação desta obra, com zelo, diligência e atenção que sempre nos dispensa;

ao Coordenador de Pesquisa, Pós-graduação e Extensão da Universidade Iguaçu campus Itaperuna, Professor Wendel Mattos Pompilho, pelo apoio e confiança, e à Secretária da Extensão Maryanne de Morais Oliveira Bertassoini Delorenzi pela colaboração;

Aos colegas Professores e Coordenadores dos Cursos Direito e Medicina, Professores Leandro Silva Costa, Eugênio Carlos de Almeida Tinoco, Fabiano Bianchi e Léo Ribeiro Chiarelli pelo apoio, e, em especial, ao Léo, pela colaboração. À Secretária Carla Diniz Godinho, às funcionárias Julienne Freitas, Rosimere Pereira de Souza e Suzanny Assis Oliveira, da Coordenação de Direito, pela ativa e efetiva participação e colaboração nos eventos deste grupo de pesquisa.

Aos estudantes-pesquisadores Matheus Paulo Rodrigues Dias e João Romário Gomes da Silva, que não mediram esforços para que alcançássemos com êxito os objetivos de todas as etapas do trabalho realizado.

à Professora Joane Marieli Pereira Caetano, pela revisão de Língua Portuguesa;

E, como não poderia deixar de ser, ao nosso cônjuge, aos nossos queridos filhos e amados pais, namorado(a) e familiares que nos apoiaram incondicionalmente neste projeto, pessoas especiais de cuja companhia nos privamos para o desenvolvimento da pesquisa e a redação desta obra,

Agradecemos!

O nosso doente, que, antes de tudo, era uma pessoa, sentia-se inabilitado de fazer uso das faculdades que lhe restavam. Com esforço conjugado, muitas dessas faculdades podem ser despertadas, se não nos assustarmos vendo alguém sofrer desamparado. Talvez eu queira dizer o seguinte: podemos ajudá-los a morrer, tentando ajudá-los a viver, em vez de deixar que vegetem de forma desumana.

(KÜBLER-ROSS, 2012, p. 25).

Sumário

Prefácio

Admiráveis reflexões novas para um admirável mundo novo

Tratar da morte não é um assunto corriqueiro em uma sociedade que cultua fundamentalmente a vida, muita vez, em seus aspectos meramente materiais.

A morte é tratada com menoscabo e como uma impiedosa vilã. Aqui, convém a lembrança da obra *As intermitências da morte*, do lusitano José Saramago. No livro, o saudoso literata português, merecidamente galardoado com o Prêmio Nobel de Literatura, sempre sarcástico e irônico, critica o comportamento da sociedade contemporânea, apresentando as reações de diferentes setores da comunidade (Igreja, imprensa, economistas, funerárias, casas de pensão, hospitais, seguradoras, famílias com moribundos em casa...) à situação de uma vida sem morte (SARAMAGO, José, *As intermitências da morte*, São Paulo: Companhia das Letras, 2005).

No belíssimo texto, apresenta-se uma localidade na qual a morte, simplesmente, deixou de ocorrer, mantendo vivas todas as pessoas, inclusive os pacientes terminais, criando uma multidão de moribundos. Uma das frases é significativa: "*no dia seguinte ninguém morreu*".[1]Assim,

[1] É imperdível a passagem em que bem se retrata o assunto abordado: "então ela, a morte, levantou-se, abriu a bolsa que tinha deixado na sala e retirou a carta de cor violeta. Olhou em redor como se estivesse à procura de um lugar onde a pudesse deixar, sobre o piano, metida entre as cordas do violoncelo, ou então no próprio quarto,

percebeu a existência de pessoas que, mesmo contra a sua própria vontade, mantinham-se, indefinidamente, vivas, em uma zona cinzenta entre a vida e a morte. Abriu, então, um relevante debate sobre a vida, a morte, o amor e o sentido, ou a falta dele, no que tange à existência humana.

Nessa ambiência, não se pode deixar de registrar a premente necessidade de uma ampla discussão (científica, ética, jurídica, religiosa e moral) acerca do direito de morrer dignamente (*rightto die*), como já antecipamos de há muito em nosso *Curso de Direito Civil,* escrito a quatro mãos com eminente civilista radicado nas Alterosas (FARIAS, Cristiano Chaves de; ROSENVALD, Nelson. São Paulo: Atlas, 13ª ed. 2015, vol. 1).

É que, a partir de uma leitura civil-constitucional, especialmente da cláusula geral da dignidade humana, é fácil notar que o direito à morte digna é o reverso inexorável da moeda do direito à vida digna. Em palavras mais claras, ao direito de viver com dignidade, haverá de corresponder como espelho invertido o direito de morrer dignamente. Até mesmo porque uma morte digna há de ser a consequência natural de toda e qualquer vida digna. Trata-se, pois, tão somente, de permitir que a natureza siga o seu rumo, fazendo o seu inexorável papel, sem que isso atinja a dignidade da pessoa, em determinadas situações.

Mais ainda no atual estágio de desenvolvimento da sociedade, no qual as múltiplas descobertas e conquistas da ciência, revelam possibilidades nunca antes imaginadas. Aquela causa que, até bem pouco tempo, impunha uma morte em pouco tempo, agora termina sendo arrefecida pelos cientistas, cujos limites cognitivos vão sendo redesenhados praticamente de forma cotidiana.

A propósito, observando a aguda velocidade com a qual as inovações estão sendo apresentadas no âmbito da ciência é impossível deixar de comparar esse quadro existente nesse mundo que a cada dia evidencia algo de novo (uma nova cena, um outro mundo) com o "*Admirável Mundo Novo*" que Aldous Huxley idealizou, no começo da década de 30 do século passado. Em sua fábula futurista, prospectando uma sociedade completamente organizada, sob um sistema científico

debaixo da almofada em que a cabeça do homem descansava. Não o fez. Saiu para a cozinha, acendeu um fósforo, um fósforo humilde, ela que poderia desfazer o papel com o olhar, reduzi-lo a uma impalpável poeira, ela que poderia pegar-lhe fogo só com o contacto dos dedos, e era um simples fósforo, o fósforo comum, o fósforo de todos os dias, que fazia arder a carta da morte, essa que só a morte podia destruir. Não ficaram cinzas. A morte voltou para a cama, abraçou-se ao homem e, sem compreender o que lhe estava a suceder, ela que nunca dormia, sentiu que o sono lhe fazia descair suavemente as pálpebras. No dia seguinte ninguém morreu" (p. 214).

de castas, ministravam-se doses regulares de felicidade quimicamente transmitida. Imaginava-se uma civilização de excessiva ordem onde as pessoas eram controladas desde a origem por meio de um sistema de controle genético.

Sem dúvida, não seria possível ignorar que as descobertas científicas revelam um novo quadro, digno da comparação com aquelas projeções literárias de Huxley.

Bem por isso, não poderia haver momento mais propício para que se trouxesse a lume uma obra contendo reflexões críticas e científicas sobre os novos quadrantes da morte em nossa sociedade. Análises que superem a simplista visão historicamente repetida. Textos que recolham as experiências e estudos que inspiram um fecundo diálogo entre a Medicina, a Filosofia, a Ética, o Direito... Enfim, uma visão multirreferencial do fenômeno da morte.

Eis o livro que tenho a honra de prefaciar e o privilégio de ler e renovar a crença kantiana de *que o homem evolui para o melhor*.

São textos produzidos por acadêmicos (docentes e discentes) em Itaperuna (RJ), com um fio condutor bem estabelecido: problematizar a Ortotanásia sob a ótica do Direito e da Medicina como uma forma de afirmação da existência de um direito à morte digna, como corolário do direito à vida digna, afirmado constitucionalmente. Autores visivelmente comprometidos com a construção de valores que possam garantir uma sociedade, de fato, mais igualitária, solidária e livre – expressões correspondentes à tábua axiológica constitucional.

Dúvida não há acerca da importância contemporânea da obra. Permitindo uma compreensão sistêmica da matéria, os textos, cuja firme orientação salta aos olhos, abordam diferentes aspectos relacionados ao tema. Projeções filosóficas, médicas, jurídicas, dentre outras, convergem para um ponto de interseção indiscutível: a necessidade de refletir sobre a morte com uma visão menos moral e mais científica. Os textos primam por respeitar essa linha de orientação e explicitam ideias novas, captadas a partir da riqueza no tratamento do tema na contemporaneidade.

A conclusão impositiva proposta pelos textos traz à luz uma verdade que não mais pode ser escondida em meio às paragens remotas de um tempo pretérito em que os dogmas (quase sempre religiosos...) eram repetidos acriticamente, sem qualquer filtragem: a existência de um direito à morte digna como consequência inexorável do direito à vida digna, com fundamento protetivo constitucional, a partir da cláusula que serve de âncora ao sistema jurídico brasileiro (a dignidade da pessoa humana - art. 1º, III, da *Lex Fundamentallis*).

Percebe-se, com facilidade, que a leitura dos textos conduz à certeza de que é chegada a hora de pensar no direito à morte digna como forma de respeito à dignidade dos humanos e como um mecanismo de respeito às diferenças, até porque é da essência da humanidade a alteridade.

Para a execução de uma sonata tão afinada, rendam-se as justas referências à Professora *Hildeliza Lacerda Tinoco Boechat Cabral*, estudiosa da interdisciplinaridade Direito e Medicina, cuja vasta e plural formação acadêmica (Doutoranda em Ciências Jurídicas pela UNLP - Universidade Nacional de La Plata, Mestre em Cognição e Linguagem pela UENF - Universidade Estadual do Norte Fluminense, Especialista em Direito Privado e em Direito Público, além de Especialista em Educação) autoriza à promoção desse fecundo diálogo científico.

Enfim, assevero, com absoluta convicção, que se trata de uma sonata coerente e inovadora, além de corajosa. Trata-se de leitura fundamental não apenas para acadêmicos, juristas, médicos, filosófos, antropólogos, cientistas em geral. Não só. É leitura essencial para a vida em sociedade, para um mundo em que o respeito à alteridade e à dignidade do outro seja a tônica do convívio - o que parece tão distante nesse momento.

Afianço que o livro atende às expectativas de quem precisa de uma reflexão cuidadosa e inovadora acerca da afirmação de um direito à morte digna, como uma garantia constitucional, em diálogo permanente (e necessário!) com os outros correlacionados ramos do conhecimento humano.

Admiráveis textos para um admirável mundo novo.

Praia do Forte, Bahia, em (um chuvoso) junho de 2015

Cristiano Chaves de Farias

Promotor de Justiça do Ministério Público do Estado da Bahia

Mestre pela Universidade Católica do Salvador - UCSal.

Professor de Direito Civil do Complexo de Ensino Renato Saraiva - CERS (www.cers.com.br)

Professor da Faculdade Baiana de Direito

Membro do Instituto Brasileiro de Direito de Família - IBDFAM

Apresentação

A Professora Hideliza Lacerda Tinoco Boechat Cabral, doutoranda em Ciências Jurídicas, Mestre em Cognição e Linguagem, dedicada ao estudo da interdisciplinaridade *Direito e Medicina* e professora de ambos os cursos, concedeu-me a honra de apresentar um trabalho por ela coordenado, cujo cerne é a aferição da ortotanásia em suas diversas vertentes: bioética, biodireito, medicina e direitos da personalidade. Como afirma a própria coordenadora da obra coletiva: "a Ortotanásia surge como uma preocupação interdisciplinar, do Direito e da Medicina, ambas as ciências direcionadas ao cumprimento da proteção à pessoa e sua dignidade, axioma que passa a valorizar mais a vontade da pessoa enferma, a cuidar da fase final da vida de forma mais humanizada e efetiva, promovendo uma morte digna através da ortotanásia, 'no tempo certo', sem antecipar, nem postergar o momento final da existência humana".

Portanto, temos como objetivo fazer um breve apanhado do livro, desafio que não se faz singelo, pois a obra é multifacetada e pretende visitar a ortotanásia em suas inúmeras fronteiras médicas e jurídicas.

No Capítulo 2 o pesquisador Leandro Bastos Machado cuida da importância dos estudos sobre a ortotanásia e reflexos na academia e na sociedade, pois na prática médica "o que pode ser observado é a não aplicação da ortotanásia, ocorrendo por medo do médico frente a um processo judicial".

Adiante, no Capítulo 3, a Mestre em Educação Marlene Soares Freire Germano, trata da "Morte como fim da existência humana", trabalhando com profundidade o conceito filosófico de morte e os mitos e mistérios que a envolvem, com destaque para as contribuições dos grandes filósofos a respeito da morte. Aliás, enfatiza as lições básicas de Platão e Montaigne sobre a definição da filosofia como a "arte de bem morrer".

A Pesquisadora Amanda Figueiredo de Oliveira vasculha os "Aspectos Jurídicos da morte" no Capítulo 4. Partindo dos diversos conceitos legais de morte, investe nos efeitos do óbito em todos os ramos de nosso ordenamento.

Em sequência, no Capítulo 5, o Pesquisador Ari Gonçalves Neto explica os "Princípios norteadores da ortotanásia", na tríplice dimensão da Dignidade da Pessoa Humana, Liberdade e Autodeterminação da pessoa.

Já o Capítulo 6 é dedicado ao "Axioma da Dignidade da pessoa humana no Direito e na Medicina". O Pesquisador Rodrigo Moreira Pereira avalia a humanização do direito e da medicina em busca de assegurar a vida digna e a autodeterminação da pessoa como respeito aos direitos da personalidade. Minudencia as distinções entre eutanásia e ortotanásia e justifica o tratamento paliativo como um novo conceito de cuidar "focando não apenas em curar, mas sim no bem estar do paciente como um todo até o final de sua vida".

Prosseguindo, no Capítulo 7, o Médico Veterinário e Mestre Artur José Cabral e o Cirurgião Geral Leandro Dutra Peres dissertam sobre a Ortotanásia: conceito e origem; o seu fundamento e a vinculação com as principais religiões, Cristianismo, Judaísmo e Islamismo.

As "Expressões Ligadas ao Conceito de Ortotanásia" dominam o Capítulo 8, de autoria do Acadêmico de Medicina João Romário Gomes da Silva. Ele esmiúça o significado de eutanásia, distanásia e mistanásia, essa última, caracterizada "por mortes prematuras, passíveis de serem evitadas ou adiadas com tratamentos eficazes e precisos".

O atualíssimo tema do excesso terapêutico como "Antítese da ortotanásia" é ventilado no Capítulo 9, pelo Acadêmico João Pedro Soares de Freitas. Explica o equívoco da obstinação terapêutica e conceitua a distanásia como lesão à dignidade da pessoa humana, o quê nos leva a reavaliar o princípio da beneficência no juramento hipocrático.

O Promotor de Justiça do MP/RJ, Carlos Felipe Felix Ventura Lopes, trabalha aspectos da legalidade da ortotanásia no Capítulo 10. Avalia a temática sob o prisma do Direito criminal atual e do Projeto de Lei que consubstancia o novo Código Penal. Em pesquisa realizada sobre o assunto nos tribunais brasileiros constata que nossas cortes pouco se ativeram sobre o tema, sem um julgado sequer no STF e STJ.

No Capítulo 11, a Coordenadora da obra coletiva, a Professora Hildeliza Boechat e o Doutor Carlos Henrique Medeiros de Souza, Professor e Coordenador do Programa Cognição e Linguagem da UENF, associam a ortotanásia ao delicado tema das Diretivas Antecipadas de Vontade. Avaliam o conceito e validade das DAV's; o seu objeto, objetivo e forma; a importância no âmbito da Medicina e efetividade da vontade do enfermo, demonstrando que a Resolução CFM 1995/12, "foi um importante passo para delinear a atuação médica no contexto da terminalidade da vida do paciente".

"A morte na Perspectiva da Humanização da Medicina" é o assunto a que se dedica o Pesquisador Rodrigo Moreira Pereira no Capítulo 12. Inicia visitando o fenômeno da humanização da medicina com a reavaliação do conceito de morte pelos profissionais dessa área com ênfase na prevenção da distanásia, como prática a ser evitada.

A Mestranda em Cognição Raquel Veggi Moreira aborda no Capítulo 13 os "Aspectos da Aplicabilidade" da ortotanásia, com destaque para a caracterização do estado de terminalidade e o consentimento para aplicabilidade do procedimento, tendo em vista que o paciente terminal "tem o pleno direito de recusar tratamentos que servirão apenas para o prolongamento doloroso de sua vida, considerando ainda que a vida não é um bem jurídico absoluto".

Ainda em sede de conexão interdisciplinar, o Pesquisador Ulisses de Barros Ramos visita "A Medicina e a Aplicabilidade da Ortotanásia" no Capítulo 14. Fere o Código de Ética Médica e o compromisso com a morte digna, além do tratamento paliativo e o bem-estar do enfermo terminal.

A "Relação Médico-Paciente-Família" (Capítulo 15), é o núcleo do estudo do Médico e Professor Rodrigo da Costa Amil, que culmina por pontuar os aspectos vivenciais da experiência do médico nessa relação, sendo que o grande desafio "não é esconder o processo de doença. O desafio maior é conseguir estimular o paciente a não perder a esperança, mesmo que as opções de tratamento sejam poucas".

No Capítulo 16, a Professora e Médica Oncologista Andréa Rodrigues Von-Held relata a "Adoção de Tratamentos Paliativos", sublinhando os cuidados terminais como importante parte dos tratamentos paliativos, além de examinar as suas disposições legais e éticas para concluir com o quê se deve considerar como "Bem-estar do enfermo terminal".

Avançando ao Capítulo 17, traz-se à colação artigo sobre "Importância e Reflexos do Projeto Interdisciplinar de iniciação Científica no Âmbito Acadêmico e na Sociedade", de lavra da Fundadora da LIGA de Neurologia Aplicada, Luiza Figueiras Bicalho. No Capítulo 18: "Os Objetivos e Justificativa do PIC Ortotanásia", são enfatizados pela Pesquisadora Sabrina Maria Brandi Tinoco. A Metodologia adotada na pesquisa é objeto do Capítulo 19, de autoria do Acadêmico João Romário Gomes da Silva. Na sequência (Capítulo 20), vislumbramos a apresentação dos gráficos, pelo Pesquisador Matheus Paulo Rodrigo Dias, com questionários variados respondidos por populares, membros da classe médica e da classe jurídica. No Capítulo 21, seguem os resultados obtidos pelo autor em suas pesquisas de campo. Na Análise de resultados (Capítulo 22) o Pesquisador Amauri Chaves Filho disseca o panorama geral das 1934 entrevistas realizadas em 13 municípios do Noroeste do Estado do Rio de Janeiro. O rigoroso trabalho desenvolvido explicado pela Professora Marlene Soares Freire Germano, através de uma análise dos objetivos alcançados.

Finalmente, no Capítulo 24, a Professora Hildeliza Lacerda Tinoco Boechat Cabral efetua as suas digressões finais sobre o direito de morrer dignamente. Três decisivas linhas definem o essencial de todo o projeto: "É preciso que médicos e familiares ressignifiquem o processo de morte, adotando nova conduta em relação às decisões e escolhas conscientes que o enfermo realiza para a própria vida e sua morte".

Concluo essa breve apresentação com a clara sensação de que os vários partícipes da empreitada autoral se imbuíram do desígnio de "fechar o tema" da ortotanásia. E de fato, lograram êxito. Asseguro aos leitores que não encontrarão em suas pesquisas uma obra tão vasta e minudente sobre os meandros do final da vida e a possibilidade de conversão do limiar da morte em uma dignidade transcendente. Afinal, já dizia Guimarães Rosa que "o mundo é mágico. As pessoas não morrem, ficam encantadas".

Belo Horizonte, Junho de 2015.

NELSON ROSENVALD

Pós-Doutor em Direito Civil pela Universidade Roma-Tre

Doutor e Mestre pela PUC/SP.

Procurador de Justiça do Ministério Público de Minas Gerais.

Coordenador da Pós-Graduação em Direito Civil do Damásio Educacional.

Primeira Seção
Introdução

Capítulo 1
Considerações Iniciais

Hildeliza Lacerda Tinoco Boechat Cabral
Doutoranda em Ciências Jurídicas pela UNLP
Mestre em Cognição e Linguagem pela UENF
Especialista em Direito Público. Especialista em Direito Privado.
Autora das obras Consentimento Informado no Exercício da Medicina e Tutela dos Direitos Existenciais – uma visão interdisciplinar Direito e Medicina (2011) e Síntese de Direito do Consumidor (2012). Professora dos cursos de Direito e Medicina da Universidade Iguaçu – Itaperuna.
Orientadora do PIC Ortotanásia

> *Perto do fim da vida, uma pretensa cura significa simplesmente a troca de uma maneira de morrer por outra... cada vez mais, nossas tarefas serão de acrescentar vida aos anos a serem vividos e não acrescentar anos à nossa vida... mais atenção ao doente e menos à cura em si mesma* (PESSINI; BARCHIFONTAINE, 2014, p. 454).

Há muito se fala em dignidade da pessoa humana, que vem ganhando progressiva expressão a partir da Declaração Universal dos Direitos Humanos de 1948, quando logo no artigo 1º garante que os homens são livres e iguais em direitos e dignidade. Desde então, as constituições democráticas pós-modernas inserem em seus textos a dignidade humana como princípio maior. No Brasil, a Carta de 1988 inseriu-a como fundamento deste Estado Democrático de Direito, conferindo-lhe primazia em relação aos demais princípios.

Os progressos tecnológicos e científicos fizeram com que a vida pudesse ser mantida por um lapso temporal cada vez mais extenso, e em 1950 Jacques Roskam, preocupado com as pessoas que eram mantidas em vida vegetativa, apresentou o conceito etimológico de Ortotanásia - uma expressão por ele cunhada - a partir de dois termos gregos: *ortho* (certa) e *thanatus* (morte). A palavra e seu conceito foram apresentados no Congresso de Gerontologia na Bélgica, no qual explicou que entre a eutanásia (abreviação da vida e antecipação da morte) e a distanásia (prolongamento excessivo pela obstinação terapêutica), há um momento ideal, em que a morte se dá de forma natural e espontânea, porque a vida possui uma finitude, um tempo certo determinado por Deus.

Nesse contexto, a Ortotanásia surge como uma preocupação interdisciplinar, do Direito e da Medicina, ambas as ciências direcionadas ao cumprimento da proteção à pessoa e sua dignidade, axioma que passa a valorizar mais a vontade da pessoa enferma, a cuidar da fase final da vida de forma mais humanizada e efetiva, promovendo uma morte digna através da Ortotanásia, "no tempo certo", sem antecipar, nem postergar o momento final da existência humana. Adotando-se uma reflexão sobre a reapropriação da morte pelo titular da vida, para compreender a finitude como uma importante fase da existência humana, e não mais como uma fase temida, indesejada e inimiga: a morte encarada de forma serena, sublime, em que a dignidade deve ser tão resguardada quanto em qualquer outra etapa da vida humana.

O enfrentamento da morte através de escolhas pessoais e reais torna a pessoa mais segura e fornece condições psicológicas para um final digno. Esta obra disponibiliza um aporte teórico sobre Ortotanásia, discutindo-se a legalidade e eticidade de sua aplicação no Brasil, frisando a distinção básica, mas relevante entre as expressões Eutanásia e Ortotanásia. Enquanto a primeira se caracteriza por uma intervenção realizada com o objetivo de abreviar a vida da pessoa acometida de doença grave, sendo reprovada pela ética e a legislação pátria, a segunda não abrevia a vida nem a posterga, apenas oferece ao doente terminal cuidados paliativos e apoio psicológico para que a morte se dê no tempo certo, sem excesso terapêutico e tratamentos dolorosos e fúteis, por sua absoluta desnecessidade no quadro de terminalidade.

Há que se destacar a relevância e atualidade da temática em estudo. A Ortotanásia, a legalidade do procedimento e a morte digna são temas que somente agora começam a ser timidamente debatidos na sociedade. Pode-se citar, como por exemplo, um grupo de homens e mulheres com idade de 30 a 75 anos, reúne-se na Pousada Ziláh, nos Jardins, zona oeste para discutirem questões relativas à morte, conforme texto de Camila Appel na Folha Online, em reportagem veiculada no dia 25/04/2015. Discussões dessa natureza precisam ser trazidas ao âmbito das universidades e das famílias.

Apresenta-se o Projeto de Iniciação Científica sobre Ortotanásia, um empreendimento por meio do qual se busca levar à academia e à sociedade um conceito pouco debatido e bastante relevante para o maior valor do ordenamento jurídico: a dignidade da pessoa humana, axioma vetor dos direitos de personalidade. Para o desenvolvimento deste projeto, um grupo de 12 estudantes-pesquisadores dos cursos de Direito e de Medicina soma esforços, visitando os 13 municípios que compõem a Região Noroeste Fluminense, divulgando o tema, entrevistando pessoas da população, operadores do direito e profissionais da medicina, a fim de confirmar a hipótese de que há pouco conhecimento das pessoas a respeito do assunto em estudo.

Também no âmbito da Universidade, foram promovidos vários círculos de debates, com estudantes-pesquisadores matriculados em ambos os cursos, inclusive o "IV Seminário Interdisciplinar Direitos de Personalidade: DISTANÁSIA – o que você pensa sobre o excesso terapêutico?" Isso porque a Distanásia é um extremo oposto à Ortotanásia, que se caracteriza pela excessiva utilização de medicamentos – a chamada obstinação terapêutica –, que submete a pessoa enferma a tratamentos fúteis e à obstinação terapêutica, um sofrimento que põe em risco a dignidade da pessoa humana.

Pretende-se, para efeitos da abordagem introdutória, salientar que a presente obra analisa a Ortotanásia em diferentes capítulos, objetivando-se melhor compreensão do tema. Os capítulos foram escritos por estudantes-pesquisadores, professores, médicos e advogados envolvidos na pesquisa, que desenvolvem a temática da seguinte forma: quatro seções que são subdivididas em capítulos, apresentando-se os aspectos filosóficos, jurídicos e médicos da Ortotanásia, trazendo por fim, informações sobre o Projeto de Iniciação Científica que se desenvolveu para estudar o assunto.

Empregou-se metodologia qualitativa mediante ampla pesquisa bibliográfica em autores contemporâneos da Filosofia, do Direito e da Medicina, em artigos científicos e jurisprudência, que surgem timidamente, por se tratar de assunto relativamente novo e pouco discutido, que somente agora começa a chegar aos tribunais. A metodologia quantitativa foi utilizada na pesquisa de campo, no tratamento dos dados e elaboração dos gráficos, por meio dos quais se apresentam os resultados obtidos.

Foram utilizados autores como Cristiano Chaves de Farias e Nelson Rosenvald (2015), Eduardo Luiz Cabette (2012), Leo Pessini e Christian Barchifontaine (2014), Luciano de Freitas Santoro (2013), Mônica Vieira (2012), Roxana Cardoso Brasileiro Borges (2007), dentre outros.

Capítulo 2
Importância dos Estudos sobre a Ortotanásia e Reflexos na Academia e na Sociedade

Leandro Bastos Machado

Bacharel em direito pela Universidade Iguaçu- campus V

Estudante-pesquisador de Medicina 5º período

Estagiário na UTI Neurológica do HSJA

Respeitar a dignidade da pessoa humana na hora da morte é observar o real desejo do paciente terminal no que diz respeito a morrer no momento natural, sem sofrimentos e agonias. Uma morte digna – consequência de uma vida digna – não é uma morte antecipada, tampouco uma morte sofrida e prolongada artificialmente, e muito menos, uma morte miserável, em que nem mesmo se chegou a ter acesso a uma possível tentativa de tratamento. (ANZILEIRO, 2007, p. 88).

2.1 Inexistência de Informação sobre Ortotanásia

Etimologicamente, a palavra "**ortotanásia**" vem do grego e significa "morte correta", em que *orto* = certo e *thanatos* =morte. É notório que na legislação brasileira, no que tange a debates e desenvolvimentos científicos sobre a ortotanásia há uma estagnação no tempo. Embora o tema seja antigo, a discussão sobre esta prática tem sido assunto muito atual no Brasil.

A base da legislação brasileira sobre a dignidade humana, inserida no art. 1º da Constituição da República Federativa do Brasil de 1988, logo em seu início no inciso III, dispõe que a República Federativa do Brasil tem como um de seus fundamentos, "a dignidade da pessoa humana" e complementa, em seu art. 5º, inciso III, que "ninguém será submetido à tortura nem a tratamento desumano ou degradante".

Podendo entender que este princípio se aplica ao assunto em pauta, dialoga-se com o texto da Carta Magna que apresenta a dignidade da pessoa humana como um dos fundamentos pátrios. Com isso, apresenta-se como algo inadmissível de discussão, já que faz parte de direitos basilares e estruturais da ordem jurídica, segundo uma análise subjetiva da Constituição Federal.

Igualmente destaca-se o artigo 5º da Constituição Federal, no qual levantou um conjunto de garantias individuais: a vida privada, a honra, a intimidade e a imagem do ser humano; dispondo que "são invioláveis a intimidade, a vida privada, a honra e a imagem das pessoas, assegurado o direito à indenização pelo dano material ou moral decorrente de sua violação", mais uma vez reafirmando e enaltecendo a importância da liberdade de escolha de cada indivíduo na qualidade de ser como fim de tudo e não como meio de proposição de direitos.

Inúmeras são as interpretações, de diversas as áreas do Direito, podendo efetuar a partir destes princípios a esfera familiar, a qual deve ser respeitada e não podendo sofrer influência externa. O Estado, no que se refere à relação familiar, deveria ser um mero expectador, não realizando interferências que viessem impossibilitar, novamente, a liberdade de escolha do indivíduo.

Assim, todo ser humano possui o direito à intimidade, a fazer aquilo que bem entender, desde que não venha infringir as normas legais existentes.

No entanto, há de se considerar que um dos maiores receios dos médicos vem da possibilidade de serem acusados, no que tange a prática da ortotanásia, podendo ser classificada como homicídio doloso ou culposo. Lembrando que a eutanásia, sim, é considerada como crime doloso, mas sobre a ortotanásia, mesmo sendo completamente distinta, ainda hoje há pouco conhecimento da diferença dos seus conceitos e práticas. Na ortotanásia a morte do paciente decorre pelo curso natural da progressão da doença, não havendo ação alguma do médico no decorrer, mas sim a ação natural da patologia clínica do paciente.

O Direito Penal elenca que o ser humano é dono de seu próprio corpo, podendo ter pleno controle, desde que não resulte prejuízo para terceiros. Assim, uma pessoa que tentou se suicidar e não teve êxito na sua ação não sofrerá punição penal, por não ser considerado crime, mas se vier a ferir algum direito de terceiros, será responsabilizada pelo dano causado a estes.

Por outro lado, entende-se não constituir crime quem permitir ao paciente terminal que a morte ocorra no momento exato determinado pela própria patologia do paciente, podendo ela ser sem dor e serena. Diz-se serena, por entender que o médico possui sua função de cuidar e zelar pelo paciente, isto é, pode utilizar-se de condutas amenizadoras do sofrimento, bloqueando sintomas como dores fortes de pacientes terminais, aliviando-os em momentos finais.

No entanto, conforme Código Penal Brasileiro, em seu artigo 13 § 2, determina-se que:

> [...] a omissão é penalmente relevante quando o omitente devia e podia agir para evitar o resultado. O dever de agir incumbe a quem: a. tenha por lei obrigação de cuidado, proteção ou vigilância; b. de outra forma, assumiu a responsabilidade de impedir o resultado; c. com seu comportamento anterior, criou o risco da ocorrência do resultado.

Para alguns médicos este é o receio de acatar vontades, tanto do paciente quanto da família de paciente que está em um estado de sobrevida, pois, há meios de manutenção da vida, mas não há meios da garantia de uma vida digna.

2.2 IMPORTÂNCIA DAS DISCUSSÕES ACADÊMICAS SOBRE A ORTOTANÁSIA

É de extrema importância que exista dentro das universidades um estímulo ao desenvolvimento do estudante, ajudando-os na formação de opinião de caráter e identidade como cidadão e profissional. As universidades podem conseguir tal proeza trazendo discussões de temas, que serão postos à prova na vida prática do profissional, além dos muros de cada instituição.

O profissional médico terá em seu poder a prerrogativa da influência de sua opinião, sob a qual o que ele fala ao paciente pode ser tomado como verdade absoluta, por isso, a formação acadêmica não deve se restringir apenas ao conteúdo programático, mas prepará-lo para a vida real, para que ele tenha consciência do certo e do errado e seja treinado para as situações conflituosas.

Na prática médica, o que pode ser observado é a não aplicação da ortotanásia ocorrendo por medo do médico frente a um processo judicial, resguardando o profissional em seu pleno exercício, e dando direito de escolha a quem tem o direito natural e positivo na liberdade de escolher.

Ademais, devido a uma formação deficitária para lidar com a morte dos pacientes e ao pouco preparo para relação-paciente moribundo, observam-se casos em que se tem como causas do término da vida falhas médicas. Todavia, trata-se do curso natural da vida. Logo, deve-se discutir com o devido cuidado e instruir quanto ao assunto. Há, também, de se falar sobre cuidados paliativos durante o curso de medicina: dificuldade em se conseguir abordar o assunto com o paciente e seus familiares; o preparo para se lidar com a morte; os avanços da patologia do paciente; e, ainda, como o paciente irá preferir enfrentá-la ou se abster de enfrentar aceitando, com isso, qualquer procedimento independente do seu quadro.

2.3 A ortotanásia e a Interdisciplinalidade na Ortotanásia: direitos da personalidade, da vida e da saúde como os bens mais preciosos do ser humano

O direito à dignidade humana é princípio basilar na legislação brasileira, em que conceitos, doutrinas e jurisprudências são criadas e alteradas, frequentemente sob seus auspícios. A sociedade sofrendo mutações diárias no que tange a costumes como diretrizes, renovando conceitos e ditando novas regras e limites de convívios sociais.

No âmbito do direito, há sempre a cautela de não atropelar princípios basilares. O tema sobre a ortotanásia tem como compromisso a saúde do paciente e o seu bem estar, sobre o qual a morte e a personalidade andam juntas e terminam também unidas da mesma forma.

Não há como negar a importância dos avanços das ciências médicas e o quanto isso melhorou a perspectiva de vida de portadores de alguma patologia incurável. Contudo, até que ponto esse avanço foi benéfico? Há de se pensar nesta questão, pois para pacientes moribundos, que são mantidos vivos apenas por equipamentos, nem sempre a expressão dignidade se mostra atendida e respeitada, questionando-se até que ponto o prolongamento da vida é digno?

Nesse sentido, o médico instruído e ciente do quadro clínico em questão, deveria ter a consciência de esclarecer ao paciente e aos familiares o quadro que o paciente terá que suportar e as complicações que haverá no decorrer da doença e seus agravos.

O esclarecimento do perito para com o paciente e aqueles que o circundam apresenta-se como uma possibilidade de um verdadeiro enfrentamento da enfermidade como uma etapa da vida e um preparo para uma possível aceitação de seu fim. Pode-se oferecer a este paciente o melhor tratamento paliativo sob sua anuência, como por exemplo, a opção de tratamento domiciliar, se possível, dando ao paciente a qualidade de vida digna, para se preparar para que tenha sua morte digna.

Desta forma, Machado (2011, p.29) esclarece importante passagem de Dworkin que defende, relatando que as pessoas possuem o direito a não sofrer de indignidade, se referindo aos princípios basilares da dignidade humana. O médico também precisa aceitar o fato que o paciente não tem interesse no procedimento e que não tem mais interesse em medidas paliativas, que só fazem o prolongamento de seu sofrimento, descaracterizando o sentido de vida para os pacientes, por mais que o médico busque vencer a patologia do paciente, ele também precisa aceitar o fato de que a morte digna pode ser o melhor a ser feito.

> Tudo isso ocorre pela existência de princípios como o *paternalismo médico*, ao determinar ao médico o poder e o dever de fazer tudo que achar melhor ao seu paciente, mesmo que para isso seja necessário ignorar a vontade do indivíduo que se submete ao tratamento, subsumindo assim existência do ser tornando-o objeto, descaracterizando o ser sujeito de direitos fundamentais, impondo desta forma a ele, vontades que não são suas, sendo submetido a atos contrários aos

seus conceitos de dignidade. (MACHADO, Viviane Bastos. Projeto de Iniciação Científica consentimento Informado no exercício da medicina e reflexos na responsabilidades civil: caracterização, reflexões e resultados/Hildeliza Lacerda Tinoco Boechat Cabral (coordenadora) - Itaperuna: Gráfica e Editora Hoffmann, 2011)

Num entendimento amplo do Código de Ética Médica canadense, que foi atualizado em 2004, foram elencadas 10 responsabilidades fundamentais do médico, importante para esta proposta de trabalho a citação da terceira, que declara:

> Prover cuidados apropriados ao seu paciente, mesmo quando a cura não é mais possível, incluindo o conforto físico e espiritual, bem como suporte psicossocial". Não basta ao paciente estar ciente e seus entes queridos, o médico também tem a obrigação de manter sua conduta imparcial e zelar pelo paciente, até mesmo no momento em que não haverá formas de reverter sua situação de vida ou morte, levando-o com uma maior possibilidade de atingir uma "morte digna".

REFERÊNCIAS

ANZILEIRO, Dinéia Largo; NETO, Antônio dos Reis Lopes. Considerações Acerca da (I) legalidade da ortotanásia no Brasil. **Revista Jurídica,** São Paulo, v. 55, n. 359, set. 2007. p. 88.

BRASIL. Conselho regional de medicina do estado da Bahia (CREMEB). **Ortotanásia:** o poder de aliviar o sofrimento dos pacientes terminais. Disponível em <http://www.cremeb.org.br/cremeb.php?m=site.item&item=931&idioma=br>, acesso em 20/04/2015

CÂMARA DOS DEPUTADOS. **Projeto de Lei 3.002/08** da Câmara dos Deputados, apensado ao PL 6715/2009. Disponível em: <www.camara.gov.br>. Acesso em: 19 dez. 2011.

DWORKIN, Ronald. **Domínio da vida:** aborto, eutanásia e liberdades individuais. Tradução: Jefferson Luiz Camargo; revisão da tradução: Silvana Vieira. 2. ed. São Paulo: WMF Martins Fontes, 2009.

JESUS, D. E. **Direito penal** - Parte geral. São Paulo: Saraiva, v. 1., 2003, p. 484.

MACHADO, Viviane Bastos. In CABRAL, Hildeliza L. T. B. **Projeto de Iniciação Científica consentimento Informado no exercício da medicina e reflexos na responsabilidade civil**. Itaperuna: Hoffmann, 2011, p. 29.

MINAHIM, M. A. **Direito penal e biotecnologia.** São Paulo: RT, 2005, p. 213.

MORAES, Alexandre de. **Constituição do Brasil interpretada e legislação constitucional**. 8. ed. atualizada até a EC nº 67/10. São Paulo: Atlas, 2011.

______. **Direito constitucional**. São Paulo: Atlas, 2007, p. 36.

REIS, J. J. O cotidiano da morte no Brasil oitocentista. In: **História da vida privada no Brasil.** São Paulo: Companhia das Letras, v. 2, 1997.

Segunda Seção
Aspectos Filosóficos da Morte

Capítulo 3
A Morte como Fim da Existência Humana

Marlene Soares Freire Germano

Mestre em Educação

Especialista em educação e Planejamento

Professora de Filosofia e Metodologia da Pesquisa Científica nos Cursos de Direito e Administração da Universidade Iguaçu – Itaperuna

Professora Assistente do PIC Ortotanásia

> *[...] ninguém morre antes da hora. O tempo que perdeis não vos pertence mais do que o que precedeu vosso nascimento, e não vos interessa: 'considerai em verdade que os séculos inumeráveis, já passados, são para vós como se não tivessem sido'. Qualquer que seja a duração de vossa vida, ela é completa. Sua utilidade não reside na duração e sim no emprego que lhe dais. Há quem viveu muito e não viveu. Meditai sobre isso enquanto o podeis fazer, pois depende de vós, e não do número de anos, terdes vivido bastante. Imagináveis então nunca chegardes ao ponto para o qual vos dirigíveis. Haverá caminho que não tenha fim?* (MONTAIGNE APUD ARANHA E MARTTINS, 1993, p. 335)

3.1 Conceito Filosófico de Morte

Parece estranho escrever sobre um dos grandes segredos da vida: o mistério do sofrimento humano, a busca do sentido de uma realidade mais profunda ou superior - o enigma da morte. Enigma que tem ocupado o pensamento filosófico, teológico e psicológico por muitos séculos.

Etimologicamente morte designa a cessação física da vida, a noção de morte é, como tal, inseparável das noções de sexualidade e de indivíduo. Se o animal ignora que vai morrer, o homem tem certeza, embora não possa experimentá-la diretamente. A morte aparece como um escândalo e como a manifestação de uma violência radical. "A reflexão filosófica empenhou-se em abjurar-lhe o escândalo, seja ela concebida como a dissolução total do ser (Epicuro) ou como uma passagem para o além da vida (platonismo e cristianismo)". (DUROZOL E ROUSSEL, 1996, p. 330).

A morte faz parte da vida. Começa-se a morrer exatamente no dia em que se nasce. A morte é, portanto, um ciclo da nossa existência com a qual temos que conviver. Pode-se conviver melhor ou pior com ela. Mas não se pode evitá-la. Pode-se aceitar a sua inevitabilidade e olhá-la de frente. Ou pode-se negá-la, fugir dela, imaginar que não pensar na morte possa fazer com que ela deixe de acontecer. Mas o fato é que todos estão programados para nascer, crescer e morrer - uma evidência esquecida por boa parte da sociedade ocidental contemporânea, que teima em ver a morte como um evento artificial, inesperado e injusto. Sobretudo, costumamos vê-la como um evento exclusivo, pessoal, que isola do resto do mundo quem sofre uma perda. Quando, ao contrário, não há nada menos exclusivo do que morrer. Nem nada que perpasse mais a humanidade do que o sofrimento de uma perda. A morte não é privilégio nem desgraça particular de ninguém. Ela chega para todos, sem exceção.

O filósofo Platão apud Durozol e Roussel (1996, p. 330) ao refletir sobre a morte considera que este é o momento da libertação da alma, ela escapa da prisão corporal para buscar seu verdadeiro destino, afirmando que "filosofar é aprender a morrer".

Morrer é o destino de todos os seres vivos. Entretanto, só o homem tem consciência de sua própria morte, por saber que é finito e, por isso, aguarda com ansiedade o que poderá ocorrer após isto, acreditando na imortalidade, na vida após o fim dela própria.

Estudos a respeito dos primórdios da nossa civilização relacionam o aparecimento das primeiras angústias metafísicas do homem ao registro dos sinais de culto aos mortos. Portanto, a morte se apresenta desde o início como uma fronteira que não apenas representa o fim, mas o nascer de outra realidade, mesmo assim causa temor (ARANHA e MARTINS, 1993, p. 331).

A crença na imortalidade da alma vinda pela fé religiosa faz com que aceitemos a morte dos entes queridos, apesar da angústia que a morte causa. Segundo Jaspers (1976) apud Aranha e Martins (1993, p. 331), "existe algo em nós que não se pode crer suscetível de destruição".

O homem não tem consciência da morte enquanto fim da vida. O conceito de finitude o acompanha em tudo que faz, aceitando a morte como um processo do ciclo vital.

No diálogo *Fedon,* Platão descreve os momentos finais da vida de Sócrates antes de sua execução, explicando aos seus discípulos a ligação entre corpo e alma e afirma que "sendo o corpo um estorvo para a alma, a serenidade do sábio diante da morte é o reconhecimento de que a separação significa a libertação do espírito" (ARANHA e MARTINS, 1993, p. 332).

Importante ressaltar que o sentido da morte não é o mesmo para todas as sociedades. A maneira como o povo enfrenta a morte ou lhe dá significado reflete o sentido que este confere à vida. Vida e morte são polos antagônicos, mas não são excludentes, são formas dialéticas e inseparáveis.

No mundo tribal, a morte não é um problema, não significa a morte de um indivíduo, trata de práticas coletivas de culto aos mortos, aos ancestrais. O homem primitivo se sente tão pertencente ao coletivo, sua existência está tão vinculada ao relacional que a morte não é considerada uma dissolução do vínculo, é apenas uma mudança de estado. Passa a pertencer à comunidade dos mortos.

Nas sociedades tradicionais, onde há a predominância da vida comunitária, o reconhecimento da morte ocorre de forma semelhante. Por serem sociedades relacionais, há uma série de cerimônias e rituais acerca do evento da morte. Não que esta sociedade considere a morte como algo fácil, mas significa que não banaliza a morte, por se achar inserida no cotidiano das pessoas.

Entretanto, o mundo ocidental transformou a morte em tabu: ela costuma ser ocultada das crianças e banida das conversas cotidianas.

Tudo aquilo que possa lembrá-la - a enfermidade, a velhice, a decrepitude - é escamoteado. Os doentes morrem no hospital, longe dos olhos - e, não raro, do coração - de seus amigos e parentes. E os rituais de luto são cada vez mais rápidos e pragmáticos. O medo natural que todo ser humano sente diante da própria finitude vira pânico. E mesmo a morte natural - não causada, por exemplo, pela tremenda violência que a cada dia assola os cidadãos no Brasil - acaba virando sinônimo de aniquilamento sumário, de abreviamento. O que, no mais das vezes, não corresponde à realidade por se tratar apenas de uma vida que chegou naturalmente ao fim, de uma existência que simplesmente expirou.

A morte pode ser vista como um mistério incompreensível ou como um absurdo inaceitável. A morte pode até ser tratada como um tabu, assunto do qual a maioria das pessoas não gosta de falar, mas, seja como for, a morte é um fato, uma realidade inexorável. Por mais que se possa querer, deixar de existir é uma coisa tão natural quanto existir. Na verdade, a morte é provavelmente a única coisa certa na existência do indivíduo, é certo que todos morrerão um dia. Mas, afinal, se a morte é tão comum e corriqueira, por que ela nos causa tanto medo?

É um paradoxo: a valorização da vida e a ilusão de eterna beleza e jovialidade trazidas pela vida moderna acabam gerando, por meio do apego a tudo isso, muito mais tristeza e sofrimento pelo fim inevitável da existência do que felicidade pelo mais de vida que proporcionam.

3.2 Acepção Filosófica de Morte: Mitos e Mistérios que envolvem a Morte

A mitologia oferece uma rica compreensão sobre a morte e pode dar uma orientação sutil, mas profunda, ao sermos confrontados com o que não tem resposta. Morte lembra separação e perda e essas são experiências humanas, e é improvável que alguém passe pela vida sem esse sofrimento. As doutrinas religiosas sempre procuram fornecer respostas para o mistério do sofrimento, e essas respostas, apesar de serem insatisfatórias para a mente inquisitiva, têm fornecido algum consolo, buscando aliviar a dor. (LIZ, 2001)

Os gregos pouco conheciam sobre a morte, e essa visão os faziam temê-la. Eles eram muito apegados com a vida, o que faziam não ter uma boa visão sobre a morte. Com base nessas visões, criaram mitos para dar sentido ao destino final de todos os seres - a morte - para dar explicação aos mistérios e horrores que os gregos viam nela.

Ao contrário do dogma religioso, a mitologia nunca ofereceu respostas para o sofrimento ou sobre o que Deus dará como recompensa. Por outro lado, o efeito transformador do sofrimento por ser vislumbrado em muitos mitos, sugerindo que há um propósito ou função mais profundos nas experiências do que a dor que nos causam. Há nos mitos uma qualidade terapêutica que falam das perdas e dos sofrimentos pelo compartilhamento e compaixão humanos, como a possibilidade da cura verdadeira, não das respostas enganosas e simplistas (LIZ, 2001).

Para a mitologia grega, morre-se por causa da abertura da caixa de Pandora. A verdade é que existem muitas teorias sobre a origem da morte e elas causam uma grande curiosidade.

A concepção grega da morte está ligada em todos os aspectos com *Hades*, o deus que representa o destino final dos falecidos ou ao lugar para onde vão os mortos e que recebe o mesmo nome do deus que o governa (WILKINSON E PHILIP, 2013).

É contado como um lugar que pouco se sabe sobre seus aspectos geográficos, sendo que os mitos não exploraram detalhes descritivos do mundo dos mortos. Sabe-se que seria um lugar subterrâneo, similar com grutas, cavernas, combinando com sua localização no interior da terra, dividido em regiões onde os mortos são mandados baseados no que forma em vida (Campos Asfódelos, Campos da Punição, Tártaro e os Campos Elísios), e também que o mundo dos mortos é cortado por vários rios (Aqueronte, Estige, Flegetonte, Cócito, Erídano e o Lete).

Para se prosseguir na chegada ao mundo dos mortos era preciso duas coisas: a primeira era ser enterrado, pois se não fosse, o espírito do morto não desceria até o Hades; a segunda era ter como pagar pela passagem pelo rio Aqueronte, cobrança feita pelo barqueiro Caronte. Para que seu soldo fosse feito, os entes vivos do falecido colocavam uma moeda, um *óbolo,* debaixo da língua ou por cima dos olhos do cadáver, para que ele a usasse para pagar pelo seu pedágio no Aqueronte.

A jornada começava quando a pessoa morria e os procedimentos funerários gregos eram cumpridos, como o de se colocar uma moeda com o falecido e enterrá-lo, e o deus Hermes guiaria a alma da pessoa para o outro mundo. Chegando lá, o espírito da pessoa estaria nas margens do Aqueronte, onde o remador que conduz as almas dos mortos por este rio, Caronte, cobra de todos em moedas para que tenham o direito de entrar em sua barca e seguirem em diante. Aqueles que não o pagassem eram forçados a vaguear pelas margens do Aqueronte pela eternidade. A passagem de vivos para adentrarem ao *Hades* não era permitida por Caronte, mas há mitos sobre alguns mortais conseguindo entrar ainda vivos no submundo e como fizeram para poder entrar, tais como Orfeu (que o encantou com a música de sua lira) e Hércules (que o subornou).

Do outro lado do Aqueronte se encontrava Cérbero, o enorme cão de guarda de três cabeças de *Hades*; que embora fosse dócil e uma criatura adorável mostrava seu lado violento e feroz com aqueles que tentassem fugir do submundo do *Hades*.

As almas seguiam para o seu devido julgamento, que seria realizado pelos três juízes do mundo dos mortos. Eles são homens que morreram e vieram para o reino do Hades, e foram escolhidos pelo próprio deus devido o forte senso de justiça que estes homens possuíram em vida, e assim foram convocados para julgarem as almas dos recém-mortos. Esses três juízes seriam *Radamanto, Minos e Éaco*. A decisão deles fazia se valer sobre o espírito de cada falecido, sendo que nem mesmo*Hades* poderia interferir no julgamento, exceto em ocasiões especiais. Platão contaria que *Radamanto* julga as almas asiáticas, *Éaco*as almas europeias e *Minos*possuiria o voto decisivo.

Começando pelas regiões do *Hades* existem os Campos *Asfódelos,* lugar para onde iria a alma da maioria dos mortais será destinada a eternidade, independente de sua conduta. É um lugar indiferente, pois para lá iria a maioria dos mortais, independente do seu comportamento em vida, sendo o destino final de tanto aqueles que viveram uma vida correta e disciplinada como aqueles que foram desonestos e pecaram de diversos modos. As únicas exceções eram para aqueles que iriam para os Campos da Punição ou aos Campos Elísios. No primeiro iriam aqueles que semearam caos e discórdia, principalmente contra os deuses, se tornando um lugar destinado para aqueles que cometeram algum desrespeito contra eles; e o segundo lugar, os Elísios, era o canto paradisíaco do *Hades* para onde aqueles mortais permitidos pelos deuses desfrutavam da melhor eternidade, onde não precisariam ter esforço nenhum para comer e beberem e não seriam incomodados por doenças e fadiga. Mesmo que utópico, os Campos Elísios eram destinados somente para as almas mais excepcionais, para as pessoas grandiosas que chamaram a atenção dos deuses, como os semideuses.

Nos cantos mais remotos do reino do *Hades* se encontra o Tártaro, um lugar tão distante deste assim como a terra está do céu. É difícil descrever quais os moradores principais do Tártaro, sendo mais correto descrevê-lo como uma "prisão de segurança máxima dos deuses". Quando Cronos mandava no mundo, ele tinha prendido os ciclopes no Tártaro, que foram libertos por Zeus e com a ajuda deles prendeu seu pai e os Titãs nesse poço de escuridão, os deixando sobre vigia dos hecatônquiros. Quando venceu Tifão, Zeus também o jogou no Tártaro.

Mortais que de alguma forma pecaram mortalmente contra os deuses também foram destinados ao Tártaro para sofrerem por seus atos. Os principais são *Sísifo* – que carrega uma rocha sobre um penhasco para que ela caia e ele tenha que pega-lá novamente - o homem que tentou burlar a morte; *Tântalo* - que viveria num vale com um rio cheio de água potável e árvores e plantações que davam alimentos, só que sua fome era insaciável e tudo que procurava comer sai de seu alcance – que matou o próprio filho para servi-lo num jantar com os deuses; e *Íxion*- que foi condenado a ficar preso numa roda em chamas que giraria eternamente – que diria ter se relacionado com a mulher de *Zeus, Hera.*

O *Hades* possui cinco rios que passam por ele e que possuem em alguns casos papéis relacionados com a região onde se encontram: O *Aqueronte* (rio das dores), que estaria logo na entrada do submundo grego; o *Flegetonte* (rio de fogo), que passa pelo Tártaro; o *Lete* (rio do esquecimento), que se situava nos Elísios e fazia que quem bebesse dele esquecesse de suas memórias da vida terrena; o *Estige* (rio do ódio), que se encontra como fronteira do mundo dos vivos e dos mortos e onde qualquer promessa feita seria realizada e nem os deuses poderiam evitá-la de se cumprir; e por fim o Erídano, que foi citado por Virgílio na sua obra "*Eneida*".

O *Hades* é o lar de alguns deuses e criaturas. A começar pelos deuses; como *Hades* (o senhor do mundo dos mortos), Perséfone (sua esposa, filha de Zeus e Deméter, a segunda maior autoridade na terra dos mortos depois do próprio *Hades*), os gêmeos *Hipnos e Tânatos* (respectivamente o deus do sono e o da morte, que eram auxiliares de*Hades* e tomavam conta dos Campos Elísios), *Hécate* (uma deusa secundária que vive no mundo dos mortos, tendo associação com os espíritos e a feitiçaria), *Melinoe*(a senhora dos fantasmas e dos terrores noturnos), as Moiras (*Cloto, Láquesis e Átropos,* as três deusas que teciam o destino dos homens e dos deuses), as Erínias (*Tisífone, Megera e Alecto,* as personificações da vingança que puniam as almas do Tártaro) e as *Queres* (deidades que provocam as mortes cruéis e inesperadas).

As almas no submundo adquirem um aspecto espectral, sombrio como um vulto, variando entre os autores em descrever se eram reconhecíveis ou não. Luciano de Samosata descrevia-as com uma aparência esquelética, indistinguível e irreconhecível de qualquer aspecto que possa dizer quem foi ou o que era em vida. Já as descrições de Homero, que refletem melhor a visão grega da pós-morte, trata dos espíritos como entidades reconhecíveis, aparentando ser quem foram em vida. Descreve-os como incapazes de comer ou beber, porém capazes de se relacionarem emocionalmente e terem entre si alguma intimidade sexual, apesar de tal relação ser infértil.

Mesmo com todas essas descrições, a mais marcante que os antigos gregos possuíam dos mortos era a sede pela vida que eles tinham, tanto que se assustavam; fazendo com que houvesse a preocupação em manter os mortos afastados, pois se ficassem entre os vivos causariam problemas, principalmente em correr o risco de roubar a vida de outrem. Sim, a concepção grega dos espíritos permite a existência de fantasmas, almas penadas vagueando entre os vivos, sendo daqueles que não foram para o descanso eterno (os que não foram enterrados ou não tinham como pagar pela carona de *Caronte*), não foram enterrados ou por algum espírito que tenha conseguido fugir do *Hades*. Essa concepção também permitia que os gregos tivessem simpatia pela necromancia, ou *nekyia* como era chamada pelos gregos, sendo que assim as pessoas poderiam ter um contato com os falecidos para obter informações sobre o futuro ou até usar tal magia para afugentá-los ou convocá-los para que prestassem algum favor enquanto controlados.

Mesmo assim, a morte não era vista pelos gregos como o fim da existência, com exceção da filosofia de Epicuro, que firmava que a morte corporal extinguia junto o espírito daquele que morre.

Os gregos viam a morte como uma forma de se recordar que um dia você existiu, que mesmo sua vida se extinguido isso não significaria o mesmo para sua existência, ou para a recordação de que se existiu um dia. Filósofos como Pitágoras, Sócrates e Platão e tradições como a órfica consideravam a morte como o término de uma parte da existência, onde a morte teria como função complementar o significado de viver e de ser. (WILKINSON e PHILIP, 2013)

3.3 Contribuições dos Grandes Filósofos a Respeito da Morte

A morte é um assunto tão complexo que sequer há uma concordância entre os cientistas quanto sua definição. No campo filosófico, essa discussão fica ainda mais sinuosa. Para quem busca na filosofia maneiras de lidar melhor com a morte, as reflexões finais do filósofo grego Sócrates - condenado a tomar cicuta, um veneno letal -, realizadas no século V a.C., representam um excelente exercício de aceitação. "Porque morrer é uma ou outra destas duas coisas. Ou o morto não tem absolutamente nenhuma existência, nenhuma consciência do que quer que seja. Ou, como se diz, a morte é precisamente uma mudança de existência e, para a alma, uma migração deste lugar para outro", afirmou Sócrates. Em outras palavras: para quem não acredita na continuação da vida, a morte é o nada, é a ausência completa de angústias e desesperos, é o fim das aflições. E para quem acredita na continuação da vida, a morte é a passagem desta existência para outra melhor. De qualquer modo, a dor estaria na vida e não na morte.

A filosofia já foi considerada, no passado, o aprendizado da morte. Desde Sócrates, filósofo era aquele que sabia morrer. Função da filosofia seria preparar-nos para uma "boa morte", e o termo grego genérico, no caso, era mesmo "*eutanásia*". Supunha-se que aquele que sabe morrer aprendeu a viver, e assim a vida e a morte se iluminava reciprocamente (SANTANA, 2015)

No decorrer da história da filosofa, muitas vezes os filósofos tratavam explicitamente da morte e da imortalidade da alma, mas essa questão está na raiz da filosofia, mesmo quando não se discute sobre ela, ela se torna o cerne de toda reflexão filosófica. É nesse sentido que Platão apud Aranha e Martins (1993, p. 332) afirma ser a "filosofia uma meditação sobre a morte", e Montaigne diz ser a "filosofia aprender a morrer".

Considerando ser a filosofia uma das formas de transcendência humana, pela qual se reflete a respeito da existência e destino, a discussão sobre a morte torna-se inevitável. O filósofo existencialista Heidegger, vê o ser do homem como uma possibilidade, um projeto, o introduz na temporalidade, portanto, não significa apenas que o homem tem um passado e um futuro. Significa que ele é um ser de possibilidades, entre as quais se encontra a situação limite - a morte, por isso diz que se pode considerar o homem para a morte. Para este filósofo só o homem autêntico enfrenta e assume a construção de sua vida, portanto, não nega a morte. Aquele que não é autêntico refugia-se na impessoalidade e nega a transcendência e se torna um alienado, se recusa a discutir sobre a morte (ARANHA E MARTINS, 1993, p.332)

A reflexão de Sartre sobre esse fenômeno social está na consciência da morte, pois esta retira todo o significado da vida. Referindo-se à sua infância dizia "a morte era a minha vertigem porque eu não amava viver: é o que explica o terror que ela me inspirava. [...] Quando mais absurda a vida, menos suportável é a morte" (ARANHA E MARTINS, 1993, p.332).

Na teoria sartriana, ao contrário da de Heidegger, a morte retira todo o significado da vida, pois a morte é a nadificação de projetos, a certeza de que um nada total à espera. No século XIX, época dos grandes sistemas, a morte saiu da temática central dos textos filosóficos, e foi talvez Kierkegaard que inaugurou uma nova perspectiva, chamada depois 'existencial', descrevendo a morte como algo que para cada um de nós é certo, mas cuja hora é bem incerta. Os filósofos da existência, no século XX, aprenderam esse dado sob a fórmula mais genérica da experiência da 'finitude humana'. Para Heidegger, um dos 'existenciais', o homem é o 'ser-para-a-morte': '*Zum-Tode-sein*'. Isto significaria que entre as diversas possibilidades do homem há uma que representa "a possibilidade da impossibilidade", ou seja, quando esta ocorre, todas as demais possibilidades ficam excluídas (ARANHA E MARTINS, 1993, p.332).

Não é preciso ser nenhum filósofo para constatar, hoje em dia, que a gente não morre mais como antigamente. A hospitalização, as unidades de terapia intensiva e a invenção dos transplantes caracterizam três grandes tendências do século XX que alteraram totalmente o horizonte da morte e do morrer. A perspectiva de ir terminar seus dias num leito de hospital, preso a uma série de tubos e aparelhos, e como um eventual doador de órgãos a serem retirados ainda vivos quando o paciente estiver legalmente morto (aliás, numa definição de morte legal para fins precípuos de transplantes), não existia antes da última grande guerra mundial (VALLS, 2015).

Para Walls (2015), técnicas extremamente artificiais que nos pareciam adequadas quando aplicadas a um jovem e forte soldado ferido gravemente no Vietnã e que só precisava de algumas horas para chegar ao Hospital de Frankfurt, de onde teria grandes perspectivas de sair capacitado a uma reintegração à vida normal dos cidadãos, chocaram terrivelmente os brasileiros quando aplicadas ao presidente eleito Tancredo Neves, com um quadro clínico totalmente diferente. Técnicas e procedimentos que dão aos profissionais da saúde novos poderes de retardar ao máximo a hora da morte implicam obviamente um acréscimo de responsabilidade na grave questão de definir afinal quando então seria preciso desistir, aceitando o irreversível. A tentativa de definir a "ortotanásia" como um "justo meio termo" entre a eutanásia (apressada), e a distanásia (obstinada), parece ser antes um sintoma do problema do que uma verdadeira e definitiva solução. Aliás, para quem aceitar um pluralismo de definições da morte, entendida de várias maneiras como "um processo", parece que o conceito genérico da "irreversibilidade" continuará como o mais proveitoso ou operacional nos diversos casos. Nem todos preferem, é claro, a definição enunciada por H. Tristam Engelhardt Jr. (1998) da pessoa que se consideraria morta "quando seu corpo começasse a cheirar mal sob o sol do verão do Texas". E se os mais obstinados na recusa da hora da morte chegam a pedir para serem congelados, há um dado que mesmo eles deveriam levar em conta: ninguém, a rigor, pode dar garantia absoluta de que daqui a 50 ou 100 anos, quando a medicina tiver descoberto a cura da doença que os condenou, haverá lugar no planeta para (o retorno de) mais um indivíduo, na hipótese da superpopulação.

De modo que o projeto da 'conservação criônica' lembra a muitos filósofos o conceito da 'má infinitude', que lança para o puramente quantitativo algo que teria de ser resolvido em termos qualitativos (VALLS, 2015).

Enfim, reconciliar-se com a morte não significa esquecer de viver, porque deixar de existir não é bom. Mas simplesmente porque ela vai acontecer e não somente com você - mas com todos os que andaram, andam ou venham a andar sobre a Terra. A mim e a todos nós, portanto, resta-nos apenas aprender a conviver com ela. Encará-la, compreendê-la, admiti-la. Em vez de escamoteá-la, negá-la, escondê-la. E, quem sabe, assim, sofrer menos com a visita que ela nos fará um dia e com os eventuais sinais da sua presença que ela já tenha plantado ao nosso redor. O que fica aqui para o leitor é que viva com sabedoria e tenha consciência de a morte é uma consequência e que nenhum de nós será eterno.

REFERÊNCIAS

ARANHA, Maria Lucia Arruda; MARTINS, Maria Helena. **Filosofando**: introdução à filosofia. 2. ed. São Paulo: Moderna, 1993.

DUROZOL, Gérard; ROUSSEL, André. **Dicionário de Filosofia**. (trad. Marina Appenzeller).Campinas: Papirus, 1996.

GREENE, Liz; SHARMAN-BURKE, Juliet. **Uma viagem através dos mitos**. (Trad. Vera Ribeito) Rio de Janeiro: Zahar, 2001.

SANTANA, Ana Lúcia**. A morte na filosofia socrática.** Disponível em http://pt.wikipedia.org/wiki/Sócrates http://evangelhoespirita.wordpress.com/introducao/resumo-da-doutrina-de-socrates-e-platao/Acesso em: 09/05/2015.

VALLS, AlvaroL.M. (UNISINOS).**Repensando a vida e a morte do ponto de vista filosófico.** Disponível em: http://www.ufrgs.br/bioetica/morteamv.htm. Acesso em: 09/05/2015

Terceira Seção
Aporte Teórico-Jurídico do Direito à Morte Digna

Capítulo 4
Aspectos Jurídicos da Morte

Amanda Figueiredo De Oliveira
Estudante pesquisadora do projeto de iniciação científica (pic) – ortotanásia.
Estagiária oficial da justiça federal de itaperuna – RJ.

"Mesmo quando tudo parece desabar, cabe a mim decidir entre rir ou chorar, ir ou ficar, desistir ou lutar, porque descobri, no caminho incerto da vida, que o mais importante é o decidir". (CORA CORALINA)

4.1 Conceitos jurídicos de morte

Na esfera jurídica, a morte era considerada a cessação definitiva da vida humana no momento em que fossem interrompidas as funções cerebrais, respiratórias e circulatórias. No direito penal, com ajuda da Lei n° 9.434/97, modificada pela Lei n° 10.211/01, a morte passou a ser considerada a partir do momento em que ocorre a morte encefálica, que é detectada seguindo quatro exigências elaboradas em 1968, por um comitê *ad hoc* da Escola de Medicina de Harvard, caracterizadas como: ausência de responsividade cerebral; ausência de movimentos induzidos ou espontâneos; ausência de respiração espontânea, exigindo o uso de ventilador e ausências de reflexo do tronco encefálico e tendinosos profundos. Especificava ainda duas condições nas quais o diagnóstico de morte encefálica deveria ser excluído: hipotermia e intoxicação por drogas, além da realização de exames pelo período de vinte e quatro horas para que revelasse a condição de persistência do paciente.

> [...] De acordo com a Comissão para os Estudos dos Problemas Éticos na Pesquisa Comportamental Médica e Biomédica, morte encefálica é um quadro clínico num paciente portador de doença estrutural ou metabólica conhecida, de caráter completa e indubitavelmente irreversível, expressando falência total de todas as funções de todo o encéfalo, inclusive do tronco encefálico, quadro clínico este que persiste de maneira invariável por um período mínimo de seis horas. (SILVEIRA et.al, 2009, p. 64).

Não engloba apenas o término da existência do homem, mas a condição em que ele é observado, passando a ser visto como inexistente. Na atmosfera jurídica, a medicina fica encarregada de determinar o momento da morte, que se constitui tradicionalmente na certeza da cessação total e permanente de todas as funções vitais do organismo como indicativo de morte real. É a partir desse momento que surge a suspensão dos direitos os quais englobam a vida civil. A preocupação jurídica surge no momento em que se deve estabelecer o vínculo entre o fato biológico e que consequências jurídicas irão resultar dele. Com a morte física, interrompe-se a personalidade civil e se dá lugar a uma série de consequências da mais alta relevância, que determina o início ou a extinção de um direito, que são extrapatrimoniais e apresentam-se como indisponíveis na maioria das vezes, embora possamos ver exceções, como nos transplantes de órgãos (Lei nº 9.434/97, modificada pela Lei nº 10.211/01), onde há a disposição gratuita de tecidos, órgãos e partes do corpo além de trazer para a lei a morte encefálica.

Para a técnica jurídica, existem vários tipos de morte, como: a morte civil, a morte presumida, a morte instantânea ou comoriência e a morte natural. A morte presumida é aquela imposta pela lei, no art. 7º do Código Civil, em que se estabelece o transcurso de um prazo para que a morte se presuma. A morte civil foi abolida do ordenamento, pois continha pena imposta por motivos políticos e religiosos, quando a pessoa era considerada falecida e, com isso, perdia sua cidadania e tinha todos os bens confiscados. Era usada pelos romanos, quando algum indivíduo tinha dívidas e não cumpria com a obrigação de pagá-las. A comoriência é a morte simultânea, quando dois ou mais indivíduos falecem ao mesmo tempo, ou quando não é possível concluir qual deles morreu primeiro, razão pela qual o direito trata como se tivessem morrido no mesmo instante, principalmente quando o interesse se volta para o direito das sucessões. Uma vez que falecido o autor da herança, seus bens são transmitidos imediatamente aos herdeiros, sobretudo se são recíprocos, pois se um herdeiro faleceu frações de segundos depois do autor da herança ou ao mesmo tempo, poderá ele ter herdados seus bens ou não. Por último, a morte natural é aquela que põe fim à vida da pessoa, independe da causa, sendo admitidas várias expressões segundo as circunstâncias, advinda da seleção natural, como velhice ou doença.

4.2 A morte como fim da Personalidade Humana

O ser humano, diferenciando-se das outras espécies, deve apresentar-se como alguém que seja detentor de uma dignidade inviolável (MAGALHÃES, 2007, p. 204). Todos os direitos e deveres exercidos pela pessoa natural se findam com a morte. Essa traz como efeito para o ordenamento jurídico a cessação daqueles que se desdobram na extinção do pátrio poder, na dissolução do vínculo conjugal, na abertura da sucessão e na extinção dos contratos personalíssimos. Mas não só. O evento morte alcança todas as esferas do direito com as quais o "de cujus" se relacionava quando estava em vida, como trabalhista, eleitoral, processual e outros. Apesar de a morte representar o fim da existência da personalidade do indivíduo, não quer dizer que os interesses materiais e morais desapareçam com ele. Desse modo, a simples ameaça ao direito da personalidade, imagem, honra, vida privada, são partes legitimas à postulação judicial pelo cônjuge sobrevivente ou parentes (parágrafo único do artigo 12, Código Civil).

Embora determine a extinção da personalidade natural, a morte não impede que as vontades do falecido se concretizem com efeitos legais previstos. Vê-se a vontade do falecido valer quando o mesmo deixa testamento válido, onde a sua vontade é cumprida após a morte; quando ele tem direito à revisão criminal, com fito de absolvição; quando pode ser declarada a sua falência, entre outros. A legislação em vigor protege também o corpo e os restos mortais, a sua memória, imagem e bens, sendo assegurado pelo artigo 12 do Código Civil, que dá direito de indenização em favor do cônjuge sobrevivente e certos parentes, quando verificada a lesão ao nome do morto. Os crimes de destruição, subtração, ocultação e vilipêndio a cadáver têm como sujeito passivo a coletividade, e, em particular, a família do morto (artigo 211 e 212, Código Penal). Não protegem, porém, dívidas posteriores ao óbito, que vierem a ser criadas por causa da pessoa do morto, tendo de ser assumidas pela herança ou por aqueles que a firmaram.

4.3 Efeitos da Morte no ordenamento Jurídico

Ao se abordar os efeitos da morte no ordenamento jurídico, deve-se levar em conta os efeitos advindos do início da vida, pois a morte põe fim àquilo que se iniciou com o nascimento, e a personalidade jurídica é um efeito da duração da mesma. Dessa forma, desde o nascimento até a morte, o homem é dotado de personalidade. A morte da pessoa natural importa diversos efeitos jurídicos na esfera civil, como cessar a personalidade e dissolver o vínculo conjugal, cessar o poder familiar, extinguir os contratos de serviços, cessar mandados, extinguir o usufruto e, por fim, determinar a abertura da sucessão e transmissão dos bens.

Segundo Maria Helena Diniz, a extinção da personalidade acarreta na dissolução do vínculo conjugal, onde define que a sociedade conjugal termina pela morte de um dos cônjuges (artigo 1.571, I, Código Civil), no poder familiar que é cessado com a morte dos pais ou do filho (artigo 1.635, I, Código Civil), na extinção dos contratos de serviços (artigo 607, Código Civil), no cessação dos mandados (artigo 682, II, Código Civil), na extinção do usufruto (artigo 1.410, I, Código Civil) e, por fim, na determinação da abertura da sucessão e da transmissão dos bens aos herdeiros legítimos e testamentários (artigo 1.784, Código Civil). Todos os efeitos acima citados correspondem aos direitos civis que são perdidos e àqueles que surgem, tendo, no processo civil, a suspensão do processo (artigo 265, I, Código Civil) quando ocorrida a morte do representando legal ou do procurador.

Já o professor Arnaldo Rizzardo, além dos efeitos que Maria Helena Diniz diz, acrescenta que a cessação dos contratos personalíssimo (artigo 607, Código Civil) da sociedade em relação a um sócio (artigo 1.028, Código Civil) termina nas obrigações de prestar alimentos uma vez esgotado o patrimônio do alimentante falecido (artigo 1.700, Código Civil), não mais prevalecendo o pacto de preempção (artigo 520, Código Civil), extinguindo-se o direito para propor a ação assegurada ao doador por ingratidão do donatário (artigo 560, Código Civil) entre outros.

Com relação ao processo penal, a morte do agente acarreta a extinção da punibilidade (artigo 107, I, Código Processo Penal), havendo a realização do exame cadavérico pelo menos seis horas depois do óbito (artigo 162, Código Processo Penal). O juiz deve extinguir a punibilidade à vista da certidão de óbito e depois de ouvido o Ministério Público (artigo 62, Código Processo Penal), podendo o cônjuge, ascendente, descendente e irmão do ofendido oferecer queixa ou prosseguir com a ação (artigo 31, Código Processo Penal), considerando-se perempta a ação que, falecido o querelante, não comparecer em juízo, para prosseguir o feito, no prazo de sessenta dias, aqueles a quem couber fazê-lo. No quesito punibilidade, a morte do criminoso gera a extinção da mesma e a suspensão da instância dos efeitos processuais, valendo o brocardo latino *"Mors omnia solvit"* - a morte resolve tudo. Para os efeitos penais, se admite a presunção de morte, como ocorre com os ausentes (artigo 10, Código Civil), onde, "no caso de morte do acusado, o juiz, somente à vista da certidão de óbito, e depois de ouvir o Ministério Público, julgará extinta a punibilidade" (artigo 62, Código Processo Penal), sendo a responsabilidade penal de natureza exclusivamente pessoal, não podendo ser estendida aos seus familiares ou dependentes, em face do princípio da personalidade da pena, assegurada pela Constituição Federal (artigo 5°, XLV, Constituição Federal). A morte do agente não permite a transmissão da obrigação aos herdeiros, fazendo com que o Estado perca o *Jus Puniendi.*

Com a morte, os valores matrimoniais, culturais, morais de propriedade não mais persistem. Tudo que até então era do falecido passa a ser dos herdeiros, através da transmissão, passando a ocupar a posição de sujeitos passivos e podendo exercitar ações ligadas à pessoa do morto desde que neles repercutam moral ou economicamente.

REFERÊNCIAS

DINIZ, Maria Helena. **Lei de introdução ao Código Civil brasileiro interpretada**. São Paulo: Saraiva, 1994.

Brasil, **Lei n.º 10.211, de 23 de março de 2001.** Altera dispositivos da Lei n.º 9.434, de 4 de fevereiro de 1997, que dispõe sobre a remoção de órgãos, tecidos e partes do corpo humano para fins de transplante e tratamento. Diário Oficial da República Federativa do Brasil, Brasília, DF, seção 1, 2001 mar 24.

MAGALHÃES, Sandra Marques. **O valor do corpo humano, em Estudos sobre o Direito das Pessoas**. (Coord. Diogo Leite de Campos). Coimbra: Edições Almedina, 2007.

AMARAL, Francisco. **Direito Civil:** Introdução. 3. ed. Rio de Janeiro: Renovar, 2000.

JESUS, Damásio E. de. **Direito Penal.**. 2. ed. São Paulo: Saraiva, 1980, 1º V.

ALEXANDRE, Alessandro Rafael Bertollo de. O início e o fim da personalidade jurídica. **Revista Jus Navigandi**, Teresina, ano 8, n. 64, 1 abr. 2003. Disponível em: <http://jus.com.br/artigos/3898>. Acesso em: 30 abr. 2015.

PEREIRA, Maria de Lourdes Felix. **O conceito de morte:** relevância para o direito civil e biodireito.

Disponível em:<http://www.direitoceunsp.info/revistajuridica/ed3/artigos/alunos/conceitodemorte.pdf>. Acesso em: 28 abr. 2015.

LOVATO, Marcos Luis. **Os direitos de personalidade antes do "início" e após o "fim" do sujeito de direito.** Disponível em: <http://www.sociologiajuridica.net.br/lista-de-publicacoes-de-artigos-e-textos/66-historia-e-teoria-do-direito-/135-os-direitos-de personalidade-antes-do-inicio-e-apos-o-fim-do-sujeito-de-direito>. Acesso em: 28 abr. 2015.

SILVEIRA, Paulo Vítor Portella et al. **Aspectos éticos da legislação de transplante e doação de órgãos no Brasil.**

Disponível em:<http://revistabioetica.cfm.org.br/index.php/revista_bioetica/article/viewFile/80/84>. Acesso em: 30 abr. 2015.

Capítulo 5
Princípios Norteadores da Ortotanásia

Ari Gonçalves Neto

Estudante-pesquisador do PIC, 5º Período de Direito

Estagiário TRT/RJ período de 09/01/2012 a 31/12/2012.

Estágio voluntário no TJ/RJ – Vara de Família, Infância, Juventude e do Idoso da Comarca de Itaperuna, de 10/02/2014 a 15/01/2015.

Estágio voluntário na Defensoria Pública do Estado do Rio de Janeiro, na Comarca de Itaperuna, de 19/01/2015 a 13/04/2015.

"Acreditamos ficar tristes pela morte de uma pessoa, quando na verdade é apenas a morte que nos impressiona."(GABRIEL MEILHAN)

Abordam-se os posicionamentos jurídico e social a respeito da Ortotanásia, com base nos princípios constitucionais que asseguram a proteção da dignidade da pessoa humana, a autodeterminação da pessoa e o direito de morrer dignamente na ótica do Estado Democrático de Direito.

O objetivo é aprofundar o estudo sobre a prática da ortotanásia, sua recepção pela Carta Constitucional brasileira, tendo, entretanto, de serem feitas relevantes considerações sobre os institutos que paralelos à ortotanásia, a saber, a eutanásia, a distanásia e a mistanásia, para que seu conceito e sua aplicabilidade fiquem por certo definidos, não originando quaisquer dúvidas.

A ortotanásia concretiza-se com a manifestação volitiva do paciente em concordância com o médico, em que optam pelas terapêuticas paliativas, não desejando se submeter a tratamentos atrozes, não alimentando uma sobrevida, o que trará, por consequência, a morte com dignidade de acordo com o desejo do paciente.

O termo é empregado, assim, para conceituar o fato morte, sem qualquer atuação da ciência, morte natural, possibilitando àquele paciente que se encontra acometido por uma doença em estágio terminal e sem chances, que precisa se despedir sem ter de prolongar a vida mediante o emprego de aparelhos ou recursos artificiais.

5.1 Princípio da Dignidade da Pessoa Humana

Debater sobre a morte sempre foi um tanto difícil para os grandes filósofos, religiosos e homens que marcaram gerações, e nos dias atuais não tem sido diferente, pois a morte é um assunto que ainda aterroriza a muitos, como se na ótica biológica fôssemos considerados eternos.

A deusificação do corpo humano elevou o "ser mortal" à posição de "ser eterno", protegido de qualquer enfermidade, esquecendo-se, todavia, que em questão de tempo o organismo torna-se velho, debilitado, enfraquecido e que o fato morte é indiscutivelmente inevitável.

Entretanto, a situação dos pacientes terminais não é essa, muito menos a forma que se encontram os hospitais brasileiros, pois o que se vislumbra na prática são doentes sem qualquer possibilidade de cura agonizando e sendo submetidos a tratamentos atrozes, desumanos, sobrevivendo por estarem vinculados aos aparelhos, prolongando a morte e vendo violado seu direito de viver e muito mais o de morrer com dignidade.

Assim sendo, a dignidade da pessoa humana é um dos sustentáculos do Estado Brasileiro, assegurado pela Constituição Federal de 1988. Assim, presentes as condições que demonstram a impossibilidade de o paciente reverter o quadro clínico, estar em fase avançada a doença e inexistir a cura, ao invés de continuar submetendo-o a tratamento desumano, atroz, que causa sérios desgastes físicos, psicológicos e emocionais tanto para o paciente como para os familiares que o acompanham, deve ser assegurado o direito de morrer dignamente.

Dessa forma, à luz dos princípios constitucionais, este artigo vem demonstrar a legalidade da prática da ortotanásia. Para tanto, breves ponderações acerca de institutos que pareiam com a prática da ortotanásia precisam ser realizadas.

A eutanásia, "boa morte", concretiza-se quando o paciente ciente de que para a doença que o acometeu não há possibilidade de cura, ou mesmo que haja, o tratamento a que deverá se submeter não proporcionará mínimas condições de saúde, pede ao profissional médico que prematuramente o leve à morte, ou mesmo qualquer outra pessoa que o acompanhe.

Conforme lição de Maria Helena Diniz:

> Pela distanásia, também designada obstinação terapêutica (L´acharnement thérapeutique) ou futilidade médica (medical futility), tudo deve ser feito mesmo que cause sofrimento atroz ao paciente. Isso porque a distanásia é morte lenta e com muito sofrimento. Trata-se do prolongamento exagerado da morte de um paciente terminal ou tratamento inútil. Não visa prolongar a vida, mais sim o processo de morte [...] (DINIZ, 2006, p. 399).

Por outro lado, Mistanásia é conhecida também por eutanásia social, ou "morte miserável". Segundo Leonard Martin:

> [...] Dentro da categoria de mistanásia pode-se focalizar três situações, primeiro, a grande massa de doentes e deficientes que, por motivos políticos, sociais, e econômicos não chegam a ser pacientes, pois não conseguem ingressar efetivamente no sistema de atendimento médico; segundo, os doentes que conseguem ser pacientes, para, em seguida, se tornar vítimas de erro médico e, terceiro, os pacientes que acabam sendo vítimas de má-prática por motivos econômicos, científicos ou sociopolíticos [...] (MARTIN, 1998, p.172).

Assim, é fundamental também o entendimento de quando se dá o evento morte sob o entendimento jurídico. A morte somente ocorre após a cessação das atividades cerebrais. Portanto, até a ocorrência deste fato, ao paciente terminal deve ser assegurada a dignidade enquanto pessoa até o findar de sua existência.

Para Ronald Dworkin:

> [...] A morte domina porque não é apenas o começo do nada, mas o fim de tudo, e o modo como pensamos e falamos sobre a morte - a ênfase que colocamos no 'morrer com dignidade' - mostra como é importante que a vida termine apropriadamente, que a morte seja um reflexo do modo como desejamos ter vivido (DWORKIN, 2003, p.280). (grifos do autor)

Nesse sentido, o princípio da dignidade da pessoa humana estabelecido no artigo 1º, inciso III, da Constituição Federal de 1988, preconiza que o Estado Brasileiro possui, como dito anteriormente, como sustentáculo, a dignidade. A preservação desse direito deve ser observada em condições perfeitas de saúde e mais ainda quando se encontra inserida no processo de morrer.

O primeiro dos direitos decorrentes da dignidade humana é o Direito à Vida. Conforme prescreve o caput do artigo 5º da Constituição Federal, há a garantia da inviolabilidade do direito à vida, sendo um direito característico da condição humana. Enfim, é uma garantia constitucional. Entende-se que a todo e qualquer paciente terminal essa garantia deve ser assegurada para que, ao analisar o contexto no qual está inserido o paciente, escolha qual o melhor tempo e a forma para findar a vida. Esse é o entendimento correto, pois não se trata de um direito "*erga omnes*", indisponível. Isto porque a Constituição não traz uma obrigação de viver, ao revés, um direito, que poderá ser renunciado se as condições para o exercício do mesmo não propiciar ao paciente, condições mínimas para usufruí-lo. Nesse contexto, vislumbra-se a transgressão ao direito à vida, quando não é dado ao paciente o direito de escolha, a sua autonomia é alocada em segundo plano, e é submetido a tratamentos desumanos, degradantes, servindo muitas vezes de cobaia para novas experiências médicas. Assim, não existe o direito de viver, mais sim uma obrigação de viver, para atender aos anseios de tratamentos médicos.

Para Maria de Fátima Freire de Sá:

> A obstinação em prolongar o mais possível o funcionamento do organismo de pacientes terminais, não deve mais encontrar guarida no Estado Democrático de Direito, simplesmente, porque o preço dessa obstinação é uma gama indivisível de sofrimentos gratuitos, seja para o enfermo, seja para os familiares deste. O ser humano tem outras

> dimensões que não somente a biológica, de forma que aceitar o critério da qualidade de vida significa estar a serviço não só da vida, mas também da pessoa. O prolongamento da vida somente pode ser justificado se oferecer às pessoas algum benefício, ainda assim, se esse benefício não ferir a dignidade do viver e do morrer. (SÁ, 2005, p.32).

O segundo, o Direito à Saúde, assegurado no artigo 6º da Constituição Federal de 1988, tem que ser garantido em todos os momentos, desde os iniciais, da detecção da moléstia, até a fase final dos pacientes terminais, sob pena de violar um direito constitucional e também ferir o princípio da dignidade da pessoa humana. Porém, as práticas atuais vão em sentido contrário, pois o que se tem mostrado é a busca desenfreada por tratamento médico com o fito de transpor a morte, o que por vezes faz submeter o paciente terminal a experiências, a testes médicos sem valorar a importância do paciente terminal enquanto pessoa humana e seus direitos legais. Esse tipo de tratamento desumano que não produzirá benefício algum para a pessoa do paciente enquadra-se no conceito de distanásia, ou seja, é a prática da obstinação terapêutica com o fim de alcançar a cura que há muito tempo deixou de existir, pois ao paciente terminal, sem chances de cura, o que deve ser assegurado não são os diversos tipos e métodos de tratamentos, mais sim o direito de passar pelo processo de morrer dignamente.

5.2 Princípio da Liberdade

O direito à liberdade do paciente terminal tem de levar em análise o consentimento esclarecido, no que concerne à aceitação da prática da ortotanásia ou mesmo a recusa do tratamento, isso com o intuito de buscar a melhor decisão a ser tomada. Trata-se na verdade de um dever do médico e de um direito do paciente. Desrespeitando a manifestação volitiva do paciente, o médico poderá incorrer como autor dos crimes de constrangimento ilegal, cárcere privado ou mesmo lesões corporais, previstos pelo ordenamento penal em seus artigos 146, 148 e 129, respectivamente.

Nessa mesma linha de pensamento está Roxana Borges ao prelecionar que:

> A inobservância dessa vontade, por parte dos médicos, pode caracterizar cárcere privado, constrangimento ilegal e até lesões corporais,

> conforme o caso. O paciente tem o direito de, após ter recebido a informação do médico e ter esclarecidas as perspectivas de terapia, decidir se vai submeter ao tratamento ou, tendo esse já iniciado, se vai continuar com ele (BORGES, 2001, p.295).

Corroborando esse entendimento, o disposto no vigente código civil em seu artigo 15 - "ninguém pode ser constrangido a submeter-se, com risco de vida, a tratamento médico ou intervenção médica cirúrgica" -, privilegia o princípio da liberdade ao próprio corpo.

Outra questão que se mostra de suma importância para o estudo do direito à liberdade no contexto da prática da ortotanásia é quando o paciente já em fase terminal não possui condições de manifestar sua vontade, em consequência do tratamento ao qual está sendo submetido ou mesmo da própria doença. Assim, o caso em concreto dependerá de uma crítica e rigorosa análise, onde à família caberá o ônus de determinar pela manutenção ou suspensão dos tratamentos prescritos para aquele paciente terminal já sem condições de expressar sua vontade. Será mediante o exercício do instituto da curatela que a família decidirá pela manutenção ou não dos tratamentos. Também nesse mesmo entendimento preleciona Maria de Fátima Freire de Sá:

> [...] a ortotanásia afigura-se no exercício regular da medicina, a consulta à família se torna necessária, a uma, porque são os parentes os guardiões do interesse do incapaz; as duas, porque tal medida traria segurança ao médico, evitando-se possível ação judicial contra o profissional (SÁ, 2005, p. 135).

Dessa forma, sendo capaz ou incapaz, o consentimento esclarecido, prévio, ao paciente em fase terminal indiscutivelmente deve ser assegurado, privilegiando sua liberdade constitucionalmente garantida. E quando impossível sua manifestação volitiva à família deve ser atribuído tal direito.

O direito à igualdade está previsto no caput do artigo 5º da Constituição Federal de 1988, assegurando que todos são iguais perante a lei, sem distinção de qualquer natureza, garantindo-se a inviolabilidade da igualdade e da liberdade. Nesse contexto, ao analisar a situação de um paciente terminal e constatar que já inexiste direito à vida, ao revés, prevalece um dever de viver, a esse paciente terminal se deve garantir a igualdade de escolher pelo direito de dispor de sua própria vida, sob pena de ferir um princípio constitucional que é o direito de igualdade de tratamento perante a lei. Assim, entende-se que o direito à igualdade somente está assegurado, quando o próprio médico e os familiares, respeitam o direito do paciente findar a vida dignamente.

5.3 Relativa Disposição dos Direitos de Personalidade

Os direitos de personalidade dizem respeito aos diversos âmbitos em que o ser humano é enfocado como, por exemplo, em seu crescimento e desenvolvimento físico e mental, em seus diversos relacionamentos com a sociedade e também com seu círculo de amizade mais próximo.

Trata-se de direitos subjetivos com força suficiente para assegurar o fundamental à dignidade da pessoa humana. A doutrina civilista apresenta-os como sendo os seguintes: direito à vida; à integridade física; direito às partes separadas do corpo e ao cadáver; direito à liberdade; direito à honra, respeito ao resguardo; direito ao segredo; direito à identidade pessoal; direito ao título; direito ao sinal figurativo e ao direito moral do autor, dentre outros.

Imprescindível também é a análise das características dos direitos inerentes à personalidade humana. São, portanto, indisponíveis, ou seja, somente é possível ao titular ceder alguns direitos da personalidade e nunca a sua titularidade.

Outra característica é a intransmissibilidade e a irrenunciabilidade, não havendo, assim, possibilidade do exercício do direito ser limitado voluntariamente, conforme preceitua o artigo 11 do código civil de 2002, com algumas exceções.

São, ainda, absolutos, ou seja, oponíveis "*erga omnes*", devendo todos abster-se de violá-los. Além de serem também extrapatrimoniais, não há que se falar em apreciação econômica, pois são valores existenciais do ser humano, portanto, "*extra comercium*".

A impenhorabilidade e a imprescritibilidade são marcas características dos direitos da personalidade, pois não podem sofrer ato de constrição judicial, penhora, além do tempo não impedir que o lesado em um direito da personalidade cesse a violação em qualquer momento da sua vida, por inexistir prazo extintivo. Nesse contexto, o ato de dispor dos direitos da personalidade vincula-se, por óbvio, ao direito do paciente terminal desejar morrer dignamente. E nessa esfera, o primeiro assunto que envolve esse debate é a análise do biodireito e a proteção da própria vida do ser humano.

A vida é pressuposto lógico de existência de qualquer ser humano e, desse modo, merece proteção pelo ordenamento jurídico pátrio. Por outro lado, a morte faz parte da vida e da existência de todos os seres humanos, e mesmo assim, como dito linhas acima, falar sobre morte é assunto que ainda atemoriza a muitos. Dessa forma, o objetivo deste estudo é demonstrar que, mediante o exercício da autonomia privada e o amparo constitucional, possui, sim, o paciente terminal, o direito de determinar quais tratamentos e procedimentos médicos deseja se submeter nos momentos finais de sua vida. Todavia, inexiste no ordenamento jurídico pátrio lei que regulamente a prática da ortotanásia, o que de certa forma dificulta a realização da mesma. Havendo apenas no novo projeto de código penal, em trâmite, algumas abordagens sobre a eutanásia e a ortotanásia.

O projeto prevê atenuantes no caso da eutanásia e a total descriminalização sobre a ortotanásia, levando em consideração os respeitáveis avanços alcançados pelo Conselho Federal de Medicina. E por inexistir, como dito, lei regulamentadora, o Conselho Federal de Medicina já publicou duas resoluções disciplinando a matéria. Assim, em virtude de questionamentos quanto à legalidade da prática da ortotanásia, o Conselho Federal de Medicina publicou essas resoluções dispondo sobre em quais situações poderá haver a suspensão ou limitação dos procedimentos médicos. Dispôs também as resoluções sobre as chamadas diretrizes antecipadas da vontade, ou seja, é o denominado testamento vital, documento em que a pessoa, desde que, juridicamente capaz e lúcida, declara o desejo de submeter-se ou não a tratamentos médicos caso inexista possibilidade de cura ou mesmo quando encontrar-se em estado terminal.

Ressalte-se, por fim, que com a publicação do novo código de ética médica, em vigor desde abril de 2010, é vedado ao profissional médico a pedido de paciente ou de familiares que estejam o representando abreviar a vida do enfermo. Dispõe, ainda, quais doenças incuráveis ou em quais situações clínicas irreversíveis poderá o médico proceder apenas cuidados paliativos.

5.4 Princípio da Autodeterminação da pessoa

No que diz respeito à autodeterminação da pessoa humana no contexto da prática da ortotanásia, ressalva faz-se da citada resolução do Conselho Federal de Medicina, nº 1.995/2012. A supratranscrita resolução apresenta como fundamento a relevante questão da autodeterminação do paciente no que diz respeito à relação entre o mesmo e o profissional médico. O médico poderá, assim, deparar-se com circunstâncias de ordem moral, ética não previstas pelo atual ordenamento jurídico, além do fato de haver novos recursos tecnológicos que permitam a prática de medidas desproporcionais que prolonguem o sofrimento do paciente em estado terminal, causando-lhe sérios malefícios. Percebe-se, assim, que o teor da resolução permite ao paciente confeccionar suas diretrizes antecipadas de vontade e estabelecer a que procedimentos médicos ele quer se submeter.

REFERÊNCIAS

BRASIL. CONSELHO FEDERAL DE MEDICINA. **Resolução CFM n. 1805, 28 de novembro de 2006**.

BORGES, Roxana Cardoso Brasileiro Borges. Direito de morrer dignamente: eutanásia, ortotanásia, consentimento informado, testamento vital, análise constitucional e penal e direito comparado. In.: SANTOS, Maria Celeste Cordeiro Leite. **Biodireito:** ciência da vida, os novos desafios. São Paulo: Ed. Revista dos Tribunais, 2001.

DINIZ, Maria Helena. **O estado atual do biodireito.** 3. ed. São Paulo: Ed. Saraiva, 2006.

DWORKIN, R.M. **Domínio da vida.** Aborto, eutanásia e liberdades individuais. São Paulo: Editora Martins Fontes, 2003.

MARTIN, Leonard M. Eutanásia e Distanásia. In.: Costa, Sérgio Ibiapina Ferreira, OSELKA, Gabriel, GARRAFA, Volnei. Iniciação á Bioética. Brasília: Conselho Federal de Medicina, 1998.

PESSINI, Leocir. A eutanásia na visão das maiores religiões (budismo, islamismo, judaísmo e cristianismo). In: BARCHIFONTAINE,

Cristian de Paul de; PESSINI, Leocir. Bioética: alguns desafios. 2. ed. São Paulo: Edições Loyola, 2002.

SÁ, Maria de Fátima Freire de. **Direito de morrer:** eutanásia, suicídio assistido. 2. ed. Belo Horizonte: Ed. Del Rey, 2005.

Capítulo 6
O Axioma Dignidade da Pessoa Humana no Direito e na Medicina – O Direito à Morte Digna como Consequência da Vida Digna

Rodrigo Moreira Pereira
Estudante-pesquisador do 10º período de medicina
Estagiário no CTI terciário do HSJA
Monitoria de neurologia no curso de medicina da universidade Iguaçu campus V
Presidente da liga acadêmica de neurologia aplicada na Universidade Iguaçu - campus V

A morte domina porque não é apenas o começo do nada, mas o fim de tudo, e o modo como pensamos e falamos sobre a morte – a ênfase que colocamos no "morrer com dignidade" – mostra como é importante que a vida termine apropriadamente, que a morte seja um reflexo do modo como desejamos ter vivido (DWORKIN, 2003, p.280).

6.1 Humanização do direito e da medicina em busca de assegurar a vida digna

Os últimos cem anos foram marcados por um intenso avanço tecnológico levando a medicina a passar por grandes modificações. Procedimentos cirúrgicos e técnicas genéticas que antes eram vistas como fantasias de filmes de ficção científica, como técnicas de inseminação artificial, transplantes, plásticas, vacinas etc., hoje são realidades comuns. Todo este avanço levou a uma melhoria na qualidade de vida das pessoas, principalmente nas sociedades desenvolvidas, contribuindo assim para a diminuição da mortalidade.

Em contrapartida, não querendo desmerecer, muito menos ir contra todas essas benfeitorias, mas há de se ressaltar que, por outro lado, essa sobrevida maior levou ao aparecimento significativo de doenças crônicas que não se curam e ao mesmo tempo não conseguem levar o paciente ao óbito devido ao grande acervo de técnicas e aparelhos de manutenção da vida, mesmo que esta seja justificada apenas por um conjunto de sinais vitais. Pode-se então enxergar aqui uma relação muito grande entre os avanços da medicina e da área jurídica. Baseados na ideia de melhoria da qualidade de vida e do bem estar do paciente, esses métodos de prorrogação da morte podem acabar levando apenas ao prolongamento da dor e do sofrimento, desrespeitando assim o princípio da dignidade da pessoa humana. É neste contexto que o direito se encaixa com a medicina, na tentativa de criar mecanismos capazes de harmonizar esses valores em colisão com a dignidade da pessoa humana.

Entrementes, o que seria dignidade da pessoa humana? Qual o conceito exato deste termo? Estas são perguntas bastante subjetivas e difíceis de serem respondidas de maneira pontual. Segundo Vargas (2010, p. 160) "definir dignidade da pessoa humana é missão quase impossível, nem a religião, nem a filosofia e nem a ciência conseguiram uma definição precisa. Segundo o mesmo autor, a dignidade é o resultado de duas ideias essenciais: "a ideia de que a pessoa se distingue das coisas e deve ser considerada um fim em si e não um meio para a consecução de determinado resultado." E a ideia de que "a pessoa tem livre arbítrio, autonomia e capacidade de dirigir-se". (2010, p. 161).

Analisando a Declaração Universal dos Direitos do Homem, de 10 de Dezembro de 1948, observa-se que: a "dignidade é inerente a todos os membros da família humana e seus direitos iguais e inalienáveis é o fundamento da liberdade, da justiça e da paz no mundo [...]" A declaração complementa, no seu artigo 1°, que: "todos os homens nascem livres e iguais em dignidade e direitos. São dotados de razão e consciência e devem agir em relação uns aos outros com espírito de fraternidade". Assim sendo, é possível afirmar que quando a constituição federal proclama o respeito à dignidade humana, entende-se que esta deve ser aferida por cada pessoa em razão de sua própria consciência, garantindo que cada indivíduo tenha o livre arbítrio para fazer o que entenda como digno, sendo esta liberdade limitada apenas para o que for considerado indigno com relação ao conceito social. Observando este contesto legal, a proibição de tratamentos considerados desumanos é feita com o intuito de proteger não o interesse social, mas sim o interesse individual e a dignidade da pessoa humana.

6.2 Autodeterminação da pessoa como respeito aos direitos da personalidade

Faz-se de extrema importância para esta discussão o entendimento de dignidade como autonomia, assim, consegue-se afastar o tema da "morte com intervenção" dos tabus e conceitos religiosos e tratarmos desse na esfera dos direitos humanos e fundamentais e assim conseguir determinar se é possível permitir uma morte no tempo certo como fruto de uma escolha individual.

Autonomia é um termo de origem grega cujo significado está relacionado com independência, liberdade ou autossuficiência (de *autos*, "ele próprio", e *nomos*, "lei; "que se governa pelas suas próprias leis"). Autonomia é oposta a heteronomia, que significa a lei que procede de outro (*hetero* "outro" e *nomos* "lei"). Para este trabalho, a definição mais apropriada de autonomia se encontra na esfera da filosofia elaborada, no mundo moderno, por Kant, segundo ele, o princípio da autonomia "é a característica da vontade que se submeteu livremente à lei moral promulgada pela Razão pura prática, por respeito a essa lei, e excluindo qualquer outro móbil". Ou seja, segundo Kant, a autonomia do indivíduo implica na submissão da sua vontade à Razão, e não exclusivamente às autoridade de direito. Por trás da ideia de autonomia está um sujeito moral capaz de se autodeterminar, traçar planos de vida e realizá-los.

A dignidade como autonomia envolve a capacidade de autodeterminação, o direito de um indivíduo escolher os caminhos que deseja trilhar em sua vida e de desenvolver livremente a sua própria personalidade, ou seja, ser capaz de tomar decisões morais relevantes e assumir as responsabilidades por suas atitudes. Embora existam decisões que o estado esteja legitimado a tomar, aquelas que dizem respeito à própria vida de uma pessoa, escolhas pessoais como profissão, religião, parceiro sexual etc., desde que estas não interfiram com os direitos de terceiros, cabem apenas ao indivíduo e, quando tal fato é desrespeitado, a dignidade deste esta sendo violada.

Observa-se aqui, no conceito de autonomia, duas vertentes: A autonomia do paciente, que poderá optar entre várias possibilidades como o prolongamento máximo da vida, seu não prolongamento artificial e, em algumas situações, sua abreviação. A autonomia do médico, de não realizar procedimentos que considere inadequados, de atender à vontade do paciente de não lhe causar sofrimento inútil e até mesmo a objeção de consciência por parte do médico caso não concorde com as escolhas manifestadas.

> Ressalte-se, como a vida, que a morte digna também é um direito humano. E por morte digna se compreende a morte sem dor, sem angústia e de conformidade com a vontade do titular do direito de viver e de morrer. E nesse sentido é paradoxal a postura social, muitas vezes emanada de uma religiosidade que a religião desconhece, que compreende, aceita e considera "humano" interromper o sofrimento incurável de um animal, mas que não permite, com o mesmo argumento - obviamente sem a metáfora - e nas mesmas condições, afastar o sofrimento de um homem capaz e autônomo (RIBEIRO, 2006, P 1752).

6.3 Diferenciando conceitos fundamentais: Eutanásia e Ortotanásia

Diante da acentuada discussão a respeito da ortotanásia, questiona-se a existência de mau entendimento por parte da população ou até mesmo confusão com outros conceitos, como por exemplo, a eutanásia. Segundo Pessini (2004, p. 201) o acentuado debate sobre a defesa da dignidade da vida humana em sua fase terminal é devido à "confusão terminológica que, às vezes, não deixa claro aquilo que se condena e aquilo que se aprova". Sugerindo então que seja mais aprofundada a distinção de alguns conceitos fundamentais.

O termo eutanásia tem origem grega e significa "boa morte" (*eu*= bom, bem, *thanatos* = morte), embora a expressão tenha sido usada pela primeira vez em 1632 por Francis Bacon em sua obra Historia et mortis, na qual propõe como sendo "o tratamento adequado às doenças incuráveis". Pode-se encontrar indícios da prática da eutanásia em tempos muito mais antigos. Na bíblia sagrada, há uma passagem na qual o rei Saul, de Israel, após estar gravemente ferido pede para uma amalecita que sua vida lhe seja retirada. Na Índia antiga os doentes incuráveis eram tratados com uma lama sagrada e depois jogados rio Ganges. Entre os povos celtas era costume que os filhos matassem os pais quando estes, devido à idade, já não fossem mais úteis.

Provavelmente é na Alemanha onde se encontra o pior programa político de eutanásia, quando, durante o governo nazista, foram massacrados deficientes físicos, pacientes terminais, velhos, doentes mentais e judeus com o intuito de se promover uma higienização social. Tal fato é considerado um ataque à eutanásia que passa da ideia de "boa morte" a ser associado ao pior atentado cometido contra a humanidade.

Existe certo consenso sobre o que se conceitua a prática da eutanásia. Basicamente seria quando um terceiro, movido por um sentimento de misericórdia, antecipa a morte de uma pessoa sofrendo de alguma doença incurável em estado terminal com o consentimento desta pessoa.

O termo Ortotanásia também tem origem grega e quer dizer "a morte no tempo certo" (*orthos* = correto e *thanatos* = morte), consiste em um termo de convergência entre a eutanásia, em que se tem uma abreviação da morte e a distanásia, quando acontece a prorrogação da morte. A ortotanásia parece ser também um ponto em comum entre os profissionais de saúde e a Igreja Católica, diferente da eutanásia que é vista com maus olhos pela maioria das religiões no mundo.

Além da confusão entre os termos ortotanásia e eutanásia, encontra-se uma imensa dificuldade em diferenciar a ortotanásia da eutanásia passiva (também conhecida como eutanásia por omissão, é quando o agente ou não inicia uma ação médica ou interrompe a utilização de tratamento para abreviar a morte). Alguns autores baseiam-se na intenção do agente, assim na eutanásia a morte é antecipada e na ortotanásia é permitido que a morte seguisse seu curso natural. Outros autores separam os termos baseado na iminência de morte, em que, na Ortotanásia, o processo de morte já estaria se instalado. Ambos os argumentos já se mostraram insuficientes e subjetivos, não permitindo uma diferenciação precisa e transparente. Talvez, a melhor colocação quando se tratando da diferenciação dos dois termos foi feita por Maria Elisa Villas-Bôas que distingue a ortotanásia da eutanásia passiva com base na intenção do agente em conjunto com a indicação médica dos recursos suspensos. Segundo a autora a eutanásia passiva consiste na "abstenção deliberada de prestação de tratamentos médicos proporcionais ou úteis que poderiam prolongar a vida do paciente e cuja abstenção antecipa a sua morte" (VILLAS-BÔAS, Maria, 2005). Já a ortotanásia omite ou suspende "medida fútil ou meramente protelatória da morte e cuja manutenção importa em mais prejuízos e agonias do que em benefícios para o paciente" (VILLAS-BÔAS, Maria, 2007). Vale também lembrar que, na ortotanásia, diferente da eutanásia, somente o médico pode ser o responsável pela omissão ou suspensão de tratamento inútil.

6.4 Tratamento paliativo com efeito da vida e da morte digna

Ao tentar explicar a expressão "cuidados paliativos" podemos nos ater a dois sentidos: No sentido filosófico, talvez o mais próximo do real sentido da expressão, paliativo provém do latim "pallium", que significa manto ou coberta, ou seja, cuidados paliativos seriam o manto que aquece e conforta o paciente de sua dor e do seu medo de morrer. Em uma análise semântica, segundo o dicionário Aurélio, paliar significa encobrir com falsa aparência, disfarçar, ou seja, seria tratar com medidas que mascarem, escondam o sofrimento do paciente.

O principal objetivo dos cuidados paliativos é assegurar a melhor qualidade de vida possível para os pacientes que sofrem de doenças incuráveis e suas famílias, baseando no controle da dor e conforto psicológicos e espirituais.

Quando o assunto são cuidados paliativos, dois grandes nomes merecem ser ressaltados: Elisabeth Kübler-Ross autora do renomado livro "Sobre a morte e o morrer" e Cicely Sauders responsável pela criação do movimento hospice.

Kübler-Ross realizou uma ampla pesquisa com pacientes em estado terminal na tentativa de aprender sobre os estágios finais da vida. Em suas pesquisas, a autora e estudantes que a acompanhavam entrevistavam pacientes em fase terminal internados no hospital. Dentre os vários achados de sua pesquisa, destaca-se a identificação dos cinco estágios que antecedem a morte: negação e isolamento, raiva, barganha, depressão e aceitação. Segundo a autora, os pacientes passam por estes cinco estágios nesta ordem relatada acima, variando o tempo em cada estágio de paciente para paciente. Ressalta ainda que muitos pacientes vão a óbito antes de chegar ao quinto estágio, retratando que a morte nem sempre ocorre com a aceitação do paciente. Com suas pesquisas, Kübler-Ross mostra a importância de uma equipe multidisciplinar além do apoio de familiares na tentativa de atender todas as necessidades, os deveres, os direitos e os desejos desses pacientes.

Foi na tentativa de proporcionar esses direitos e atender todos as necessidades em um ambiente modelado exclusivamente para os pacientes terminais que Cicely Sauders, criadora do conceito de cuidados paliativos, criou o movimento hospice na década de 60 com a fundação do saint Christopher's Hospice em Londres. Sua teoria era a criação de um ambiente onde se viva a vida e, quando a morte chegar, encará-la sem medo. O Hospice tenta sempre manter um ambiente o mais semelhante possível ao lar dos pacientes. Familiares e amigos são encorajados a conviver o máximo possível com os pacientes, permitindo, assim, que seus momentos finais sejam compartilhados com os entes queridos e com os melhores cuidados em todas as esferas. Assim Cecily Saunders criou o conceito de cuidados paliativos, disseminando pelo mundo uma nova filosofia sobre o cuidar, com base, principalmente, no controle efetivo da dor e de outros sintomas decorrentes dos tratamentos em fase avançada das doenças e o cuidado abrangendo as dimensões psicológicas, sociais e espirituais de pacientes e suas famílias.

Embasando-se neste princípio, a Organização Mundial de Saúde (OMS), na tentativa de se padronizar minimamente os princípios na área de cuidados paliativos, criou as "nove regras de ouro do cuidado paliativo" (ABCP):

1. Promover alívio da dor e outros sintomas que causam sofrimento.
2. Afirmar a vida e considerar a morte um processo natural.
3. Não pretender apressar, nem retardar a morte.
4. Integrar os aspectos psicossociais e espirituais ao cuidado do paciente.
5. Oferecer sistema de apoio com intuito de ajudar pacientes a viverem ativamente tanto quanto possível até a morte.

6. Oferecer sistema de apoio para ajudar a família a lidar com a doença do paciente e seu próprio luto.

7. Utilizar equipe para abordar as necessidades dos pacientes e seus familiares, incluindo aconselhamento para o luto, se indicado.

8. Reforçar e aprimorar a qualidade de vida e, também, influenciar positivamente o curso da doença.

9. Ser aplicável no início do curso da doença, em conjunto com outras terapias que prolonguem a vida, como quimio e/ou radioterapia, e incluir investigações necessárias para o melhor entendimento e abordagem das complicações clínicas que causam sofrimentos.

No Brasil, foi fundado em 1997 a Associação Brasileira de cuidados Paliativos (ABCP), objetivando principalmente: "padronizar e proporcionar uma circulação cientifica para os profissionais e estabelecimentos que colocam em pratica os cuidados paliativos, preservando a melhoria da qualidade de vida dos enfermos, nos diversos níveis de saúde." (ABCP). Os cuidados paliativos criaram um novo conceito de cuidar focando não apenas em curar, mas sim no bem estar do paciente como um todo até o final de sua vida. A medicina paliativa busca, incorporando equipes de saúde especializadas, a melhoria da qualidade do fim da vida, destacando uma abordagem mais preventiva, contínua e eficaz e não somente os cuidados no final da vida.

REFERÊNCIAS

ABCP, Associação Brasileira de cuidados Paliativos. **História e Conceitos Dos Cuidados Paliativos.**

Disponível em <http://www.cuidadospaliativos.com.br/site/texto.php?cdTexto=4>. Acesso em 26/04/2015.

DECLARAÇÃO UNIVERSAL DOS DIREITOS HUMANOS. Disponível em: http://www.dudh.org.br/declaracao/ . Acesso em: 20 Abril de 2015.

DWORKIN, R. M. **Domínio da vida:** aborto, eutanásia e liberdades individuais. São Paulo: Martins Fontes, 2003.

INSTITUTO NACIONAL DO CÂNCER JOSE ALENCAR GOMES DA SILVA **(INCA),** Cuidados paliativos.

Disponível em < http://www1.inca.gov.br/conteudo_view.asp?ID=474> acesso em: 23 /04/ 2015.

KANT, Immanuel. **Fundamentação da metafísica dos costumes.** (Tradução: Paulo Quintel). Lisboa: Edições, 70, 2000.

__________, **Fundamentação da metafísica dos costumes**. (Tradução Paulo Quintela). Lisboa: Edições 70, 2005.

PESSINI, Léo; BERTACHINI, Luciana (Orgs.). **Humanização e cuidados paliativos**. São Paulo: Centro Universitário São Camilo; São Paulo: Loyola, 2004.

PESSINI, Leo. **Eutanásia:** por que abreviar a vida?. São Paulo: São Camilo, 2004.

VILLAS-BÔAS, Maria Elisa. **Da eutanásia ao prolongamento artificial:** aspectos polêmicos na disciplina jurídico-penal do final de vida. Rio de Janeiro: Forense, 2005.

VILLAS-BOAS, Maria Elisa. **A Ortotanásia é legal** (ou: Da Resolução CFM n. 1.805/2006 numa visão para juristas). Aracaju. Evocati Revista n.13. jan. 2007.

Disponível em:<http://www.evocati.com.br/evocati/interna.wsp?tmp_page=interna&tmp_codigo=97&tmp_secao=23&tmp_topico=biodireito> . Acesso em: 23/04/ 2015.

RIBEIRO, Diaulas Costa. **Autonomia:** viver a própria vida e morrer a própria morte. Cad. Rio de Janeiro, Saúde Pública, 22(8):1749-1754, ago, 2006

VARGAS, Denise. **Manual de Direito Constitucional.** São Paulo: Revista dos Tribunais, 2010.

WHO. Paliative care: symptom management and end-of-life care, 2004. Disponível em <http://www.who.int/3by5/publications/documents/en/genericpalliativeca re082004.pdf> acesso em 26/04/2015.

Capítulo 7
Ortotanásia

Artur José Cabral
Mestre em Produção Animal pela UENF
Médico veterinário
Professor Convidado do PIC Ortotanásia

Leandro Dutra Peres
Médico Cirurgião Geral e do Aparelho Digestivo do Hospital São José do Avaí. Especialista em cirurgia hepatobiliar e videolaparoscopia. Membro do Colégio Brasileiro de Cirugiões, da Sociedade Brasileira de Videocirurgia, da Associação Brasileira de Transplante de Órgãos e Tecidos. Professor de cirurgia da Medicina da Universidade Iguaçu – Itaperuna

Não somos nem vítimas, nem doentes de morte. É saudável ser peregrinos. Podemos ser sim curados de uma doença classificada como mortal, mas não de nossa mortalidade. Quando esquecemos disso, acabamos caindo na tecnolatria e na absolutização da vida biológica pura e simplesmente. É a obstinação terapêutica adiando o inevitável, que acrescenta somente sofrimento e vida quantitativa, sacrificando a Dignidade (PESSINI ; BARCHIFONTAINE, 2014, p. 455)

7.1 Conceito e Origem

Com o progresso tecnocientífico e as transformações pelas quais passa a sociedade, notadamente a partir do século XX, a vida passou a ser prolongada por meios artificiais por um tempo cada vez mais longo, dando origem a uma nova preocupação: até que ponto se deve prolongar a vida a despeito da irreversibilidade do quadro clínico? Com os recursos tecnológicos empregados a serviço da saúde, a medicina, cada vez mais avançada, começa a obter êxito no prolongamento excessivo do processo de morte, tornando-o cada vez mais tardio, prolongando a vida por um tempo quase indeterminado, impondo ao enfermo o excesso terapêutico até o momento em que a distanásia (obstinação terapêutica praticada na ânsia de curar um paciente inviável) passa a se constituir uma preocupação para os estudiosos de Bioética e uma agressão à dignidade da pessoa humana.

Etimologicamente, Ortotanásia é uma expressão que une dois prefixos gregos: *ortho* (certa) e *thanatus* (morte), significando, portanto, morte na hora certa, no momento próprio. Trata-se de vocábulo relativamente novo, cunhado por Jacques Roskam, no I Congresso de Gerontologia, na Bélgica, em 1950 (CABETTE, 2013, p. 132). Explicou ele que entre encurtar a vida (abreviando-a através da Eutanásia) e o prolongar o processo de morte para além do tempo certo pelo excesso terapêutico (Distanásia), há um meio termo, um momento propício, a que denominou Ortotanásia.

É muito comum as pessoas confundirem Ortotanásia com Eutanásia, pensando serem expressões sinônimas. É necessário então que se estabeleça breve distinção: ambas as condutas se caracterizam pela compaixão, buscando promover a morte digna, serena e indolor; entretanto, a Eutanásia abrevia a vida, enquanto a Ortotanásia não a abrevia, nem a retarda, apenas permite que ela ocorra de forma mais natural possível, no tempo oportuno, correto.

Assim, somente se fala em Ortotanásia em face de absoluta ineficácia de uma intervenção médica, ou seja, qualquer tratamento ou procedimento seria fútil, inútil e jamais produziria a cura, diante da irreversibilidade do quadro clínico e uma vez iniciado o processo de morte. Nesse sentido, leciona Luciano Santoro (2012, p. 138) que muitos confundem Ortotanásia com a Eutanásia Passiva. Adverte que embora Eutanásia e Ortotanásia tenham como ponto comum o sentimento de compaixão, proporcionando ao doente terminal morte sem dor por meio da omissão na prestação ou na continuidade do tratamento ou procedimento, diferem no âmago da questão: o momento do início da morte. Na Ortotanásia, a morte já se iniciou; na Eutanásia Passiva, a omissão é que desencadeará a morte.

7.2 Fundamento

O fundamento de se buscar a morte digna é a consagração da dignidade da pessoa humana como axioma do ordenamento jurídico, aliada ao reconhecimento do direito à autodeterminação do paciente e liberdade de disposição dos direitos de personalidade.

A noção de autodeterminação tem sido bastante enfatizada, já que a tutela dos direitos de personalidade tem buscado prestigiar a tomada de decisões da própria pessoa a respeito de sua vida, de sua saúde e de sua morte, consoante assinala Roxana Borges: "Hoje se reivindica a reapropriação da morte pelo próprio doente. Há uma preocupação sobre a salvaguarda da qualidade de vida da pessoa, mesmo na hora da morte" (BORGES, 2007, p. 231). No mesmo sentido, o vigente Código de Ética Médica, admite a Ortotanásia:

> Uma das grandes novidades deste novo Código de Ética Médica é a aprovação da ortotanásia (o morrer no momento e no tempo certos, sem a prolongação da vida, por um lado, (eutanásia) e, muito menos, o prolongamento indevido do processo de morrer, por outro (distanásia) (PESSINI; BARCHIFONTAINE, 2014, p. 452).

Tanto é verdade que as recentes Resoluções do Conselho Federal de Medicina (CFM) têm prestigiado a autodeterminação do paciente e sua dignidade. Além do Código de Ética Médica (a Resolução Nº 1931/2009), apresenta vários dispositivos que resguardam a vontade do paciente. Ainda a Resolução Nº 1805/2006 veio disciplinar a prática médica quanto ao procedimento da Ortotanásia. Além destas, a Resolução Nº 1997/2012 estabelece o respeito às diretivas antecipadas de vontade, um documento no qual o paciente declara vontade para cumprimento posterior quando já não mais puder expressá-la por incapacidade ou por superveniência de estado vegetativo.

Ademais, o vigente Código Civil, no seu art.15, reafirma o direito à liberdade da pessoa: "ninguém pode ser constrangido a submeter-se, com risco de vida, a tratamento médico ou intervenção médica cirúrgica", privilegiando o princípio da liberdade em relação ao próprio corpo do paciente. Se não é obrigado a submeter-se à cirurgia, quanto mais a tratamento que não lhe seja conveniente.

7.3 Ortotanásia e as principais religiões

A questão da morte está intimamente ligada à religião, não sendo possível dissociá-las, por este motivo, analisa-se de forma breve a visão das religiões reconhecidas no Brasil sobre a ortotanásia e a terminalidade da vida humana.

> Para o budismo, esta religião não vê a morte como o fim da vida, mas como transição. O Budismo reconhece o direito das pessoas de determinar quando deveriam passar desta existência para a seguinte. O importante não é se o corpo vive ou morre, mas se a mente pode permanecer em paz e em harmonia consigo mesma (PESSINI, 2002, p. 266).

Já o Judaísmo enfrenta a morte, no sentido de que o último período da doença deve ser encarado como o momento em que paciente deve ser assistido, consolado e encorajado (SÁ, 2005, p. 63). Sendo ilícita a eutanásia, pelo ordenamento jurídico dos judeus, por sua vez, a ortotanásia não é considerada prática ilícita.

Para o Islamismo, no que tange à ética médica, o Código Islâmico de Ética Médica dispõe como juramento que o médico jura proteger a vida humana em todos os estágios e sob quaisquer circunstâncias, fazendo o máximo para libertá-la da morte, doença, dor e ansiedade. Presume-se que a ortotanásia seja admitida pela religião islâmica.

Para Maria de Fátima Freire de Sá:

> [...] torna-se imperioso concluir que o islamismo condena o suicídio e a eutanásia ativa. Contudo, traz certa simpatia em relação à ortotanásia, uma vez que condena a adoção de medidas heroicas para manter, a todo custo, a vida de alguém com morte iminente. (SÁ, 2005, p.70).

Sendo o Cristianismo a religião mais difundida no mundo, possui o maior número de documentos sobre a ortotanásia. Em 1980, a Declaração da Sagrada Congregação para a Doutrina da Fé, conceituou a eutanásia e a condenou por ser uma violação à Lei Divina.

Em 1995, o papa João Paulo II, através da Carta Encíclica *Evangelim Vitae,* condenou a distanásia, afirmando ser o excesso terapêutico inadequado à situação prática, real do paciente. Afirma-se, portanto, que a Igreja Católica condena a prática da eutanásia e da distanásia, todavia, pressupõe ser admitida a ortotanásia.

Assim, muitas são as religiões e as correntes filosóficas que discutem a vida e muito mais a morte, pois é algo inerente a todo ser humano.

Pessini e Barchifontaine explicam a importância do papel da religião ante a finitude da vida:

> Sabemos que as religiões não podem resolver os problemas ambientais, econômicos, políticos e sociais da terra. Contudo, elas podem oferecer o que obviamente não pode ser conseguido apenas com planos econômicos, programas políticos ou regulamentações legais: uma mudança na orientação interna de toda uma mentalidade do "coração" dos povos e a conversão de um caminho falso pra uma nova vida. A humanidade precisa urgentemente de reformas sociais e ecológicas, mas também precisa de uma renovação espiritual (PESSINI; BARCHIFONTAINE, 2014, p. 133)

Portanto, frisa-se a importante reivindicação da legalidade da prática da ortotanásia, com fundamento no direito de morrer dignamente, sendo uma extensão do princípio da dignidade da pessoa humana, além de agasalhar outros princípios e direitos constitucionais como direito à vida, à liberdade, à igualdade e à saúde inseridos no contexto do Estado Democrático de Direito.

REFERÊNCIAS

BORGES, Roxana Cardoso Brasileiro. **Direitos da personalidade e autonomia privada**. São Paulo: Saraiva, 2. ed., 2007.

CABETTE, Eduardo Luiz Santos. **Eutanásia e ortotanásia**: comentários à Resolução 1.805/06 CFM - aspectos éticos e jurídicos. Curitiba: Juruá, 2013.

PESSINI, Leocir. A eutanásia na visão das maiores religiões (budismo, islamismo, judaísmo e cristianismo). In: BARCHIFONTAINE,

Cristian de Paul de; PESSINI, Leocir. **Bioética:** alguns desafios. 2. Ed. São Paulo: Edições Loyola, 2002.

PESSINI, Leocir; BATCHIFONTAINE, Christian de Paul. **Problemas atuais de Bioética**. São Paulo: Loyola, 2014.

SÁ, Maria de Fátima Freire de. **Direito de morrer:** eutanásia, suicídio assistido. 2. ed. Belo Horizonte: Ed. Del Rey, 2005.

SANTORO, Luciano de Freitas. **Morte Digna:** o direito do paciente terminal. Curitiba: Juruá, 2012.

Capítulo 8
Expressões Ligadas ao Conceito de Ortotanásia

João Romário Gomes da Silva
Acadêmico do 7º Período do Curso de Medicina
Atuou como monitor de Anatomia Humana II no curso de medicina de 2013 a 2014
Atuou como monitor de Mecanismos de Agressão das Doenças I no curso de medicina de 2014 a 2015
Atua como monitor de Hematologia no curso de medicina de 2015 a 2016
Membro titular da LIGA acadêmica de Pediatria
Membro titular da LIGA acadêmica de Endocrinologia

Dizem as escrituras sagradas: "Para tudo há o seu tempo. Há tempo para nascer e tempo para morrer". A morte e a vida não são contrárias. São irmãs. A "reverência pela vida" exige que sejamos sábios para permitir que a morte chegue quando a vida deseja ir. (RUBEM ALVES)

8.1 Eutanásia

A eutanásia é a mais conhecida das quatro formas de lidar com a morte em caso de pacientes em estado terminal. Dentre estas a eutanásia também pode ser considerada a mais polêmica, devendo assim o dever de entendê-la melhor para que sua análise seja feita de forma correta mesmo em momentos em que os sentimentos e as emoções sejam extremos.

Faz necessário compreender a origem etimológica deste termo, que deriva do grego e quer dizer segundo Cabral e Gregório (2012) "*eu*, que significa bem, bom, e *thanatos*, que quer dizer morte". Este termo foi criado cerca de quatro séculos atrás por um filósofo inglês, como podemos observar na fala de Sá (2005), "o termo eutanásia foi criado no século XVII, pelo filósofo inglês Francis Bacon".

No entanto há rumores, que muito antes da criação do termo por Bacon, a prática da eutanásia já era por vezes presente no cotidiano de civilizações na antiguidade, mesmo que sem a atribuição do sentido que hoje a confere. Sendo essa uma prática que não visava sanar o sofrimento dos indivíduos em questão, mas se tratava de uma questão político-social na qual seria necessária a eliminação daqueles que não se mostravam capaz de exercer atividades fundamentais para a prosperidade do povo, atividades essas como trabalhar ou defender sua pátria durante uma guerra.

Com embasamento em relatos históricos Vieira (2009, p. 114) ressalta que: "Os celtas eliminavam os nascidos com características monstruosas e os idosos enfermos [...] Os espartanos jogavam os recém-nascidos deformados e os anciões do alto do monte Taijeto, por não terem condições de defender Esparta, faltando-lhes robustez e força". Tomando como parâmetro sua origem, eutanásia significa boa morte, morrer bem. Deste modo, nos primórdios de sua etimologia o sentido da eutanásia seria propiciar ao paciente em estado final uma morte "boa", sem sofrimento, com apoio psicológico necessário, controle da dor, entre outras maneiras de propiciar ao enfermo paz e tranquilidade, e não antecipação da morte.

Corroborando com o sentido originário de eutanásia Borges (2007, p. 234) afirma:

> [...] conforme o sentido originário da expressão seriam medidas eutanásticas não a morte, mas os cuidados paliativos do sofrimento, como o acompanhamento psicológico do doente e outros meios de controle da dor. Também seria uma medida eutanástica a interrupção de tra-

tamentos inúteis ou que prolongassem a agonia. Ou seja: a eutanásia não visaria à morte, mas a deixar que esta ocorra da forma menos dolorosa possível. A intenção da eutanásia, em sua origem, não era causar a morte, mesmo que fosse para fazer cessar os sofrimentos da pessoa doente.

No entanto, com o passar do tempo o significado de eutanásia foi sofrendo alterações conceituais e nos dias atuais passou a ser compreendida como uma antecipação da morte por pena ou piedade do carma vivido pelo paciente em estado terminal, deixando assim de ser a procura por uma morte tranquila ao seu tempo, por uma morte antecipada em nome da compaixão da pessoa enferma.

Neste sentido Cabral e Gregório (2012, p. 490) esclarecem:

> [...] a eutanásia tem sofrido um alargamento em seu conceito, passando a ser entendida como a antecipação da morte, isto é, a morte provocada por sentimento de piedade ou compaixão à pessoa que sofre, deixando de ser considerada uma morte tranquila para se tornar uma abreviação da vida, deixando de corresponder aos tratamentos paliativos necessários à concretização de uma morte doce e tranquila para interromper a vida em nome da compaixão e do sofrimento.

Sendo que só pode ser considerada eutanásia a antecipação da morte em pacientes com doenças incuráveis em estado terminal sem possibilidade alguma de cura. Neste aspecto entende Borges (2007, p. 234): "A eutanásia verdadeira é a morte provocada em paciente vítima de forte sofrimento e doença incurável. Se a doença não for incurável, afasta-se a eutanásia [...]".

Existem diversas classificações envolvendo a eutanásia, por exemplo, a eutanásia natural e a eutanásia provocada ou voluntária. Sendo a eutanásia natural a culminância em óbito sem a intervenção externa, ou seja, a morte propriamente dita como consequência da vida. E a eutanásia provocada seria a obtenção do óbito através de ação externa, através de conduta de um ser humano, abreviando assim o período de vida do enfermo terminal, seja por compaixão ou seja visando por fim em sua agonia. Sendo que a eutanásia provocada ainda é dividida em heterônoma e autônoma. Na primeira, o paciente de alguma forma põem fim a sua vida, e na segunda ocorre a participação de pessoas a quem do doente (CABRAL e GREGÓRIO, 2012). No contexto atual a eutanásia pode ser praticada por inúmeras pessoas e de diversas maneiras, tanto agindo quanto omitindo em prol da antecipação da vida visando o cessar do sofrimento e angústia do enfermo. Desta forma, a eutanásia pode ainda ser classificada em ativa ou passiva.

Cabette (2009, p. 23-24), discorre com eficiência sobre tal assunto:

A eutanásia ativa ou por comissão é aquela que se pratica através de atos que ajudam o doente a morrer, buscando com isso aliviar ou eliminar seu sofrimento. [...] Por seu turno, a eutanásia passiva ou por omissão é consistente na abstenção deliberada da prestação de tratamentos médicos ordinários ou proporcionada que poderiam prolongar a vida do paciente e cuja ausência antecipa a morte.

> Fica claro que tanto na eutanásia ativa quanto na passiva o objetivo é a antecipação da morte, visando o alívio para o enfermo proporcionado pelo fim de seu sofrimento, que fatidicamente persistiria caso medidas paliativas fossem aplicadas. Desta forma fica esclarecido que, atualmente, a eutanásia é uma forma de abreviação da vida de doentes terminais que não tem possibilidade de cura, motivado por piedade no intuito de extinguir o sofrimento do enfermo (BORGES, 2007) e (Sá, 2005).

8.2 Distanásia

A palavra distanásia também tem sua origem etimológica do grego que quer dizer afastamento da morte, visando assim o prolongamento da vida mesmo que seja uma pseudovida. Cabette (2006, p. 26) discorre sobre este conceito:

> O ato de protrair o processo de falecimento iminente em que se encontra o paciente terminal, vez que implica um tratamento inútil. Trata-se aqui da atitude médica que, visando a salvar a vida do moribundo, submete-o a grande sofrimento. Não se prolonga, destarte, a vida propriamente dita, mas sim o processo de morrer.

Distanásia é um termo usado para definir o prolongamento restritamente artificial a todo custo de uma vida, sendo o paciente um doente terminal sem possibilidade de cura, prolongando assim a agonia e sofrimento do mesmo. Este prolongamento é possível graças aos avanços tecnológico obtidos pela medicina atualmente, possibilitando o prolongamento puramente artificial de uma vida por um longo tempo. Mesmo sabendo que as chances de cura são praticamente nulas ou realmente nulas, esses recursos são empregados prolongando assim a angústia e o sofrimento do enfermo (CABRAL e GREGÓRIO, 2012). Neste contexto também Santoro (2010, p. 128), deixa em evidência a realidade envolta no sentido da distanásia como sendo uma luta injustificável dizendo:

> A distanásia é aquele comportamento em que há excesso do médico em lutar pela vida do paciente, verdadeira tenacidade traduzida na obstinação terapêutica, retardando inutilmente a morte natural do paciente, através da utilização de métodos terapêuticos injustificáveis em pacientes que se encontrem em estado de morte iminente e irreversível.

Na realidade a distanásia traz consigo grande proporção de sofrimento e agonia, vendo que é um prolongamento inútil e desnecessário, já que a morte é inevitável. Assim, acaba por esquecer o verdadeiro sentido da vida propriamente dita, para buscar a chamada obstinação terapêutica do tratamento, consistente no prolongamento desnecessário de um processo que fatalmente culminará em morte. Neste contexto observou-se que a distanásia é a busca incessante por prolongar a vida, não permitindo que o processo morte ocorra no seu curso natural. Desta forma prolonga-se também o sofrimento e a agonia sem um objetivo plausível, visto que a situação não mudará e os fatos tragicamente culminaram no fim da vida, juntamente com o fim do carma daquele enfermo.

Desta forma Cabral e Gregório (2012, p. 492), afirmam: "Enfim, prolongar a morte de um doente terminal, submetendo-o a imensos sofrimentos e agonias, dando-lhe uma falsa esperança, em nome de um capricho terapêutico, é frontalmente um desrespeito à dignidade da pessoa humana".

8.3 Mistanásia ou Cacotanásia ou Eutanásia Social

A mistanásia é a mais desconhecida dentre os quatro termos referente à morte em caso de pacientes em estado terminal. Mesmo sendo desta forma, ela é de fundamental importância e trata sobre um aspecto preponderante neste contexto. Também provém do grego que quer dizer "rato infeliz", segundo Cocicov (2009), "para uns a mistanásia provém do *grego mis* (infeliz), e a outros *mys* (rato)". Desta forma, sua origem etimológica não se faz importante visto que seu significado visa remeter à morte sem as condições necessárias para o atendimento e tratamento digno, atendimento e tratamento estes que poderiam reverter o quadro e evitar que esta morte viesse a ocorrer. Esta falta ou omissão de atendimento e tratamento são provenientes de razão econômica, política e de carência social. No entanto a mistanásia também pode ser chamada de Cacotanásia que tem origem etimológica grega e da um sentido mais claro ao seu significado, como esclarece Cocicov (2009) "deriva do prefixo grego *kakós*, significando má morte". Então, independentemente do termo ou de sua origem etimológica, a mistanásia representa a morte sofrida, de certa forma antecipada, a morte decorrente da desigualdade socioeconômica, do descaso por parte dos que tem por prerrogativa a obrigação de reverter esse quadro, a morte daqueles que por causa de sua posição na sociedade acabam por serem vitimadas pelos descasos do poder público.

Cabette (2009, p. 32) complementa dizendo:

> Realmente há uma certa hipocrisia cruel e perigosa na suposta preocupação com a oferta de uma 'morte digna' quando muito pouco se faz para propiciar o respeito pela dignidade humana dos viventes. Deve-se tomar sérios cuidados para que não se enverede por um caminho seletivo em que a alguns seja mantida e assegurada sua vida digna, reservando a outros, na falta de melhor opção e para que não atrapalhem o bem-estar dos demais, uma 'morte piedosa'.

Entender a mistanásia como uma morte antecipada, não visando amenizar o sofrimento, por motivo de compaixão ou piedade como ocorre na eutanásia, mas sim pelo abandono social e descaso da saúde por parte do governo, fazendo com que muitos morram sem nem mesmo ter acesso aos atendimentos que necessitam e que por lei são direito de todos e dever do Estado ou que acabam sendo vítimas de imprudências, negligências ou imperícias médicas em decorrência de sua condição socioeconômica.

Ao ver de Namba (2009, p. 175), a mistanásia derivada de imprudências ou negligências e imperícias são quando:

> A mistanásia por imperícia pode se caracterizar quando o doente falece por falta de atualização de conhecimento do médico. A mistanásia por imprudência é aquela em que o médico prescreve tratamento ou outro procedimento sem exame direto do paciente, causando seu óbito. A mistanásia por negligência, principalmente, pode ocorrer quando se omite o tratamento de um doente e no abandono do paciente crônico ou terminal sem motivo justo.

A mistanásia aflige de maneira sórdida e cruel a dignidade da pessoa humana, visto que esta não recebe qualquer cuidado, culminando em uma morte miserável e fora do tempo. Para Sá (2005, p. 40), a mistanásia:

> Nada tem de boa, suave ou indolor. Dentro da categoria de mistanásia pode-se focalizar três situações: primeiro, a grande massa de doentes e deficientes que, por motivos políticos, sociais e econômicos, não chegam a ser pacientes, pois não conseguem ingressar efetivamente no sistema de atendimento médico; segundo, os doentes que conseguem ser pacientes, para, em seguida, se tornar vítimas de erro médico e, terceiro, os pacientes que acabam sendo vítimas da má-prática por motivos econômicos, científicos ou sociopolíticos. A mistanásia é uma categoria que permite levar a sério o fenômeno da maldade humana.

A forma de mistanásia que se destaca é a originada pela omissão de socorro estrutural que afeta centenas de milhões de pessoas doentes por toda sua vida não apenas na fase terminal de sua doença. Temos também a categoria de mistanásia originada daqueles que conseguem serem atendidos, para em seguida se tornarem vítimas deste sistema ineficiente e corrompido. No entanto, fica explícito que a mistanásia é caracterizada por mortes prematuras, passíveis de serem evitadas ou adiadas com tratamentos eficazes e precisos. Cabral e Gregório (2012, p. 495), contribuem afirmando que, "a mistanásia pode ser compreendida como a institucionalização da exclusão, em que grande parte da população é impedida de exercer seus direitos fundamentais por fazer parte de uma classe inferior numa sociedade desigual e qualificadora".

REFERÊNCIAS

BORGES, Roxana Cardoso Brasileiro. **Direitos de personalidade e autonomia privada**. 2. ed. São Paulo: Saraiva, 2007.

CABETTE, Eduardo Luiz Santos. **Eutanásia e ortotanásia:** Comentários à Resolução 1.805/06 CFM. Aspectos éticos e jurídicos. Curitiba: Juruá, 2009.

CABRAL, H. L. T. B. ; GREGÓRIO, P. V. O. **Ortotanásia e o PLS nº 116 de 2000 como Direito à Morte Digna.** Revista Jurídica LEX. nº 56 . Mar-Abr/2012.

COCICOV, Giovanny Vitório Baratto. ***Ortotanásia*:** em busca da dignidade da morte. 2009. 194 f. Dissertação (Pós-Graduação em Direito) - Faculdade de Direito da Universidade Federal do Paraná, Curitiba, 2009. Disponível em: <http://dspace.c3sl.ufpr.br/dspace/bitstream/1884/18619/1/Versao%20Maio%202009%20Dissertacao%20Ortotanasia%20Em%20busca%20da%20dignida.pdf>. Acesso em: 28 jul. 2013.

NAMBA, Edison Tetsuzo. **Manual de Bioética e Direito**. São Paulo: Atlas, 2009.

SÁ, Maria de Fátima Freire de. **Direito de morrer:** eutanásia, suicídio assistido. 2. ed. Belo Horizonte: Del Rey, 2005.

SANTORO, Luciano de Freitas. **Morte digna:** o direito do paciente terminal. Curitiba: Juruá, 2010.

VIEIRA, Mônica Silveira. **Eutanásia:** humanizando a visão jurídica. Curitiba: Juruá, 2009.

Capítulo 9
A Antítese Da Ortotanásia – O Excesso Terapêutico

João Pedro Soares de Freitas
Acadêmico do oitavo período do Curso de Medicina
Vice-Presidente da Liga Acadêmica de Anestesiologia e Dor
Monitor da disciplina de Clínica Cirúrgica II
Integrante da Liga Acadêmica de Ortopedia e Traumatologia
Integrante da Liga Acadêmica de Cardiologia

"Curar às vezes, aliviar com frequência, consolar sempre". (WILLIAN OSLER)

A prática da ortotanásia pela classe médica é hoje a forma mais segura de se garantir a não aplicação de uma terapêutica excessiva, seja em fármacos ou em tecnologias instrumentais. A ortotanásia, caracterizada como a morte no tempo correto ou em seu curso natural da vida, como um processo de conclusão da vida, tem sido considerada a morte mais digna, aquela que em momento algum irá interferir o princípio da Dignidade da Pessoa Humana, preservando assim as diretrizes e princípios prometidos no Juramento de Hipócrates. Além de não ser contrário a nenhuma conduta ou norma jurídica.

9.1 O equívoco da obstinação terapêutica

O avanço das tecnologias utilizadas na medicina à disposição do médico tem originado não apenas benefícios à saúde das pessoas. Todavia, em alguns momentos, todo esse aparato tecnológico e inovador pode acabar afetando a dignidade da pessoa. Esses avanços englobam, sobretudo, o controle do processo de morte.

Avaliando biologicamente, alguns órgãos do corpo humano podem ser mantidos em funcionamento quase que indefinidamente, de forma artificial, sem que haja alguma perspectiva para cura ou melhora. Contudo, alguns procedimentos médicos, ao invés de curar ou de proporcionar melhorias ao doente, apenas retardam o processo de morte. Com isso, a "obstinação terapêutica" pode ser compreendida para Torres (2013) como:

> [...] o comportamento médico que consiste em utilizar processos terapêuticos cujo efeito é mais nocivo do que os efeitos do mal a curar, ou inútil porque a cura é impossível e o benefício esperado menor que os inconvenientes previsíveis. Quando a terapia médica não consegue mais a restauração da saúde, tratar para curar torna- se uma futilidade.

Devido a esses procedimentos terapêuticos isentos de benefícios há situações em que o ser humano se torna segundo plano, juntamente com a sua dignidade e os tratamentos médicos empregados se tornam o foco principal. A atenção passa a ser focada no procedimento, na tecnologia e não como realmente deveria ser: na pessoa que está se aproximando da finitude da vida. Oliveira e Barbas (2013) corroboram do mesmo pensamento citado anteriormente e afirmam que:

> É inconveniente apresentar ao paciente ou seu representante um tratamento que não altere o estado vegetativo contínuo da pessoa, não mude as deficiências que são incompatíveis com a sobrevivência, que deixe comprometidas de forma permanente as capacidades neurocardiorrespiratórias e para convívio social, e não ajude o paciente a se libertar dos suportes utilizados nos cuidados intensivos. Assim, quando os pacientes não são beneficiados no sentido médico pelo tra-

tamento, o médico pode usar os princípios da beneficência e da não maleficência para evitá-los.

Hoje, há uma preocupação com a real importância da utilização da medicação como uma fonte de alívio da dor e a reapropriação da morte pelo próprio doente. Na qual o intuito é salvaguardar a qualidade de vida da pessoa, seja em seus momentos de sofrimento ou seja até mesmo na hora de sua morte. Pleiteando assim uma dignidade preservada em vida e em morte. Sendo assim, a medicina deve focar em um dos seus objetivos tradicionais e fundamentais que é o alívio da dor e do sofrimento independente do estágio de vida ou de morte do indivíduo como um todo. Seja no sofrimento físico, no mental ou seja no emocional. Reforça-se assim a importância da medicina paliativa, a qual se destina ao alívio do sofrimento e a limitação das dores do paciente terminal, que já não apresenta mais possibilidades de cura.

Por isso, o Conselho de Ética Médica desde 1988 vem abordando os direitos do paciente terminal, visando sempre protegê-lo de todo e qualquer ato antiético que lhe promova sofrimento físico ou moral. Em seu artigo 61, parágrafo 2° reforça que "[...] o médico não deve abandonar seu paciente, por ser este portador de moléstia crônica ou incurável [...]" e o "[...] continuará assisti-lo ainda que apenas para mitigar o sofrimento físico ou psíquico." O mesmo Código de Ética Médica reafirma ainda mais enfaticamente sua posição contrária à obstinação terapêutica, uma vez que no artigo 60 proíbe a complicação terapêutica. Além de enfatizar no artigo 130 que o médico está completamente proibido de "[...] realizar experiências com novos tratamentos clínicos ou cirúrgicos em paciente com afecção incurável ou terminal sem que haja esperança razoável de utilidade para o mesmo, não lhe impondo sofrimentos adicionais". Objetivando-se assim que o paciente não sofra desnecessariamente nem se torne um objeto de estudo por parte da equipe médica.

Já o novo Código de Ética Médica de 2010 é ainda mais enfático quanto à proibição da prorrogação do sofrimento do paciente terminal, afirmando que "[...] nas situações clínicas irreversíveis e terminais, o médico evitará a realização de procedimentos diagnósticos e terapêuticos desnecessários e propiciará aos pacientes sob sua atenção todos os cuidados paliativos apropriados".

Por todo o explanado, a intervenção terapêutica desmedida e ilimitada pode ser caracterizada como um atentado contra a dignidade dos pacientes, pelo qual a atitude equivocada da equipe médica não se preserva o respeito pela dignidade da vida do doente terminal, uma vez que tal respeito exige o reconhecimento de que tratamentos considerados fúteis ou inúteis são capazes apenas de prolongar uma vida meramente biológica, sem praticamente nenhum outro resultado ou objetivo razoavelmente palpável. Contudo, não se apresenta a não intervenção médica como uma forma de eutanásia, com a antecipação da morte ou aceleração da mesma, mas sim o deixar que a vida se finda como em um acontecimento natural, um elemento da vida humana, uma condição que todo mortal está exposto. Torna-se assim uma atitude totalmente humana permitir que a morte ocorra sem nenhuma intervenção que vise prolongar inutilmente a dor, a agonia e o sofrimento.

9.2 A distanásia como lesão à dignidade da pessoa humana

Um conceito extremamente abrangente é a dignidade da pessoa humana, sua delimitação e definição são amplas, uma vez que possuem várias concepções e significados. Dignidade é formada pela expressão latina *dignitas* (virtude, honra, consideração), é a base do respeito à pessoa humana, que fornece uma estrutura moral que a norteia nas situações de vida. Essa base moral nortear á a pessoa, dando-lhe um direcionamento do que deve ser seguido, no qual suas atitudes serão baseadas, buscando por fim o respeito e o reconhecimento por parte dos seus semelhantes. A função do Direito neste contexto será preservar, reconhecer e proteger a dignidade da pessoa humana, sendo esta uma consequência da evolução do pensamento humanístico. E foi a partir da Constituição Federal de 1988 que aconteceu um avanço dos direitos fundamentais, na qual os mesmos passaram a serem avaliados como núcleo da proteção da dignidade da pessoa humana.

Com isso, Fortes (2007) afirma que a pessoa deve ter sua dignidade preservada, uma vez que este direito lhe será concedido através do artigo 5°, parágrafo III, da Constituição Federal, o qual afirma que "[...] ninguém será submetido à tortura nem a tratamento desumano ou degradante." A dignidade humana é direito de todas as pessoas e está ordenado na legislação brasileira. Kovács (2014) ressalta que:

> Para se ter dignidade é fundamental: ter conhecimento da aproximação da morte, controle; intimidade e privacidade; conforto para sintomas incapacitantes; escolha do local da morte; ter informação, esclarecimento, apoio emocional e espiritual; acesso a cuidados paliativos; pessoas com quem compartilhar; acesso às diretivas antecipadas de vontade, poder decisório e poder se despedir; partir sem impedimentos. É a possibilidade de recuperar aspectos da morte domada como evento natural e com pessoas significativas.

De contrapartida ao pensamento e ao desejo de se preservar a dignidade da pessoa humana apresenta-se a distanásia. Félix et. al. (2013) afirma que o termo distanásia é conceituado como "[...] uma morte difícil ou penosa, usada para indicar o prolongamento do processo da morte, por meio de tratamento que apenas prolonga a vida biológica do paciente, sem qualidade de vida e sem dignidade". Com isso, a distanásia é considerada um problema ético, uma vez que passou a interferir de forma decisiva nas fases finais da vida humana. O que antigamente ficava a cargo da natureza ou a "Deus", hoje é um processo de possível influência do ser humano.

O termo "distanásia" é por vezes pouco conhecido e, por conseguinte, pouco utilizado na área da saúde. No entanto, é válido ressaltar que em hospitais de países mais desenvolvidos já existe uma consciência mais esclarecida no que diz respeito ao limite entre a vida e a morte, em nível de investimento tecnológico no processo da morte, como afirma Pessini (2009). Onde os leitos dos doentes irrecuperáveis ou terminais constam orientações como: DNR (do not ressuscitate), NTBR (not to be ressuscitated), entre outras.

Como cabe ao Direito salvaguardar o princípio da dignidade da pessoa humana, o mesmo assegura conforme a constitucional brasileira em seu artigo 5°, parágrafo III, que "ninguém será submetido à tortura nem a tratamento desumano ou degradante". E expressa no novo Código Civil, em seu artigo 13, que "Salvo por exigência médica, é defeso o ato de disposição do próprio corpo, quando importar diminuição permanente da integridade física, ou contrariar os bons costumes".

Porém caberá aos profissionais médicos definirem qual técnica deverá ser empregada, que terá suas razões preponderantemente técnicas. Abrindo assim um conflito de pensamentos com o que é exposto no artigo 15, ao afirmar que "ninguém pode ser constrangido a submeter-se, com risco de vida, a tratamento médico ou a intervenção cirúrgica".

No entanto a cobertura dos direitos assegurados pela dignidade da pessoa humana não é resguardada igualmente em todos os estados brasileiros, pode-se dizer que no estado de São Paulo há um avanço em relação às normas nacionais e de outros estados da federação, as quais são bastante claras com relação aos direitos dos pacientes na fase da terminalidade da vida, uma vez que, no Código de Saúde do Estado de São Paulo no artigo 3°, parágrafo IV, já existe uma disposição legal referente ao direito dos indivíduos de terem livre arbítrio sobre a aceitação ou a recusa da prestação da assistência à saúde. Entretanto, é com a lei 10.241/99 em seu artigo 2°, que se garante que o paciente pode evitar condutas distanásicas e decidir-se pelo local de sua morte: XXIII - recusar tratamentos dolorosos ou extraordinários para tentar prolongar a vida; XXIV - optar pelo local de morte.

Porém na maioria das vezes as pessoas falecem em ambiente hospitalar, e nem sempre a vontade do paciente ou dos seus familiares pode ser garantida. Por isso, é importante o resgate da reflexão sobre o processo de morrer e a morte, os quais infelizmente por vezes não são tratados de maneira correta pela sociedade, pelos familiares e pelos profissionais da saúde.

Preservar a dignidade da pessoa humana é uma ação completamente contrária à prática da distanásia, a qual expõe o doente a um prolongamento de sofrimento, dor e processo de morte, impedindo assim que o mesmo tenha o direito de uma morte digna, fato que já lhe é assegurado e defendido por meios jurídicos. Com isso, a prática da distanásia no Brasil hoje é caracterizada como um ato ilícito sujeito a todas as consequências penais que lhe são cabíveis de acordo com os códigos vigentes citados anteriormente.

No entanto, infelizmente, por vezes, mesmo com todo este aparato jurídico e moral preservando a dignidade da pessoa humana em seu processo de morte, não se pode afirmar que a prática da distanásia não é realizada no sistema de saúde brasileiro. Por vezes estas ocorrências se justificam por ausência de conhecimento do termo distanásia e de sua proibitiva prática legal, ou por vezes por dificuldade da figura do profissional de saúde, responsável por um determinado paciente terminal, ter dificuldade de aceitar que "perdeu" uma vida a ele confiada, ou porque não, a pedido de familiares e amigos, que em momentos de agonia e desespero profundo, solicitam aos médicos que não finde a "vida" de seu enfermo tão amado.

9.3 A releitura do juramento hipocrático à luz do Princípio da Dignidade da Pessoa Humana

Hipócrates em seu juramento descreveu três objetivos para a medicina: aliviar o sofrimento do doente, diminuir a agressividade da doença e recusar fazer o tratamento nos quais a medicina reconhece que não pode mais contribuir. Antigamente, se um médico prolongasse a vida de um paciente seria considerado antiético. No mesmo juramento Hipócrates afirma que o médico deve conhecer os limites de sua arte e deve evitar a arrogância. E no final do século XVI, Francis Bacon, considerado o pai da ciência moderna, classificou três finalidades para a medicina: preservação da saúde, a cura das doenças e o prolongamento da vida e insistia que era necessário se encontrar meios que tornassem a morte menos desagradável (OLIVEIRA e BARBAS, 2013).

Através do juramento de Hipócrates pode estabelecer vários princípios, os quais se objetivam por assegurar um princípio maior que é o da dignidade da pessoa humana. São eles, o princípio da beneficência e o princípio da não-maleficência.

O princípio da beneficência se caracteriza por direcionar a essência das técnicas e condutas médicas, para assim garantir a saúde física, moral e mental do paciente, como também seu bem-estar. A prática da distanásia é, portanto, contrária ao princípio da beneficência, uma vez que prolonga de forma severa momentos de desconforto e dor, algo que é contrário ao objetivo da prática médica, a qual visa promover o bem-estar do paciente. Norteado por este pensamento, Ligiera (2005, p. 410) afirma que:

> Na defesa do princípio da beneficência tem o médico de se precaver contra a obstinação terapêutica, não mobilizando meios tecnologicamente avançados quando é previsível, sob o ponto de vista científico, que não se vão obter os benefícios esperados. Assim, e particularizando nos doentes terminais, as atitudes terapêuticas deverão estar subordinadas à autonomia, à dignificação da morte e ao grau de sofrimento do doente.

Com isso, o princípio da beneficência no Juramento Hipocrático apresenta um forte caráter paternalista ao citar: "Aplicarei os regimes para o bem do doente segundo o meu poder e entendimento", "segundo meu saber e minha razão", e ainda, "segundo minha capacidade e juízo". Estas citações direcionam que o princípio da beneficência tem como regra norteadora da prática médica o "bem" do doente segundo os critérios da medicina, do entendimento e do próprio médico, baseado em sua interpretação meramente subjetiva. Significando, assim, que o médico poder agir independentemente da concordância do paciente e mesmo que este conhecesse as prováveis consequências e alternativas disponíveis.

Já o princípio da não-maleficência se entende como a determinação a obrigação de não infligir dano intencionalmente. Baseado na ética médica refere-se à relação de "antes de tudo, não causar dano", um termo com frequência utilizada pelos profissionais de saúde.

No Juramento Hipocrático, este princípio pode ser referenciado na seguinte frase: "Usarei o tratamento para ajudar o doente de acordo com minha habilidade e com meu julgamento, mas jamais o usarei para lesá-lo ou prejudicá-lo".

Estes dois princípios já citados têm se tornado as bases da moral da profissão médica ao longo dos séculos. E o médico deve sempre pensar e tomar suas decisões éticas e técnicas baseado em ambos os princípios, de modo que a atuação "beneficente" provocará um dano maior do que a não intervenção, levando-se em consideração o paciente como um todo? Caso não, o médico deverá reavaliar sua conduta e pensar melhor antes de intervir de forma clínica, terapêutica ou cirúrgica. Nesse contexto se pensa na ortotanásia como a via intermediária e mais indicada para o cuidado dos pacientes terminais. A ortotanásia é tida como uma conduta médica lícita do ponto de vista jurídico, uma vez que não signifique redução do período natural de vida do paciente nem caracterize abandono de incapaz.

Sendo assim, a prática da ortotanásia é a que mais cumpre os princípios descritos e defendidos pelo juramento de Hipócrates, o qual por sua vez em toda sua integra visa à preservação da dignidade da pessoa humana durante toda e qualquer técnica médica.

REFERÊNCIAS

FELIX, Zirleide Carlos et. al. Eutanásia, distanásia e ortotanásia: revisão integrativa da literatura. **Ciência saúde coletiva,** v. 18, n. 9, p. 2733-

2746, 2013 ISSN 1413-8123. http://dx.doi.org/10.1590/S1413-81232013000900029.

FORTES, Paulo A. A prevenção da distanásia nas legislações brasileira e francesa. **Revista da Associação Médica Brasileira,** São Paulo.., v. 53, n. 3, jun. 2007. Disponível em: <http://www.scielo.br/scielo.php?script=sci_arttext&pid=S0104-42302007000300005&lng=en&nrm=iso>. Acesso em: 31 de março de 2015.

LEMISZ, Ivone Ballao. O principio da dignidade da pessoa humana: **Reflexão sobre o principio da dignidade humana à luz da Constituição Federal.** Disponível em: < http://www.direitonet.com.br/artigos/exibir/5649/O-principio-da-dignidade-da-pessoa-humana>. Acesso em: 10 de maio de 2015.

LIGIERA, Wilson Ricardo. Os princípios da bioética e os limites da atuação médica. **Revista Ibero-Americana de Direito Público.** Rio de Janeiro, ano 5, n. 20, p. 410-427, 4.º trim. 2005. Disponível em: <http://www.ligiera.com.br/artigos/principios_da_bioetica.pdf> Acesso em: 09 de maio de 2015.

OLIVEIRA, Maria Z.; BARBAS, Stela. Autonomia do idoso e distanásia. **Revista Bioética**, v. 21, n. 2, p. 328-337, ago. 2013. ISSN 1983-8042

PESSINI, Léo. **Distanásia, até quando investir sem agredir?** 2009. Disponível em: <http://www.revistabioetica.cfm.org.br/index.php/revista_bioetica/article/viewFile/394/357>. Acesso em: 09 de maio de 2015.

TORRES, Wilma da Costa. A Bioética e a psicologia da saúde:reflexões sobre questões de vida e morte. **Psicologia:** Reflexão e Crítica, v.16, n.3, p. 475-482, 2013.

Capítulo 10
Considerações Sobre a Legalidade da Ortotanásia – Aspectos Jurídicos

Carlos Felipe Felix Ventura Lopes
Membro do Ministério Público do Estado do Rio de Janeiro
Especialista em Direito Penal e Processo Penal
Professor na Universidade Iguaçu - Itaperuna

10.1 A Morte como Fim da Personalidade Humana

Morrer, Senhor, de súbito, não quero!/Morrer como quem parte lentamente/Vendo o mundo perder-se pouco a pouco/E com o mundo as imagens da memória./Morrer sabendo próxima e implacável/A hora de deixar o doce efêmero./Morrer, o olhar voltado para a altura/Para a Face de Deus, ardente e pura./Morrer como quem vai se despedindo/A fixar as paisagens mais antigas/E os seres mais longínquos, já partidos./Morrer levando a vida já vivida!/Morrer maduro, e não qual fruto verde/Por violência dos galhos arrancado. (AUGUSTO FREDERICO SCHMIDT)

O Código Civil preceitua que a personalidade civil da pessoa tem início a partir do seu nascimento com vida, embora ressalte que os direitos do nascituro (aquele ser humano que está ainda por nascer), desde o momento de sua concepção, são salvaguardados pela lei (artigo 2º, do Código Civil).

Uma vez adquirida a personalidade civil, ainda que por meio de vida breve como um lampejo, todo ser humano torna-se, para a ciência jurídica, uma pessoa natural, capaz de adquirir direitos e de contrair obrigações e deveres na ordem civil (artigo 1º, do Código Civil).

O civilista Caio Mário da Silva Pereira aduziu o seguinte:

> Ocorre o nascimento quando a criança é separada do ventre materno, não importando tenha o parto sido natural, feito com o auxílio de recursos obstétricos ou mediante intervenção cirúrgica. O essencial é que se desfaça a unidade biológica, de forma a constituírem mãe e filho dois corpos, com vida orgânica própria, mesmo que não tenha sido cortado o cordão umbilical. Para se dizer que nasceu com vida, todavia, é necessário que haja respirado. Se respirou, viveu, ainda que tenha perecido em seguida. Lavram-se, neste caso, dois assentos, o de nascimento e o de óbito (LRP, art. 53, § 2º). Não importa, também, o nascimento tenha sido a termo ou antecipado (PEREIRA apud GONÇALVES, 2014, p. 101).

Essa personalidade jurídica da pessoa natural cessa no momento de sua morte, real ou presumida (artigos 6º; 7º; 9º, inciso IV; 22; 37; todos do Código Civil). A morte, portanto, pressupõe a vida. Só pode morrer quem antes esteve vivo. Não é possível morrer sem antes ter primeiro nascido e vivido.

A morte real se dá com o diagnóstico de paralisação da atividade encefálica (artigo 3º, da Lei nº 9.434/97, que dispõe sobre a remoção de órgãos, tecidos e partes do corpo humano para fins de transplante e tratamento). A morte presumida, sem decretação de ausência, considera-se ocorrida na data fixada na sentença judicial (artigo 7º, parágrafo único, do Código Civil). Já a morte presumida, com decretação de ausência, tem seu marco temporal coincidente com o momento em que for declarada a abertura de sucessão definitiva (artigos 6º, 22 e 37, todos do Código Civil).

A morte pode ser juridicamente comprovada por variados meios. A depender da situação vivenciada, o falecimento de alguém pode ser demonstrado pela mera lavratura do atestado de óbito (artigo 77, da Lei nº 6.015/73), por meio de ação declaratória de morte presumida sem decretação de ausência (artigo 7º, do Código Civil), pelo ajuizamento de ação de decretação de ausência e abertura de sucessão definitiva (artigos 6º e 37, ambos do Código Civil) ou, ainda, por intermédio de ação de justificação de óbito (artigo 88, da Lei 6.015/73).

É sobretudo no curso entre esses dois importantes marcos civis, o nascimento com vida e a morte, que se desenvolvem as relações jurídicas dos indivíduos da espécie humana, aqui entendidas como todas as relações estabelecidas durante o convívio social e reguladas pelo Direito. Em outras palavras, é principalmente no tempo de sua existência (artigos 2º e 6º, ambos do Código Civil) que a pessoa natural se faz sujeito de direitos, deveres e obrigações na ordem jurídica. Washington de Barros Monteiro ressalta, no entanto, não ser

> [...] completo o aniquilamento do de cujus pela morte. Sua vontade sobrevive através do testamento. Ao cadáver é devido respeito, havendo no Código Penal dispositivos que reprimem crimes contra os mortos (arts. 209 a 2012). Militares e servidores públicos podem ser promovidos post mortem e aquinhoados com medalhas e condecorações. A falência pode ser decretada, embora morto o comerciante (Dec.-Lei n. 7.661, de 21-6-1945, art. 3º, n. I e art. 9º, n. I). Por fim, existe a possibilidade de reabilitar-se a memória do morto (MONTEIRO apud GONÇALVES, 2014, p. 143).

Desde o momento em que nasce até a hora de sua morte, no contato com seus pares, na vida de relação, a pessoa natural se vê no ensejo frequente e inevitável de vivenciar situações fático-jurídicas capazes de lhe vulnerar direitos e de lhe acarretar o estabelecimento de deveres e obrigações. Não raro, no turbilhão emocional do cotidiano e em meio à pressa dos tempos em curso, o ser humano é deparado, quase sempre surpreso, com o inexorável avigoramento da linha tênue que separa a vida da morte, morte de si próprio, de seus entes familiares ou de terceiros.

É nesse cenário que surgem, entre tantas outras questões jurídicas instigantes, os debates a respeito da eutanásia, da distanásia e da ortotanásia – cujos conceitos já foram apresentados nesta obra, em pontos anteriores ao presente capítulo –, comportamentos ontologicamente ligados ao momento em que circunstâncias da vida sinalizam o avizinhamento do instante de perecimento físico da existência humana.

Como já exposto em capítulos anteriores, a ortotanásia, tema do presente capítulo, tem sido relacionada à ideia de boa morte ou morte digna, pois evita o prolongamento artificial da vida com procedimentos que intensificam o sofrimento do moribundo e alteram o curso natural do processo de morrer (FELIX et al., 2013, p. 2733-2745).

Ortotanásia significa a morte no seu tempo natural, sem a interferência desmedida de recursos terapêuticos destinados a prolongar a vida daquele que está acometido de enfermidade em estágio avançado ou terminal, em situação de agonia grave e em estado vegetativo irreversível.

Na ortotanásia, o enfermo agônico é assistido integralmente pela equipe de profissionais designada para o seu tratamento, recebe todos os cuidados necessários para o alívio das sensações que conduzem ao sofrimento trazido pela doença, a fim de que o momento da morte, inevitável e iminente, possa sobrevir naturalmente, sem os traumas decorrentes do emprego de métodos e recursos desproporcionais e invasivos, tendentes ao prolongamento doloroso e precário da vida.

Nas palavras do Núcleo de Estudos e Pesquisas em Bioética, da Universidade Federal da Paraíba, em alusão à lição de Villas-Bôas ME, na ortotanásia "A finalidade primordial é não promover o adiamento da morte, sem, entretanto, provocá-la; é evitar a utilização de procedimentos que aviltem a dignidade humana na finitude da vida. (FELIX et al., 2013, p. 2733-2745)".

A ortotanásia constitui um direito garantido há muito tempo em países como Estados Unidos, Canadá, Japão, França, Inglaterra, Itália, entre outros. No Brasil, o panorama normativo explícito sobre o tema limita-se à existência de duas resoluções nacionais, aplicáveis especificamente ao médico enquanto profissional, e de uma lei ordinária estadual, todas adiante identificadas. Com efeito, a Resolução nº 1.805/2006, do Conselho Federal de Medicina - textualmente fundamentada em valores como o desempenho ético da medicina, a dignidade humana (artigo 1º, inciso III, da Constituição da República), a vedação à tortura e ao tratamento desumano ou degradante (artigo 5º, inciso III, da Constituição da República) e o bem-estar dos pacientes -, enfatiza ser "permitido ao médico limitar ou suspender procedimentos e tratamentos que prolonguem a vida do doente em fase terminal, de enfermidade grave e incurável, respeitada a vontade da pessoa ou de seu representante legal." (artigo 1º), sem deixar de reconhecer que o "doente continuará a receber todos os cuidados necessários para aliviar os sintomas que levam ao sofrimento, assegurada a assistência integral, o conforto físico, psíquico, social e espiritual, inclusive assegurando-lhe o direito da alta hospitalar." (artigo 2º).

Há, ainda, a Resolução nº 1.995/2012, também editada pelo Conselho Federal de Medicina, a dispor sobre as diretivas antecipadas de vontade dos pacientes, também chamadas de testamento vital. Ao conferir respaldo normativo à conduta médica que prestigia a autônoma e válida manifestação de vontade do paciente sobre os "cuidados e tratamentos que quer, ou não, receber no momento em que estiver incapacitado de expressar, livre e autonomamente, sua vontade", acaba por regulamentar mais uma faceta da ortotanásia no Brasil (artigo 1º).

Por seu turno, a Lei nº 10.241/1999, do Estado de São Paulo, garante aos usuários dos serviços de saúde, naquele Estado da federação, o direito de receber informações claras, objetivas e compreensíveis, no caso de procedimentos de diagnósticos e terapêuticos invasivos, sobre a necessidade ou não de anestesia, o tipo de anestesia a ser aplicada, o instrumental a ser utilizado, as partes do corpo afetadas, os efeitos colaterais, os riscos e consequências indesejáveis e a duração esperada do procedimento; o direito de consentir ou recusar, de forma livre, voluntária e esclarecida, com adequada informação, procedimentos diagnósticos ou terapêuticos a serem nele realizados; e, finalmente, o direito de recusar tratamentos dolorosos ou extraordinários para tentar prolongar a vida (artigo 2º, incisos VI, alínea g, VII e XXIII).

Nesse passo, os atos normativos acima mencionados conferem, ao combalido e seus familiares e também ao terapeuta, certo respaldo normativo na busca pelo direito de o paciente morrer com dignidade. Demais disso, determinam que a válida manifestação de vontade do enfermo, de seu representante legal ou de membros de sua família, sobre as providências médicas e terapêuticas a serem ou não adotadas, seja levada em conta, em respeito à autonomia de suas vontades, observado, sempre, o dever do facultativo de prestar assistência integral, como forma de eliminar ou minorar os sofrimentos inerentes ao estado de morbidez terminal.

Em outro passo, não parece desarrazoado considerar que, ao menos em certo aspecto, o Código Civil (artigo 15), ao estatuir como direito da personalidade que ninguém "pode ser constrangido a submeter-se, com risco de vida, a tratamento médico ou a intervenção cirúrgica", se presta, em alguns casos, a servir de respaldo legal à ortotanásia, nas situações em que o paciente, seu representante legal ou familiar recusam a providência clínica invasiva que imponha ao adoentado qualquer sofrimento por algum deles recusado. Com mais razão, se da providência terapêutica for resultar algum incremento adicional do iminente risco já existente de morrer ou mesmo de antecipar a morte, que, antes, já dera sinais de seu abeiramento e de sua inevitabilidade próxima.

10.2 Direito Criminal e o Projeto de Lei do Senado nº 236/2012 (Novo Código Penal)

> Diante de coisa tão doida/Conservemo-nos serenos/Cada minuto da vida/Nunca é mais, é sempre menos/Ser é apenas uma face/Do não ser, e não do ser/Desde o instante em que se nasce/Já se começa a morrer. (O Relógio, de Cassiano Ricardo).

Para uma abordagem minimamente compreensível sobre a ortotanásia e sua relação com o Direito Penal, imprescindível apresentar, antes, um ligeiro comentário a respeito da eutanásia enquanto relevante penal, brevíssimo mesmo, até porque não é propósito da vertente atividade detalhar os aspectos da prática eutanásica.

Importante notar que o Direito Penal vigente no Brasil não trata de forma explícita nem da ortotanásia nem da eutanásia. O que se tem no Direito Criminal, hodiernamente, sobre temas tais, é, basicamente, o seguinte: a tipificação penal incriminadora da conduta configuradora da eutanásia, sem, no entanto, o emprego explícito da nomenclatura do instituto pela legislação penal; e a não configuração da prática ortotanástica como infração penal, em razão da atipicidade penal da conduta, em que pese o fato de haver controvérsias sobre esta última consideração.

Como já referido em pontos anteriores do presente capítulo, o vocábulo eutanásia foi inicialmente definido como o ato de ceifar a vida do ser humano. Em seguida, passou a significar morte sem dor, sem sofrimento desnecessário. Na atualidade, é entendida como uma prática empregada para abreviar a vida, a fim de aliviar dores ou evitar sofrimento para os agônicos ou pré-agônicos (FRISO, 2009, p. 130).

Ruy Santos, em 1928, apresentou uma classificação da eutanásia. De um lado, a eutanásia-homicídio, aquela em que alguém realiza um procedimento para terminar com a vida de um paciente, dividida em eutanásia-homicídio realizada por médico e eutanásia-homicídio realizada por familiar. De outro, a eutanásia-suicídio: quando o próprio paciente é o executante da conduta que o leva à morte (FRISO, 2009, p. 130). A prática da eutanásia, portanto, se consistente em atos comissivos (ação) de supressão da vida do moribundo, pode ser considerada homicídio privilegiado, pois torna incidente a causa de diminuição de pena, consistente no fato de o agente ter cometido o crime impelido por motivo de relevante valor moral, impulsionado que foi por sentimentos de piedade e compaixão pelo combalido. Neste caso, o julgador pode e deve reduzir a pena do condenado, de um sexto a um terço (artigo 121, § 1°, do Código Penal).

No entanto, se o agente apenas presta algum auxílio secundário para que o próprio enfermo ponha fim à sua vida, pode restar configurada a prática do delito de suicídio (artigo 122, do Código Penal), aqui com a incidência da atenuante genérica referente ao fato de o agente ter cometido o crime por motivo de relevante valor moral (artigo 65, inciso III, alínea *a*, do Código Penal), em razão do móvel piedoso e compassivo de seu atuar. A ortotanásia, por sua vez, assunto objeto do presente capítulo, se bem compreendida, não pode ser considerada infração criminal no Direito Penal pátrio em vigor, como afirmado acima e se verá adiante.

Preliminarmente, cumpre destacar que a doutrina penal debate a respeito de a Resolução nº 1.805/2006, do Conselho Federal de Medicina, ter ou não "legalizado" a prática da ortotanásia no Brasil.

Leia-se, a esse respeito, a lição esclarecedora de Eduardo Luiz Santos Cabette:

> Entende-se que a resposta negativa se impõe. Jamais uma simples norma de cunho administrativo relativa a determinada categoria profissional poderia ter o poder de promover uma alteração na aplicação da lei penal, mormente em tipos penais como os arts. 121 e 122, CP, que não são normas penais em branco, independendo para sua aplicação de complementos homogêneos ou heterogêneos. Além disso, tratam-se de figuras penais de forma livre, de maneira que as modalidades de ação ou omissão causal da morte da vítima podem abarcar inúmeras modalidades, cuja exclusão somente se poderia dar em virtude de lei federal, sob pena de violação do Princípio da Legalidade. (...) A Ordem dos Advogados do Brasil (OAB) já se manifestou sobre o tema, firmando entendimento de que a resolução sobredita 'contraria o Código Penal e que em alguns casos o médico poderia ser

> acusado de omissão de socorro', quando não de crimes mais graves como homicídio ou participação em suicídio (CABETTE, 2013, p. 85).

Sabe-se que somente a lei ostenta legitimidade para criar direitos, deveres e obrigações no Estado Democrático de Direito (artigo 1º, da Constituição da República), já que "ninguém será obrigado a fazer ou deixar de fazer alguma coisa senão em virtude de lei" (artigo 5º, inciso II, da Constituição da República). Todavia, pontualmente sobre a resolução em comento, bem assim a respeito da Resolução nº 1.995/2012, embora não tenham aptidão para criar verdadeiro direito subjetivo à ortotanásia, pois apenas regulamentam e disciplinam a profissão de médico, é inegável que representam algum parâmetro de atuação nos meios profissional e social, ao menos enquanto não forem revogadas pelo órgão editor ou tiverem a sua validade anulada por decisão judicial, único mecanismo jurídico capaz de invalidar a presunção de legitimidade de que gozam tais resoluções, enquanto atos administrativos praticados pela autarquia que é o Conselho Federal de Medicina.

Afora a encimada discussão doutrinária, é imperioso estabelecer uma precisa compreensão a respeito da conduta configuradora da ortotanásia, para, enfim, considerá-la um irrelevante penal, uma conduta atípica, à luz do Direito Penal em vigor, sendo mesmo indiferente, para tal, o fato de existirem ou não as resoluções acima comentadas.

Mesmo entendida a prática ortotanásica, acertadamente, como o comportamento do médico, do representante legal do combalido ou familiar deste, que se abstém de empregar recursos terapêuticos que impõem extremado sofrimento ao paciente, e que se prestam somente a prolongar artificialmente a vida e o processo de morte do enfermo irrecuperável a quem presta assistência, há operadores do Direito que consideram a ortotanásia um crime omissivo impróprio, mais precisamente o delito de homicídio por omissão, pois, nesse caso, teria o agente se omitido no cumprimento do seu especial dever de agir para evitar a morte do paciente, segundo estabelecido no Código Penal (artigo 121, na forma do artigo 13, § 2º, alíneas *a* e *b*, ambos do Código Penal).

Pelo peculiar brilhantismo de suas lições e relevância de seus fundamentos, apesar de extenso, imperioso referenciar o entendimento manifestado por Nelson Hungria, contrário à realização da ortotanásia:

> Várias são as objeções que se podem opor aos adeptos da ortotanásia, que é, no fim de contas, uma eutanásia por omissão, ou se confunde

com a própria eutanásia comissiva, quando importe em retirar o aparelho que esteja servindo ao sustento da vida em declínio. (...) a vida, embora periclitante ou conservada pelo suprimento artificial da quase exaurida resistência orgânica ou fisiológica, não deixa de ser vida, do mesmo modo que não deixa de ser fogo a chama que bruxeleia por escassez de combustível ou do mesmo modo que não deixou de ser luz a que proveio do sol cujo ocaso teria sido retardado por Josué, segundo a lenda bíblica. (...) Ainda que puramente vegetativa, a vida continua a ser vida: é ainda vida autêntica, vida em curso, vida a palpitar, vida que está animando o corpo. (...) Há, porém, contra o postulado dos ortotanasistas, objeção mais séria ou decisiva: afora certos e pouquíssimos casos de incontestável impossibilidade de cura, pelo menos com os meios terapêuticos atualmente conhecidos, nunca se pode prever, com infalível certeza, se e quando a morte sobrevirá ao estado agônico, que pode ser real ou suposto. Há as espontâneas reações orgânicas que se costuma chamar "milagres", restabelecendo-se o enfermo contra toda expectativa. (...) Quando toda a esperança já desapareceu, a natureza revela, por vezes, a sua taumatúrgica ou inexplicável capacidade de auto-recuperação. (...) mesmo admitida a segurança de previsão do evento letal em tais casos extremos, é preciso não esquecer a possibilidade de erros de diagnóstico ou de prognóstico, que levam os médicos, frequentemente, a tomar a nuvem por Juno. (...) Se é falível o diagnóstico ou o prognóstico, não menos precário é o critério de incurabilidade. Como diz Moreau, nenhum médico pode afirmar qual a resistência do enfermo, e, por vezes, os elementos naturais, imprevisíveis ou imprevistos, mudam uma situação considerada como desesperadora. (...) De um dia para o outro, pode ser descoberto um remédio eficiente, ou a natureza pode agir de modo surpreendente. (...) a ortotanásia faz o doente correr o risco de não viver bastante para que um novo remédio possa curá-lo ou assegurar-lhe um mais ou menos longo período de suportável sobrevivência. Basta uma probabilidade, ainda que remotíssima em tal sentido, como basta a possibilidade de uma só recuperação que seja, em mil casos considerados incuráveis, para que se condene a supressão da distanásia. A função da medicina é prolongar a vida até os últimos limites possíveis, com os recursos medicamentosos ou cirúrgicos de que pode lançar mão. (...) há, também, o perigo de abusos. Médicos levianos, inescrupulosos ou displicentes, ou demasiadamente confiantes na sua previsão de morte, podem deixar-se aliciar pelas insinuações interesseiras de parentes que visam a uma herança ou a evitar que esta se desfalque com um tratamento dispendioso do enfermo, e ser induzidos, ainda por furtivo influxo do subconsciente, a admitir como realidade o que talvez não passe de errônea suposição de insuperável proximidade da morte e não aplicar ou interromper

a aplicação dos recursos distanásicos. (...) Entre as medidas acautelatórias da adequação da ortotanásia, segundo os partidários desta, inculca-se a necessidade de prévio assentimento do doente, que deve tê-lo prestado quando ainda na posse de plena consciência. Ora, não se sabe por que tal consentimento deva se irrevogável, e, além disso, que valor pode ter tal manifestação de vontade por parte de um enfermo combalido de corpo e de alma, em que já não mais existem, como no indivíduo são, o apego incondicional à vida e a efusiva alegria de viver? (...) A covardia diante da dor, seja física, seja moral, perturba de tal modo o raciocínio que já tem levado, com frequência, ao extremo ato se suicídio pelo medo de continuar a sofrer. Aquele que consente na abreviação da chegada da morte, sob a influência desnormalizante da dor, presta um consentimento sob premente coação e, por isso mesmo, sem valor. Enquanto hígido, o homem prefere a perspectiva do maior suplício a assentir na própria morte (...). Acresce que, sob o ponto de vista jurídico, o consentimento da vítima, pelo menos em face do nosso direito positivo, não discrimina o homicídio, pois a vida é um bem inalienável ou indisponível.[...] A supressão fatal da distanásia, do mesmo modo que a eutanásia, constitui, repita-se, o crime que o Código Penal (LGL/1940/2) define "homicídio". Nenhuma diferença existe entre o aplicar-se uma forte injeção de protóxido de azoto para abreviar a morte do enfermo e do deixar, para o mesmo fim, de lhe ministrar um cardiotônico ou um antibiótico. Nem há dizer-se que, no último caso, haveria, quando muito, o crime de "omissão de socorro". Nesta, ao contrário do que ocorre na eutanásia por omissão, inexiste o animus necandi, a voluntas ad necem. [...] o médico que deixa de empregar os recursos distanásicos falta ao seu dever profissional e jurídico de prolongar a vida tanto quanto possível e contribui, voluntária e intencionalmente, para a morte do seu cliente. [...] Somente a moral biológica pode aprovar a ortotanásia, mas a moral biológica [...] É a moral do mais cru materialismo, a mesma moral que inventou as câmaras tóxicas para o extermínio dos chamados "sub-homens". É a moral feroz de seleção artificial dos valores humanos. É a moral do assassino, sob o miserável pretexto da necessidade da eliminação do "peso morto" que representam os moribundos, os velhos, os loucos e os débeis mentais. É a moral que renega 20 séculos de civilização cristã, e quer que o homem retroceda às eras primitivas. E semelhante moral não é, nem jamais poderá ser a moral jurídica, a moral social, a moral do homo sapiens, que superando, com a própria razão, a impulsividade dos instintos, proclamou, desde a lei mosaica, o indeclinável mandamento da vida em sociedade: "Não matarás! Non occides!". [...]
O carro da civilização já não comportaria os fracos, os aleijados na carne e na alma, os desgraçados que não podem se valer a si mesmo.

> Sejam eles esmagados, sem dó nem piedade, pelas rodas do comboio triunfal do Progresso. [...] Amaldiçoada filosofia esta, que, depois de amadurecer o mundo para as duas Grandes Guerras, quer agora se impor ao espírito dos médicos, para que estes reneguem a própria finalidade de sua missão, tão belamente resumida por Desgenettes, na resposta dada a Bonaparte, que lhe ordenara abreviasse a agonia dos pestosos de Jaffa: "Minha tarefa é conservar". Nenhum médico tem a faculdade de ficar impassível ou como simples espectador em face do moribundo, desde que haja possibilidade de mantê-lo com vida. E aquele que assim proceder não será apenas um criminoso, senão também um profissional indigno, a quem se deve rasgar o diploma. (...) Ainda não nos despedimos, nem nos despediremos, por honra nossa, da convicção de que um dos traços frisantes da superioridade do homem sobre a besta é o consciente sentimento de solidariedade para com o seu semelhante (HUNGRIA, 1998, p. 749).

No entanto, esse não parece, com todas as vênias devidas, ser o entendimento mais ajustado à realidade conceitual da ortotanásia.

Antes de prosseguir no intento de esclarecer as razões pelas quais se considera que o comportamento ortotanásico não encontra tipicidade penal no Direito Criminal vigente, afigura-se importante tecer algum comentário sobre os crimes omissivos próprios e impróprios. A conduta do agente que pratica uma infração penal pode consistir num fazer (ação, crime comissivo) ou deixar de fazer (omissão, crime omissivo). Os delitos omissivos, por seu turno, são classificados como omissivos próprios e omissivos impróprios.

Os crimes omissivos próprios são aqueles cujo tipo penal descreve uma conduta negativa, consistente em não fazer o que a lei impõe, de modo que, para a sua configuração, basta que o sujeito ativo se omita diante do dever de agir imposto pela lei. Considerados crimes de mera conduta, sua consumação se dá independentemente da ocorrência de um resultado naturalístico. Há inúmeros exemplos de crimes omissivos próprios no Código Penal: omissão de socorro (artigo 135); abandono material (artigo 244); abandono intelectual (artigo 246); subtração, ocultação ou inutilização de material de salvamento (artigo 257); omissão de notificação de doença (artigo 269); falsidade ideológica (artigo 299); prevaricação (artigo 319); sonegação de papel ou objeto de valor probatório (artigo 356).

Já nos crimes omissivos impróprios, o sujeito ativo é inserido na posição de garantidor da não ocorrência do resultado lesivo, pois tem o especial dever de agir para evitar o evento danoso. Além disso, é imprescindível que o agente, no caso, além do dever, tenha também a possibilidade de agir para evitar o resultado. É o que claramente estabelece o Código Penal (artigo 13, § 2º).

Nas palavras de Juarez Tavares,

> os crimes omissivos impróprios são crimes de omissão qualificada porque os sujeitos devem possuir uma qualidade específica, que não é inerente e nem existe nas pessoas em geral. O sujeito deve ter com a vítima uma vinculação de tal ordem, para a proteção de seus bens jurídicos, que o situe na qualidade de garantidor desses bens jurídico (TAVARES apud GRECO, 2003, p. 252).

Ao lecionar sobre a distinção entre tais crimes, Rogério Greco registra o seguinte:

> A diferença básica entre o crime omissivo próprio e o impróprio é que no crime omissivo próprio o legislador faz expressamente a previsão típica da conduta que deve ser imposta ao agente. Caso o agente se abstenha de praticá-la, incorrerá nas sanções cominadas a tais tipos penais. [...]. Nesses delitos, basta que o agente deixe de praticar as condutas que previamente lhe são impostas nos tipos penais para que cometa o crime omissivo próprio.
>
> Já nos crimes omissivos impróprios, considerados tipos abertos, não existe essa prévia definição típica. É preciso que o julgador elabore um trabalho de adequação, situando a posição de garantidor do agente aos fatos ocorridos, considerando, ainda, a sua real possibilidade de agir. Não há, portanto, definição prévia alguma de condutas que se quer impor ao agente.
>
> Enquanto nos crimes omissivos próprios a conduta prevista no tipo é negativa, ou seja, o tipo prevê uma inação, nos crimes omissivos impróprios ou comissivos por omissão a conduta é positiva, isto é, comissiva, só que praticada via omissão do agente que, no caso concreto, tinha o dever de agir para evitar o resultado. Por essa razão é que se diz que o crime é comissivo por omissão, porque a conduta comissiva prevista no tipo é praticada de forma omissiva pelo agente. [...].
>
> Os resultados, nos crimes omissivos impróprios, podem ser alcançados em razão das condutas dolosa ou culposa do agente, querendo-se dizer com isso que esta espécie de crime omissivo admite tanto a inação dolosa quanto a inação culposa como meio para se atribuir o resultado ao agente. Tanto pode agir com dolo o salva-vidas que ao

> avistar o seu desafeto se afogando, volitivamente, não lhe presta o devido socorro e permite que este venha a falecer, como pode dar causa ao resultado morte não por ter agido dolosamente, mas sim por ter sido negligente no tardio atendimento (GRECO, 2003, p. 253).

Como referido acima, é nesse contexto jurídico-penal que, para alguns, está inserida a conduta ortotanásica, na medida em que o médico (artigo 13, § 2º, alínea *b*, do Código Penal), e também o representante legal ou familiares do enfermo (artigo 13, § 2º, alínea *a*, do Código Penal), são alçados à posição de garantidores da não ocorrência do resultado morte de seu paciente ou familiar, respectivamente, enquanto responsáveis que são pela preservação da vida daqueles a quem prestam assistência. Para os defensores desta tese, o agente teria praticado um homicídio ortotanásico (artigo 121, na forma do artigo 13, § 2º, alíneas *a* ou *b*, ambos do Código Penal), como referido acima.

Nessa toada de ideias, lições especializadas sobre a matéria alertam para a importância de bem assentar as diferenças entre eutanásia ativa, eutanásia passiva e ortotanásia, como meio de clarificar a questão da tipicidade penal das condutas, em vista da relevância da omissão tratada no Código Penal (artigo 13, § 2º). Nesse sentido, leia-se o seguinte comentário esclarecedor:

> Na eutanásia (ativa e passiva) o autor mata a vítima com sua ação ou omissão respectivamente. Ele podia não causar (ativa) ou impedir (passiva) o evento morte. Na ortotanásia o autor apenas se abstém de provocar sofrimento para a vítima. Quanto à morte, ele nada faz porque nada pode fazer. Também é importante lembrar da eutanásia indireta, em que, não havendo recursos a não ser a sedação do doente para aliviar-lhe de dores lancinantes, opta-se por essa conduta, embora possa ela mesma debilitar o enfermo e até abreviar seu ciclo vital.
>
> Como se percebe, nas duas últimas condutas (ortotanásia e eutanásia indireta), o autor não tem opção de agir. Sua ação não significa tratamento ou busca de cura ou ao menos de melhora, significa apenas fazer sofrer, prolongar ou intensificar agonia. No que tange ao desfecho fatal o autor nada pode fazer, mostra-se impotente ante a mortalidade inerente aos seres vivos, inclusive o humano. É por isso que ele nada faz.
>
> Essa omissão, porém, não tem relevância penal e nem poderia ter, a não ser que se estivesse falando de um Sistema Penal estruturado sobre concepções de responsabilidade objetiva, já devidamente rechaçadas do Direito Penal moderno CABETTE, 2013, p. 88-89).

Com efeito, embora o médico, sozinho ou em comunhão de desígnios com o representante legal ou familiar do enfermo, pudesse ter se omitido na adoção de procedimentos capazes de alterar o normal e inexorável curso da morte que já se iniciara na vida do paciente, seu atuar omissivo é penalmente irrelevante. É que a sua eventual intervenção não teria qualquer aptidão para evitar a morte, senão apenas prolongar o processo de sofrimento atroz vivenciado com a doença incurável e irreversível do paciente. Neste particular, o falecimento do enfermo, repita-se, seria irremediável, já que todo o aparato terapêutico ordinário disponível, já empregado, não foi capaz de fazer o combalido reagir frente à enfermidade, pelo que já eliminada qualquer expectativa de vida autônoma e consciente do enfermo agônico.

Ao tratar explicitamente da "relevância da omissão" nos crimes omissivos impróprios, o Código Penal (artigo 13, § 2º) é literal ao elencar a possibilidade de agir para evitar o resultado como um dos requisitos para que o omitente possa ser responsabilizado criminalmente. Significa dizer: se o médico, o representante legal ou familiar do enfermo, embora garantidores a quem a lei impõe o dever de atuar para evitar a morte, não podem agir para evitar o resultado fatal, ante a inevitabilidade do óbito decorrente da gravidade ou estágio da doença, sua eventual omissão não terá relevância para o Direito Penal.

Sabe-se que o fato típico reclama a existência de uma conduta (ação ou omissão, dolosa ou culposa), de um resultado (naturalístico ou normativo), do nexo de causalidade entre a conduta e o resultado e, por fim, da tipicidade penal (adequação da conduta à descrição feita no tipo penal incriminador). Sem a concorrência de todos esses elementos, o fato não será típico, sob o ponto de vista criminal. Por essa razão, entende-se que a ortotanásia não é um fato típico para o Direito Penal. Falta-lhe, neste particular, o requisito da tipicidade penal. A conduta do omitente garantidor, no caso, não se subsume, por completo, à descrição contida no tipo penal incriminador invocado por aqueles que consideram a conduta ortotanásica revestida de dignidade penal (artigo 121, na forma do artigo 13, § 2º, alíneas *a* ou *b*, ambos do Código Penal), pois ocorre, na espécie, a impossibilidade de atuar para evitar ou tentar evitar a morte do enfermo, como sobejamente demonstrado. Gisele Mendes de Carvalho defende essa posição em lição elucidativa:

> É cediço, porém, que a iniciação, continuação ou ampliação de um tratamento determinado encontram-se condicionadas à possibilidade

> de o médico cumprir sua função curativa, de acordo com o atual estágio de evolução das ciências médicas e com os meios disponíveis. Se o quadro apresentado pelo paciente não indica qualquer probabilidade de evolução, não existe o dever de tratar, mas apenas de ministrar cuidados paliativos, indispensáveis contra a dor e o sofrimento, sob pena de incorrer o facultativo em obstinação terapêutica (distanásia). O prolongamento irracional da vida biológica ultrapassa os limites do dever de assistência imposto pela *lex artis*, que aqui obriga o médico apenas à administração de cuidados essenciais. O dever de assistência do facultativo encontra-se limitado, portanto, como qualquer outro dever de agir, à existência de reais possibilidades de prolongamento da vida - e não da morte - do enfermo. Ausente essa possibilidade, a desconexão dos aparelhos que mantém vivo o paciente não se amoldaria ao tipo do delito de homicídio, uma vez que, para que se perfaça a tipicidade nos delitos omissivos impróprios, 'não basta que o autor esteja na posição de garantidor: faz-se mister que tenha capacidade de ação (possibilidade material de evitar o resultado). Não haveria omissão punível por atipicidade da mesma. [...] A manutenção de terapias que não oferecem quaisquer expectativas reais de recuperação para o paciente (mormente nos casos de pacientes em estado vegetativo crônico, cuja sobrevivência poderia ser artificilmente protraída durante meses ou até anos) implicaria grave atentado à dignidade da pessoa humana, em tudo contrário à proibição constitucional de submissão a tratamentos desumanos ou degradantes (grifou-se) (CARVALHO apud CABETTE, 2013, p 92.

Em outro aspecto, a conduta ortotanásica também não se traduz em fato típico por lhe faltar, ainda, o requisito referente ao nexo de causalidade entre a conduta omissiva e o resultado morte. Isso porque, diante de tudo que já foi afirmado, resta claro que a morte, no caso, não é efeito nem foi causada pela omissão do garantidor. Ausente o vínculo ou a relação de causalidade entre a conduta do agente e o resultado acontecido, este não pode ser atribuído à responsabilidade penal do indivíduo.

Uma análise mais detida revela que, na ortotanásia, sequer existe relação de causalidade entre a morte do combalido e a abstenção de seu terapeuta, representante legal ou familiar, senão veja-se.

O vigente Direito Penal brasileiro adota a teoria da equivalência dos antecedentes causais, também chamada de teoria da *conditio sine qua non*, para definir a relação de causalidade entre a conduta e o resultado (artigo 13, *caput* e § 1º). Assim, o resultado lesivo somente é imputável a quem lhe deu causa, considerada esta a ação ou a omissão sem a qual o resultado não teria ocorrido (artigo 13, *caput*).

Aplicado no Brasil, o conhecido *processo hipotético de eliminação*, elaborado por Thyrén, considera ser causa de um resultado todos os acontecimentos precedentes que, hipotética e mentalmente eliminados da cadeia causal, alteram o resultado ou o modo como este se deu.

Nesse passo, não haverá qualquer relação de causalidade entre a ortotanásia e o resultado morte acontecido, vez que, imaginariamente suprimida a omissão ortotanásica, ainda assim a morte do enfermo teria ocorrido, inevitável que era o falecimento, mesmo no caso de eventual ação terapêutica do garantidor.

Aqui, mesmo que levada em conta a circunstância de que a omissão ortotanásica teria promovido alteração no modo de ocorrência do resultado morte - pois a intervenção terapêutica poderia prolongar artificialmente a vida do enfermo, embora sem perspectivas de sobrevivência digna -, não há que ser considerada causa da morte, ante a ausência do desvalor da conduta, praticada ou sonegada, em última análise, em favor do enfermo.

Leia-se, a esse respeito, os comentários percucientes de Eduardo Luiz Santos Cabette:

> É inegável que de uma forma ou outra a conduta alterou o quadro do enfermo. Embora a morte fosse indiferente à conduta, aquela certamente não se processou da mesma forma em face da conduta do autor. Mas, o ponto relevante nessa situação é perquirir se essa alteração tem algum significado para a reprovabilidade criminal da conduta. E a resposta só pode ser negativa. Nos contextos de ortotanásia e eutanásia indireta a alteração do curso causal é benéfica para o doente, promovendo, em verdade, a preservação de um bem jurídico constitucionalmente tutelado, qual seja, a dignidade da pessoa humana. Trata-se de morrer um ser humano sofrendo inúteis tormentos ou de morrer sem sofrer desnecessariamente. A alteração é positiva; retira-se somente o sofrimento sem ocasionar a morte. Não há razão para reconhecer conduta penalmente reprovável (CABETTE, 2013, p. 90).

E prossegue o autor, acrescentando que a difundida teoria da imputação objetiva também reforça tal entendimento:

> Dissertando sobre a 'Teoria da Imputação Objetiva', Callegari aborda a questão da 'exclusão da imputação no caso de diminuição do risco', asseverando: 'Entretanto, deve-se excluir a imputação do resultado porque seria absurdo proibir ações que não pioram, senão que melhoram o estado do bem jurídico protegido (CABETTE, 2013, p. 91).

Vale dizer a conduta omissiva do médico, do representante legal ou familiar não foi a causa do resultado morte, que já estava em curso e não poderia ter seu desfecho contido por qualquer atuação terapêutica disponível. Para usar outras palavras, em atenção direta à letra do dispositivo do Código Penal sobre a matéria (artigo 13, § 2º), é dizer que a omissão, no caso, não é um relevante penal, pois o facultativo agiu enquanto podia, enquanto lhe era possível tentar evitar o resultado morte, de forma tal que a sua ulterior abstenção não se erige em causa do evento morte.

Demais disso, é importante frisar que o Código Penal brasileiro (artigo 19) eliminou a possibilidade de responsabilidade penal objetiva no território nacional. Desse modo, ao agasalhar o princípio da culpabilidade, não há que se admitir responsabilização criminal de alguém em razão da mera existência de nexo de causalidade entre a conduta do agente e o evento lesivo, senão quando, além desse vínculo causal, houver também pelo menos algum elo subjetivo entre o atuar humano e o resultado ofensivo por aquele produzido. Como se percebe, nem é preciso lançar mão deste último fundamento, pois, como analisado acima, sequer nexo de causalidade existe entre a conduta ortotanásica e o resultado morte do adoentado, mais uma razão pela qual a ortotanásia não é um fato típico.

Por fim, na conduta ortotanásica do médico não há a presença de dolo (consciência e vontade) ou de culpa (inobservância do dever de cuidado, decorrente de imprudência, imperícia ou negligência).

Damásio E. de Jesus faz as seguintes observações sobre o dolo e a culta, tratados no artigo 18, incisos I e II, do vigente Código Penal:

> O dolo, de acordo com a teoria finalista da ação, que passamos a adotar, é elemento subjetivo do tipo. Integra a conduta, pelo que a ação e a omissão não constituem simples formas naturalísticas de comportamento, mas ações ou omissões dolosas. Dolo é a vontade de concretizar as características objetivas do tipo. [...] Presentes os requisitos da consciência e da vontade, o dolo possui os seguintes elementos: a) consciência da conduta e do resultado; b) consciência da relação causal objetiva entre a conduta e o resultado; c) vontade de realizar a conduta e produzir o resultado.[...] São elementos do fato típico culposo: 1º) conduta humana voluntária, de fazer ou não fazer; 2º) inobservância do cuidado objetivo manifestada através de imprudência, negligência ou imperícia; 3º) previsibilidade objetiva; 4º) ausência de

previsão; 5º) resultado involuntário; 6º) nexo de causalidade; e 7º) tipicidade JESUS, 1994, p. 245-247).

A morte do paciente, nas circunstâncias próprias e peculiares da ortotanásia, em nenhum momento sequer foi objeto da vontade consciente do médico, que nunca desejou ofender o bem jurídico vida tutelado pela norma penal, nem sequer contribuiu para o seu advento. De igual modo, não há cogitar de conduta imprudente, imperita ou negligente, como causadora da morte, pois o óbito não foi ocasionado pela inação médica, mas, isto sim, exclusivamente pela doença incurável que levou o enfermo a estágio terminal irreversível, como argumentado acima.

Em conclusão, à luz de tudo quanto foi exposto, verifica-se que o comportamento ortotanásico não é um fato típico, mercê da ausência de seus elementos configuradores, quais sejam: inocorrência da tipicidade penal, inexistência do nexo de causalidade entre a inação do garantidor e o resultado morte, e, por fim, ausência de conduta (omissão) dolosa ou culposa.

No Projeto de Lei do Senado nº 236/2012, anteprojeto de Código Penal, tanto a ortotanásia como a eutanásia são expressamente tuteladas, ao contrário do que ocorre na legislação penal atual.

A eutanásia, aliás, no projeto de lei em referência, tem a sua dignidade penal expressamente reconhecida e descrita em tipo penal incriminador específico e autônomo, que inscreve a nomenclatura do instituto como seu *nomen iuris*, como se verifica na transcrição abaixo:

> **Eutanásia**
>
> Artigo 122. Matar, por piedade ou compaixão, paciente em estado terminal, imputável e maior, a seu pedido, para abreviar-lhe sofrimento físico insuportável em razão de doença grave:
>
> Pena - prisão, de dois a quatro anos.
>
> § 1º O juiz deixará de aplicar a pena avaliando as circunstâncias do caso, bem como a relação de parentesco ou estreitos laços de afeição do agente com a vítima.
>
> **Exclusão de ilicitude**
>
> § 2º Não há crime quando o agente deixa de fazer uso de meios artificiais para manter a vida do paciente em caso de doença grave irreversível, e desde que essa circunstância esteja previamente atestada por

dois médicos e haja consentimento do paciente, ou, na sua impossibilidade, de ascendente, descendente, cônjuge, companheiro ou irmão.

Como se lê acima, o projeto de lei comporta, ainda, para o homicídio eutanásico, a depender das circunstâncias ocorrentes no caso concreto e da relação de parentesco ou laços estreitos de afeição do agente com a vítima, o eventual cabimento de perdão judicial (artigo 122, § 1º), instituto jurídico por meio do qual o Estado-juiz deixa de aplicar a pena ao agente, a despeito de comprovadas a prática da infração penal e a culpabilidade do sujeito ativo.

O doutrinador César Roberto Bitencourt aduz o seguinte ao analisar o instituto do perdão judicial:

> Embora as opiniões dominantes concebam o perdão judicial como mero benefício ou favor do juiz, entendemos que se trata de um direito público subjetivo de liberdade do indivíduo, a partir do momento em que preenche os requisitos legais. [...] Para afastar a desinteligência das diversas interpretações que existiam sobre a natureza jurídica da sentença que concede o perdão judicial, a Reforma Penal de 1984 incluiu-o entre as causas extintivas de punibilidade e explicitou na Exposição de Motivos (n. 98) que a sentença que o concede não produz efeitos de sentença condenatória. O acerto da inclusão do perdão judicial no art. 107, IX, não se repetiu ao tentar reforçar no art. 120 a natureza da sentença concessiva, propiciando a sobrevivência do equivocado entendimento de que se trata de sentença condenatória, que somente livra o réu da pena e do pressuposto da reincidência (BITENCOURT, 2002, p. 705-706).

A ortotanásia, por seu turno, embora sem o emprego do vocábulo que designa a sua conduta configuradora, tem seu conceito expressamente tratado no Projeto de Lei do Senado nº 236/2012 (artigo 122, § 2º, acima transcrito), em que está formalmente reconhecida como causa de exclusão de ilicitude do fato-crime, ante a indicação categórica da expressão literal que intitula o dispositivo.

Rogério Greco define o que vem a ser a ilicitude do fato:

> A ilicitude, expressão sinônima de antijuridicidade, é aquela relação de contrariedade, de antagonismo, que se estabelece entre a conduta do agente e o ordenamento jurídico. A licitude ou a juridicidade da conduta praticada é encontrada por exclusão, ou seja, somente será

> lícita a conduta se o agente houver atuado amparado por uma das causas excludentes da ilicitude [...] (GRECO, 2003, p. 154-155).

Pelo que está no projeto, a conduta ortotanásica pode até ser considerada um fato típico - para parte da doutrina que defende esse entendimento -, mas não haverá crime, pois categoricamente excluída a sua ilicitude do fato.

Em posição coincidente com aquela já exposta acima, em relação ao Direito Penal hoje em vigor, Alexandre Magno Fernandes Moreira simplesmente por considerar a ortotanásia um fato atípico, reputa equivocada a previsão legal (do projeto em comento) de sua conduta configuradora como causa justificante:

> [...] o dispositivo traz uma incorreção técnica: a ortotanásia não é causa de justificação do homicídio, pois a omissão do médico em prolongar artificialmente a vida de paciente terminal não infringe nenhum dever legal, inocorrendo a hipótese de crime omissivo impróprio. O fato é simplesmente atípico, sendo redundante a previsão legal de causa de exclusão de ilicitude (MOREIRA apud CABETTE, 2013, p. 97).

De qualquer sorte, no projeto de lei em comento está claro que praticar a ortotanásia não é considerado um delito, à míngua da necessária antijuridicidade ou ilicitude do fato, que, juntamente com a tipicidade e a culpabilidade, são elementos necessários à configuração da infração penal, entendida esta como fato típico, ilícito e culpável.

Como a ortotanásia é o objeto central do presente trabalho, necessário tecer alguns comentários adicionais a respeito desta norma penal permissiva, prevista no Projeto de Lei do Senado nº 236/2012 (artigo 122, § 2º, acima transcrito).

A prática ortotanástica é descrita na norma penal como a conduta omissiva do agente que deixa de empregar meios artificiais para manter a vida daquele que está acometido por doença grave irreversível, sob as condições de estar amparado por prévio atestado firmado por dois médicos e também pelo consentimento expresso do enfermo ou de seu ascendente, descendente, cônjuge, companheiro ou irmão, acaso o paciente esteja impossibilitado de manifestar validamente a sua vontade.

Desse modo, ao excluir a antijuridicidade da ortotanásia, o Projeto de Lei do Senado nº 236/2012 acaba por considerá-la lícita. Como consequência, se aprovada, promulgada e já em vigor, a lei resultante deste projeto retirará substrato jurídico-penal legislativo do atual entendimento que a classifica como homicídio ortotanásico, ao menos à luz do que definido nesta futura lei, se assim prevalecer.

Sem adentrar à discussão ética e filosófica que permeia o assunto, o projeto de lei, ao que parece, dá adequado tratamento ao tema ao inseri-lo no sistema penal como causa de exclusão da ilicitude do fato. Ao adotar, salutarmente, clara posição sobre a matéria, o legislador propicia reais condições para ultrapassar a atual e indesejável realidade de insegurança jurídica que as distintas e inúmeras opiniões doutrinárias e os acalorados debates travados sobre a tipicidade penal da conduta ortotanásica tem gerado na sociedade.

Contribui, assim, o projeto em comento, para estancar controvérsias sobre o assunto e, com isso, proporcionar melhores condições para o alcance da acalentada e imprescindível segurança jurídica no meio social, seja nos tribunais, nas unidades de saúde e hospitais, mas, sobretudo, no seio das famílias radicadas no território nacional, que sofrem, com os rigores do amor, as emoções angustiantes e os dissabores trazidos pela doença que se abate seriamente sobre o ente querido. Enfermidade de uma gravidade tal que ao familiar faz lembrar teimosamente da morte e faz já sentir saudade de quem ainda está vivo e fisicamente próximo, o que não costuma acontecer entre os homens nos tempos de saúde vigorosa e vida plena.

10.3 Ortotanásia no Tribunal

> "Como a vida é o maior benefício do universo, e não há mendigo que não prefira a miséria à morte, segue-se que a transmissão da vida, longe de ser uma ocasião de galanteio, é a hora suprema da missa espiritual". (MACHADO DE ASSIS)

A pesquisa realizada sobre o assunto nos tribunais brasileiros revelou uma realidade surpreendente. A quase totalidade dos pretórios nacionais não teve ainda oportunidade de decidir sobre casos concretos de ortotanásia. Em que pese a falibilidade de qualquer pesquisa, o fato é que não se conseguiu encontrar um julgado sequer, específico a respeito do tema, no Supremo Tribunal Federal e no Superior Tribunal de Justiça. O mesmo se deu em pesquisa realizada no âmbito dos Tribunais

Regionais Federais e Tribunais de Justiça, exceção feita ao Tribunal de Justiça do Rio Grande do Sul.

Com efeito, trazem-se à obra apenas dois arestos, os únicos encontrados, ambos, aliás, do Tribunal de Justiça do Rio Grande do Sul, datados os julgamentos de junho de 2011 e novembro de 2013, respectivamente. Para que o presente tópico não se torne desnecessariamente extenso, repetitivo e enfadonho, pedem-se ao leitor a sua licença e o favor de sua compreensão, para que esta parte do trabalho esteja limitada a transcrever os acórdãos abaixo identificados, cuja exposição dos fatos e fundamentos jurídicos apresentados são autoexplicativos.

Permita-se apenas mencionar que os dois acórdãos consagram a ortotanásia como conduta lícita, sob os prismas civil e criminal e à luz de valores constitucionais como a dignidade humana, respeito à autonomia da vontade e à vedação ao tratamento desumano ou degradante, embora sem adentrar propriamente nos fundamentos jurídico-penais da questão, já que os julgamentos se deram em ações cíveis. O segundo acórdão ainda teve a oportunidade de tratar de situação fática em que existente um testamento vital.

Lê-se.

Primeiro acórdão

AJALR Nº 70042509562 2011/CÍVEL

CONSTITUCIONAL. MANTENÇA ARTIFICIAL DE VIDA. DIGNIDADE DA PESSOA HUMANA.PACIENTE, ATUALMENTE, SEM CONDIÇÕES DE MANIFESTAR SUA VONTADE. RESPEITO AO DESEJO ANTES MANIFESTADO. Há de se dar valor ao enunciado constitucional da dignidade humana, que, aliás, sobrepõe-se, até, aos textos normativos, seja qual for sua hierarquia. O desejo de ter a "morte no seu tempo certo", evitados sofrimentos inúteis, não pode ser ignorado, notadamente em face de meros interesses econômicos atrelados a eventual responsabilidade indenizatória. No caso dos autos, a vontade da paciente em não se submeter à hemodiálise, de resultados altamente duvidosos, afora o sofrimento que impõe, traduzida na declaração do filho, há de ser respeitada, notadamente quando a ela se contrapõe a já referida preocupação patrimonial da entidade hospitalar que, assim se colocando, não dispõe nem de legitimação, muito menos de interesse de agir.

APELAÇÃO CÍVEL

VIGÉSIMA PRIMEIRA CÂMARA CÍVEL

Nº 70042509562 PORTO ALEGRE

ASSOCIAÇÃO DOS FUNCIONÁRIOS PÚBLICOS DO ERGS - AFPERGS - APELANTE

GILBERTO OLIVEIRA DE FREITAS APELADO GUILHERME DA SILVA BENITES - APELADO

ACÓRDÃO

Vistos, relatados e discutidos os autos.

Acordam os Desembargadores integrantes da Vigésima Primeira Câmara Cível do Tribunal de Justiça do Estado, à unanimidade, em negar provimento à apelação.

Custas na forma da lei.

Participaram do julgamento, além do signatário (Presidente), os eminentes Senhores DES. FRANCISCO JOSÉ MOESCH E DES. MARCO AURÉLIO HEINZ.

Porto Alegre, 01 de junho de 2011.

DES. ARMINIO JOSÉ ABREU LIMA DA ROSA,

Presidente e Relator.

RELATÓRIO

DES. ARMINIO JOSÉ ABREU LIMA DA ROSA (PRESIDENTE E RELATOR) – Trata-se de apelação veiculada pela ASSOCIAÇÃO DOS FUNCIONÁRIOS PÚBLICOS DO ESTADO DO RIO GRANDE DO SUL – AFPERGS quanto à sentença de indeferimento da petição inicial, por ilegitimidade ativa, na ação cautelar de suprimento de vontade movida em face de GUILHERME DA SILVA BENITES e GILBERTO DE OLIVEIRA DE FREITAS, neto filho, respectivamente, de Irene Oliveira de Freitas.

Em suma, como entidade mantenedora do Hospital Ernesto Dornelles, em que internada Irene, em data de 05.12.2010, por quadro de descompensação secundária a insuficiência renal, pré-edema agudo de pulmão, apresentando-se como responsável o neto Guilherme, havendo indicação expressa dos médicos quanto à realização de hemodiálise.

Entretanto, o filho Gilberto, já agora invocando ser sua a condição de responsável pela mãe, não autoriza o tratamento, de que decorrem riscos de vida, argumentando cumprir desejo materno.

Por isso, descrevendo o quadro de uremia que assola a enferma, pretende seja suprida a vontade de quem for o responsável, autorizados os médicos a procederem o tratamento indispensável.

Pleiteou e obteve gratuidade de justiça.

Manifestou-se o Ministério Público pelo deferimento da liminar, ao que sobreveio sentença de indeferimento da inicial.

No apelo, a entidade autora, invocando responsabilidade objetiva, nos termos do art. 14, CDC, sustenta sua legitimidade ativa, aduzindo pretender respaldo judicial "frente à divergência familiar no tocante a aderência ou não da paciente ao tratamento proposto, principalmente diante das circunstâncias que norteiam as decisões baseadas na ortotanásia."

Embora reconheça ser a vontade da paciente, assim como de seu filho, de não realizar o tratamento de hemodiálise, "o que realmente é compreensível diante do sofrimento maior que tal procedimento ainda pode *causar ao enfermo e aos seus familiares, sem garantia de que o tratamento proposto outorgará melhor qualidade de vida, pois a doença que a comete não tem cura*", em atenção a sua eventual responsabilização, insiste no provimento judicial autorizar de sua realização.

Nesta instância, o parecer do Dr. Procurador de Justiça é pela negativa de provimento.

É o relatório.

VOTOS

DES. ARMINIO JOSÉ ABREU LIMA DA ROSA (PRESIDENTE E RELATOR) – A pretensão recursal não prospera.

O presente processo, ultima ratio, reflete a disputa entre a ortotanásia e a distanásia, corresponde a primeira o assegurar às pessoas uma morte natural, sem interferência da ciência, evitando sofrimentos inúteis, assim como dando respaldo à dignidade do ser humano, ao passo que a segunda implica prolongamento da vida, mediante meios artificiais e desproporcionais, adjetivando-a de "obstinação terapêutica", na Europa, senão de "futilidade médica", nos Estados Unidos.

LIA FEHLBERG, professora e doutora, em artigo denominado "A Ortotanásia no Projeto do Código Penal", assim discorre:

"Distanásia seria, portanto, a morte dolorosa, com sofrimento, conforme se observa nos pacientes terminais de AIDS, câncer, doenças incuráveis e outras. O prolongamento da vida para estes indivíduos, seja por meio de terapêuticas ou aparelhos, nada mais representaria do que uma batalha inútil e perdida contra a morte.

Jean Robert Debray foi o responsável pela introdução na linguagem médica francesa da expressão "obstinação terapêutica", que tinha o significado de "comportamento médico que consiste em utilizar processos terapêuticos, cujo efeito é mais nocivo do que os efeitos do mal a curar, por inútil, porque a cura é impossível ou o benefício esperado é menor que os inconvenientes previsíveis".

Conceituando-se a ortotanásia como a morte natural, do grego orthós: normal e thanatos: morte, ou eutanásia passiva na qual se age por omissão, ao contrário da eutanásia onde existe um ato comissivo com real induzimento ao suicídio. A ortotanásia, também seria a manifestação da morte boa, desejável.

Na busca de precisão conceitual, existem muitos bioeticistas, entre os quais GAFO (Espanha) que utilizam o termo ortotanásia para falar da "morte no seu tempo certo".

Quiçá seja este um dos embates filosóficos de maior dimensão em termos de definição humana, por estar embainhada pela percepção individual quanto ao sentido da vida.

Particularmente no âmbito da atuação dos médicos, o tratamento decorrente dos termos do art. 57, Código de Ética Médica, que veda ao médico "Deixar de utilizar todos os meios disponíveis de diagnóstico e tratamento a seu alcance em favor do paciente", veio a receber considerável giro em seu alcance, quando o Conselho Federal de Medicina baixou a Resolução CFM nº 1.805/2006.

Vale destacar artigo eletrônico de ALEXANDRE MAGNO FERNANDES MOREIRA, noticiando a legislação do Estado de São Paulo, claro, relativa aos serviços médicos disponibilizados pelo Poder Público Estadual, e a especialíssima circunstância a ela atrelada, por envolver saudoso personagem da vida nacional:

"Aliás, já existe lei estadual dispondo expressamente em sentido contrário. Em São Paulo, a Lei Estadual 10.241/1999, que regula sobre os direitos dos usuários dos serviços de saúde, assegura ao paciente terminal o direito de recusar tratamentos dolorosos ou extraordinários para tentar prolongar a vida. Mário Covas, governador do Estado à época, afirmou que sancionava a lei como político e como paciente, já que seu câncer já havia sido diagnosticado. Dois anos depois, estando em fase terminal, se utilizou dela, ao recusar o prolongamento artificial da vida."

Mesmo autor que lembra projeto de reforma do Código Penal e a introdução do § 4º ao art. 121:

"§ 4º - Não constitui crime deixar de manter a vida de alguém por meio artificial, se previamente atestada por dois médicos, a morte como iminente e inevitável, e desde que haja consentimento do paciente, ou na sua impossibilidade, de ascendente, descendente, cônjuge, companheiro ou irmão."

A evolução sociológica e jurídica, percebe-se, quanto à questão filosófica, tende a fazer respeito aos sentimentos pessoais, notadamente naquilo em que se remetem à preservação da dignidade da pessoa humana, permitindo-lhe banir recursos científicos para manter artificial existência, notadamente quando impregnados aqueles de sofrimento.

Pois bem, o impasse levado ao Hospital está em que o filho Gilberto, parente mais próximo e que se atribui a condição de responsável pela mãe, transmitiu ao corpo médico responsável o desejo de Irene de não se submeter à hemodiálise (fl. 240), enquanto o neto Guilherme, responsável pela internação, fl. 173, teria manifestado vontade diversa.

Daí ter vindo a juízo e postulado provimento judicial substitutivo da vontade de um e outro (quanto ao neto, na verdade, o pleito estaria na busca de comando judicial que *respaldasse* sua manifestação, conferindo-lhe superioridade em face daquela externada pelo filho).

A hipótese dos autos faz lembrar o célebre caso da americana Terri Schiavo, falecida em 31.03.2005, após ter sido mantida em vida vegetativa por mais de quinze anos, quando a Justiça norte-americana terminou por fazer prevalecer a vontade externada pelo marido, contraposta à dos pais.

Desde logo registro não poder eventual responsabilidade indenizatória servir de mote à assunção, pela recorrente, quanto a vontade e desígnio que não são seus, pela óbvia razão de o interesse patrimonial não poder se sobrepor a algo tão relevante como a saúde e, mais, a própria vida.

Fosse a pretensão assente na indeclinabilidade do tratamento como *conditio sine qua non* para assegurar uma sobrevida à paciente, outro o enfoque, maior a preocupação gerada pela pretensão trazida a juízo.

Mas, como está visto, é na primeira órbita de interesses em que se situa a pretensão dita cautelar (na realidade, tutela satisfativa, com pleito antecipatório).

Por isso, até, bem se poderia resolver o pedido posto em juízo naquilo que diz com o interesse de agir.

Penso ter a sentença da Dr.ª LAURA DE BORBA MACIEL FLECK raciocinado com correção, merecendo transcrição na sua essência decisória.

"A Constituição Federal, bem como o Estatuto do Idoso, elevam o direito à vida como garantia fundamental de primeira ordem. O idoso merece especial atenção por sua natural hipossuficiência física, o que legitima algumas pessoas à sua proteção, inclusive para interesses individuais, o Ministério Público, quando indisponíveis.

No caso em tela, a solução da questão passa pela análise da disponibilidade do direito à saúde e à vida, o que implica na necessária análise da legitimidade ativa. Fundamenta-se.

A paciente, por estar acometida de séria doença, não pode expressar aos médicos, empregados do autor, a sua vontade, o que levou à negativa de autorização à realização do tratamento de hemodiálise pelo seu filho, imediato responsável por ela, dentro do Hospital. Referiu o autor que lá também se encontra o neto da paciente, o qual teria opinião contrária, por autorizar o tratamento.

Ora, sem poder expressar a sua vontade, e não havendo notícia de lá se encontrar o cônjuge da paciente, responde por ela, em primeiro lugar, o seu descendente mais próximo, no caso o filho.

A justificativa dada pelo descendente, para negar autorização para o tratamento, foi de que seria esta a última vontade de Irene Freitas, o que é factível, uma vez que é de conhecimento comum que o procedimento da hemodiálise é muito desgastante. Constantes são as desistências pelas dificuldade decorrentes e pela intensidade e tempo que o paciente fica atrelado ao equipamento. Em época na qual é crescente a discussão sobre a necessidade de ponderar-se o direito à vida, confrontando-o com o direito à dignidade da pessoa, o qual também se deve entender como a possibilidade de viver com dignidade e sem sofrimento, tais tipos de tratamentos e doenças, por serem muito gravosos, muitas vezes são, de forma consentida, rechaçados.

Decisão recente do Juiz Federal Substituto da 14ª Vara/DF ROBERTO LUIS LUCHI DEMO, no processo n° 2007.34.00.014809-3, reconheceu a legitimidade da Resolução n° 1.805/2006 do CFM, que liberou os médicos para a realização de ortotanásia, nos seguintes termos:

"Na fase terminal de enfermidades graves e incuráveis é permitido ao médico limitar ou suspender procedimentos e tratamentos que prolonguem a vida do doente, garantindo-lhe os cuidados necessários para aliviar os sintomas que levam ao sofrimento, na perspectiva de uma assistência integral, respeitada a vontade do paciente ou de seu representante legal."

Trata-se de análise da questão pela ótica do autor, Hospital, que pretende isentar-se de responsabilidade pelo tratamento. Não somente pela decisão acima, ainda passível de reforma, mas pelo privilégio da dignidade da pessoa, podem os médicos aceitar a negativa de tratamento ao paciente nessas condições. O caso em tela enquadra-se nesse contexto. O filho pretende, negando autorização, realizar o último desejo de sua mãe.

Dado o exposto, com mais razão, não há que se aceitar que a paciente não poderia dispor de sua saúde, se quando ainda possuía discernimento, optou por não mais submeter-se à hemodiálise. No documento de fl. 238, os médicos responsáveis atestam que o tratamento possui risco de levar a paciente a óbito, o que vem a confirmar a alegação do filho, réu, de que não pretendia mais prosseguir lutando contra a doença. Além disso, não é a hemodiálise a solução do quadro de saúde da paciente, que sofre, também, de descompensação cardíaca secundária à insuficiência renal e pré-edema agudo de pulmão.

Com relação à alegação de que o neto da paciente é favorável à realização do tratamento, tal não corrobora com a pretensão do autor, pois que em primeiro lugar, responde por ela o filho. Ademais, não há nos autos motivo para retirar a legitimidade do fundamento do filho, quando se nega a autorizar a hemodiálise. Teria toda a legitimidade, o neto, para pleitear o suprimento da vontade, provando especial fato para alterar a vontade.

Desse modo, concluindo-se que os médicos podem deixar de prescrever tratamento nos casos específicos dispostos acima, no qual se enquadra a paciente, e concluindo-se que é aceitável que a própria paciente rejeite tratamento para doença que acaba com a sua saúde, tenho que a vontade expressada pelo filho deve ser acolhida, nada podendo fazer o Hospital a respeito.

Havendo qualquer motivo para afastamento da responsabilidade do filho, deverá quem tenha relação legal ou de afeto com a paciente, insurgir-se. Ao hospital, como prestador de serviço, cabe acautelar-se de eventual alegação de responsabilidade, como o fez, tomando a declaração do filho, inclusive autenticada, de que não a submeterá ao tratamento (fl. 240).

Em decisão semelhante, Apelação Cível n° 70020868162, decidiu o Tribunal de Justiça do Estado do Rio Grande do Sul, que o Hospital não possui interesse de agir para a demanda:

APELAÇÃO CÍVEL. TRANSFUSÃO DE SANGUE. TESTEMUNHA DE JEOVÁ. RECUSA DE TRATAMENTO. INTERESSE EM AGIR. Carece de interesse processual o hospital ao ajuizar demanda no intuito de obter provimento jurisdicional que determine à paciente que se submeta à transfusão de sangue. Não há necessidade de intervenção judicial, pois o profissional de saúde tem o dever de, havendo iminente perigo de vida, empreender todas as diligências necessárias ao tratamento da paciente, independentemente do consentimento dela ou de seus familiares.

Recurso desprovido.

No caso, pela leve diferença com relação ao caso acima mencionado, tenho que o problema é de ilegitimidade ativa, pois não pode o Hospital sobrepor-se à vontade da família e, mais especificamente, do representante legal da paciente, para interferir de maneira gravosa na vida da paciente, ainda que com boa intenção e para lhe dar mais algum tempo de vida, porém, a custo de sofrimento que ela não pretende passar."

Por tais fundamentos, nego provimento à apelação.

DES. FRANCISCO JOSÉ MOESCH (REVISOR) - De acordo com o Relator.

DES. MARCO AURÉLIO HEINZ - De acordo com o Relator.

DES. ARMINIO JOSÉ ABREU LIMA DA ROSA - Presidente - Apelação Cível nº 70042509562, Comarca de Porto Alegre: "NEGARAM PROVIMENTO. UNÂNIME."

Julgadora de 1º Grau: LAURA DE BORBA MACIEL FLECK

Segundo acórdão

ESTADO DO RIO GRANDE DO SUL

PODER JUDICIÁRIO

TRIBUNAL DE JUSTIÇA

IM Nº 70054988266 (N° CNJ: 0223453-79.2013.8.21.7000)

2013/CÍVEL

APELAÇÃO CÍVEL. ASSISTÊNCIA À SAÚDE. BIODIREITO. ORTOTANÁSIA. TESTAMENTO VITAL.

1. Se o paciente, com o pé esquerdo necrosado, se nega à amputação, preferindo, conforme laudo psicológico, morrer para "aliviar o sofrimento"; e, conforme laudo psiquiátrico, se encontra em pleno gozo

das faculdades mentais, o Estado não pode invadir seu corpo e realizar a cirurgia mutilatória contra a sua vontade, mesmo que seja pelo motivo nobre de salvar sua vida.

2. O caso se insere no denominado biodireito, na dimensão da ortotanásia, que vem a ser a morte no seu devido tempo, sem prolongar a vida por meios artificiais, ou além do que seria o processo natural.

3. O direito à vida garantido no art. 5º, caput, deve ser combinado com o princípio da dignidade da pessoa, previsto no art. 2º, III, ambos da CF, isto é, vida com dignidade ou razoável qualidade. A Constituição institui o direito à vida, não o dever à vida, razão pela qual não se admite que o paciente seja obrigado a se submeter a tratamento ou cirurgia, máxime quando mutilatória. Ademais, na esfera infraconstitucional, o fato de o art. 15 do CC proibir tratamento médico ou intervenção cirúrgica quando há risco de vida, não quer dizer que, não havendo risco, ou mesmo quando para salvar a vida, a pessoa pode ser constrangida a tal.

4. Nas circunstâncias, a fim de preservar o médico de eventual acusação de terceiros, tem-se que o paciente, pelo quanto consta nos autos, fez o denominado testamento vital, que figura na Resolução nº 1995/2012, do Conselho Federal de Medicina.

5. Apelação desprovida.

APELAÇÃO CÍVEL PRIMEIRA CÂMARA CÍVEL

Nº 70054988266 (N° CNJ: 0223453-79.2013.8.21.7000)

COMARCA DE VIAMÃO

MINISTERIO PUBLICO APELANTE

JOAO CARLOS FERREIRA APELADO

ACÓRDÃO

Vistos, relatados e discutidos os autos.

ESTADO DO RIO GRANDE DO SUL

PODER JUDICIÁRIO

TRIBUNAL DE JUSTIÇA

IM Nº 70054988266 (N° CNJ: 0223453-79.2013.8.21.7000)

2013/CÍVEL

Acordam os Desembargadores integrantes da Primeira Câmara Cível do Tribunal de Justiça do Estado, à unanimidade, em desprover a apelação.

Custas na forma da lei.

Participaram do julgamento, além do signatário (Presidente), os eminentes Senhores **DES. CARLOS ROBERTO LOFEGO CANÍBAL E DES. LUIZ FELIPE SILVEIRA DIFINI**.

Porto Alegre, 20 de novembro de 2013.

DES. IRINEU MARIANI,

Relator.

RELATÓRIO

DES. IRINEU MARIANI (RELATOR)

O MINISTÉRIO PÚBLICO ingressa com pedido de alvará judicial para suprimento da vontade do idoso JOÃO CARLOS FERREIRA, "usuário-morador do Hospital Colônia Itapuã e ex-hanseniano" (fl. 2).

Sustenta que o idoso está em processo de necrose do pé esquerdo, resultante de uma lesão, desde novembro de 2011, que vem se agravando, inclusive com emagrecimento progressivo e anemia acentuada resultante do direcionamento da corrente sanguínea para a lesão tumoral, motivo pelo qual necessita amputar o membro inferior, sob pena de morte por infecção generalizada. Ressalta que o "paciente está em estado depressivo, conforme laudo da psicóloga Heláde Schroeder, que ainda atesta que o paciente está desistindo da própria vida vendo a morte como alívio do sofrimento." (fl. 2). Ressalva que, conforme laudos médicos, o idoso não apresenta sinais de demência. Assim, pugna pelo deferimento do pedido para "suprir a vontade do idoso JOÃO *CARLOS FERREIRA, RG 5007145898, expedindo-se alvará ao Hospital Colônia Itapuã autorizando ampute o pé esquerdo do paciente.*" (fl. 3).

O juízo singular indefere o pedido, argumentando que "*não se trata de doença recente e o paciente é pessoa capaz, tendo livre escolha para agir e, provavelmente, consciência das eventuais consequências, não cabendo ao Estado tal interferência, ainda que porventura possa vir a ocorrer o resultado morte.*" (fl. 16).

O Ministério Público apresenta apelação (fls. 17-9), enfatizando que o idoso corre risco de morrer em virtude de infecção generalizada caso não realize a amputação. Advoga que ele não tem condições psíquicas de recusar validamente o procedimento cirúrgico, porquanto apresenta um quadro depressivo, conforme os laudos médicos juntados aos autos. Reforça a ideia de que *"deve-se reconhecer a prevalência do direito à vida, indisponível e inviolável em face da Constituição Federal, a justificar a realização do procedimento cirúrgico, mesmo que se contraponha ao desejo do paciente, uma vez que reflete o próprio direito à sua sobrevivência frente à doença grave que enfrenta, bem porque não possui ele condições psicológicas de decidir, validamente, não realizar a cirurgia, ante o quadro depressivo que o acomete."* (fl. 18v.). Assim, pede o provimento (fls. 17-9).

O Ministério Público junta documentos a fim de suprir a carência documental suscitada pelo magistrado na sentença (fls. 21-8).

A douta Procuradoria de Justiça opina pelo desprovimento do recurso (fls. 31-4).

É o relatório.

VOTOS

DES. IRINEU MARIANI (RELATOR)

Eminentes colegas, temos um caso bastante singular. O Sr. João Carlos Ferreira, nascido em 4-5-1934, portanto, com 79 anos, usuário-morador do Hospital Colônia Itapuã e ex-hanseniano, está com um processo de necrose no pé esquerdo e, segundo o médico, a solução é amputá-lo, sob pena de o processo infeccioso avançar e provocar a morte.

Considerando que, conforme laudo psicológico, o paciente se opõe à amputação e *"está desistindo da própria vida, vendo a morte como alívio do sofrimento"*; **considerando** que, conforme laudo psiquiátrico, *"continua lúcido, sem sinais de demência"*, o médico buscou auxílio do Ministério Público, no sentido de fazer a cirurgia mutilatória mediante autorização judicial, a fim de salvar a vida do paciente; e **considerando** que o pedido do Ministério Público foi indeferido de plano, vem a apelação.

Com efeito, dentro do que se está a desingnar de **Biodireito**, temos:

(a) a **eutanásia**, também chamada "boa morte", "morte apropriada", suicídio assistido, crime caritativo, morte piedosa, assim entendida aquela em que o paciente, sabendo que a doença é incurável ou ostenta situação que o levará a não ter condições mínimas de uma vida digna, solicita ao médico ou a terceiro que o mate, com o objetivo de evitar os sofrimentos e dores físicas e psicológicas que lhe trarão com o desenvolvimento da moléstia, o que, embora todas as discussões a favor e contra, a legislação brasileira não permite;

(b) a **ortotanásia**, que vem a ser a morte no seu devido tempo, sem prolongar o sofrimento, morte sem prolongar a vida por meios artificiais, ou além do que seria o processo natural, o que vem sendo entendido como possível pela legislação brasileira, quer dizer, o médico não é obrigado a submeter o paciente à **distanásia** para tentar salvar a vida;

(c) a **distanásia**, também chamada "obstinação terapêutica" (*L'archement thérapeutique*) e "futilidade médica" (*medical futility*), pela qual tudo deve ser feito, mesmo que o tratamento seja inútil e cause sofrimento atroz ao paciente terminal, quer dizer, na realidade não objetiva prolongar a vida, mas o processo de morte, e por isso também é chamada de "morte lenta", motivo pelo qual admite-se que o médico suspenda procedimentos e tratamentos, garantindo apenas os cuidados necessários para aliviar as dores, na perspectiva de uma assistência integral, respeitada a vontade do paciente ou de seu representante legal.

Pois bem.

O caso *sub judice* se insere na dimensão da **ortotanásia**. Em suma, se o paciente se recusa ao ato cirúrgico mutilatório, o Estado não pode invadir essa esfera e procedê-lo contra a sua vontade, mesmo que o seja com o objetivo nobre de salvar sua vida.

Com efeito, o Papa João Paulo II, ao promulgar, em 1995, a Encíclica *Evangelium Vitae*, condenou apenas a eutanásia e a distanásia, silenciando quanto à ortotanásia. Isso é interpretado como implícita a sua admissão pela Igreja Católica, que é, como sabemos, bastante ortodoxa nos temas relativos à defesa da vida.

Sem adentrar na disciplina dada a esses temas pela Resolução nº 1.805/2006, do Conselho Federal de Medicina, e ficando no âmbito constitucional e infraconstitucional, pode-se dizer que existe razoável doutrina especializada no sentido da **previsão da ortotanásia**, por exemplo, o Artigo *ANÁLISE CONSTITUCIONAL DA ORTOTANÁSIA: O DIREITO DE MORRER COM DIGNIDADE*, de autoria do Dr. Thiago Vieira Bomtempo, disponóvel no seu portal jurídico na *Internet*.

Resumindo, o **direito à vida** garantido no art. 5º, *caput*, deve ser combinado com o **princípio da dignidade da pessoa**, previsto no art. 2º, III, ambos da CF, isto é, vida com dignidade ou razoável qualidade. Em relação ao seu titular, o direito à vida não é absoluto. Noutras palavras, não existe a obrigação constitucional de viver, haja vista que, por exemplo, o Código Penal não criminaliza a tentativa de suicídio. Ninguém pode ser processado criminalmente por tentar suicídio.

Nessa ordem de idéias, a Constituição institui o **direito à vida**, não o **dever à vida**, razão pela qual não se admite que o paciente seja obrigado a se submeter a cirurgia ou tratamento.

Conforme o Artigo acima citado, o entendimento de que "*não se admite que o paciente seja obrigado a se submeter a tratamento, embora haja o dever estatal de que os melhores tratamentos médicos estejam à sua disposição*", é também defendido por Roxana Cardoso Brasileiro Borges. Acrescenta que o desrespeito pelo médico à liberdade do paciente, devidamente esclarecido, em relação à **recusa do tratamento**, "*pode caracterizar cárcere privado, constrangimento ilegal e até lesões corporais, conforme o caso. O paciente tem o direito de, após ter recebido a informação do médico e ter esclarecidas as perspectivas da terapia, decidir se vai se submeter ao tratamento ou, tendo esse já iniciado, se vai continuar com ele.*"

No final do Artigo, Nota nº 8, o Dr. Thiago Vieira Bomtempo, reproduz mais uma passagem do entendimento da Drª Roxana Borges, a qual reproduzo: "*O consentimento esclarecido é um direito do paciente, direito à informação, garantia constitucional, prevista no art. 5º, XIV, da Constituição, e no Cap. IV, art. 22, do Código de Ética Médica. Segundo Roxana Borges, o paciente tem o direito de, após ter recebido a informação do médico e ter esclarecidas as perspectivas da terapia, decidir se vai se submeter ao tratamento ou, já o tendo iniciado, se vai continuar com ele. Estas informações devem ser prévias, completas e em linguagem acessível, ou seja, em termos que sejam compreensíveis para o paciente, sobre o tratamento, a terapia empregada, os resultados esperados, o risco e o sofrimento a que se pode submeter o paciente. Esclarece a autora, ainda, que para a segurança do médico, o consentimento deve ser escrito.*"

Por coincidência, eminentes colegas, a *Revista SUPERINTERESSANTE*, nº 324, do corrente mês de outubro/2013, publica matéria sob o título *COMO SERÁ SEU FIM?* Nas páginas 83-4, fala justamente da ortotanásia e a possibilidade de o paciente detalhar quais procedimentos médicos quer usar para prolongar a vida, como diálise, respiradores artificiais, ressuscitação com desfibrilador, tubo de alimentação, mas também pode deixar claro que não quer retardar sua morte.

Tal manifestação de vontade, que vem sendo chamada de *TESTAMENTO VITAL*, figura na Resolução nº 1995/2012, do Conselho Federal de Medicina, na qual consta que "*Não se justifica prolongar um sofrimento desnecessário, em detrimento à qualidade de vida do ser humano*" e prevê, então, a possibilidade de a pessoa se manifestar a respeito, mediante três requisitos: **(1)** a decisão do paciente deve ser feita antecipadamente, isto é, antes da fase crítica; **(2)** o paciente deve estar plenamente consciente; e **(3)** deve constar que a sua manifestação de vontade deve prevalecer sobre a vontade dos parentes e dos médicos que o assistem.

Ademais, no âmbito infraconstitucional, especificamente o Código Civil, dispõe o art. 15: "*Ninguém pode ser constrangido a submeter-se, com risco de vida, a tratamento médico ou a intervenção cirúrgica.*"

O fato de o dispositivo proibir quando há risco de vida, não quer dizer que, não havendo, a pessoa pode ser constrangida a tratamento ou intervenção cirúrgica, máxime quando mutilatória de seu organismo.

Por fim, se por um lado muito louvável a preocupação da ilustre Promotora de Justiça que subscreve a inicial e o recurso, bem assim do profissional da medicina que assiste o autor, por outro não se pode desconsiderar o trauma da amputação, causando-lhe sofrimento moral, de sorte que a sua opção não é desmotivada.

Apenas que, eminentes colegas, nas circunstâncias, a fim de preservar o médico de eventual acusação de terceiros, tenho que o paciente, pelo quanto consta nos autos, fez o seu testamento vital no sentido de não se submeter à amputação, com os riscos inerentes à recusa.

Nesses termos, e com o registro final, desprovejo a apelação.

DES. CARLOS ROBERTO LOFEGO CANÍBAL (REVISOR) - De acordo com o(a) Relator(a).

DES. LUIZ FELIPE SILVEIRA DIFINI - De acordo com o(a) Relator(a).

DES. IRINEU MARIANI - Presidente - Apelação Cível nº 70054988266, Comarca de Viamão: "À UNANIMIDADE, DESPROVERAM."

Julgador(a) de 1º Grau: GIULIANO VIERO GIULIATO

REFERÊNCIAS

ASSUMPÇÃO, Vinícius. **Ciências Penais,** v. 14, p. 145-172, jan.- jun. 2011.

BITENCOURT, Cezar Roberto. **Manual de Direito Penal:** parte geral, volume 1. 7. ed. rev. e atual. São Paulo: Saraiva, 2002.

CABETTE, Eduardo Luiz Santos. **Eutanásia e ortotanásia:** comentários à Resolução 1.805/06 CFM. Aspectos éticos e jurídicos. 1. ed. (ano 2009), 2ª reimpr. Curitiba: Juruá, 2013.

CARVALHO, Gisele Mendes de. Considerações Acerca do Impacto da Resolução 1.805/2006 do Conselho Federal de Medicina no Tratamento Jurídico-Penal da Eutanásia Passiva no Brasil. **Ciências Penais**, v. 6, p. 227-268, jan.-jun. 2007.

FELIX, Zirleide Carlos e outros, Núcleo de Estudos e Pesquisas em Bioética, Universidade Federal da Paraíba. **Ciência & Saúde Coletiva**, v. 18(9), p. 2733-2745, 2013.

FRISO, Gisele de Lourdes. A ortotanásia: uma análise a respeito do direito de morrer com dignidade. **Revista dos Tribunais**, v. 885, p. 130, jul. 2009.

FORTE, Paulo Antônio de Carvalho. A prevenção da distanásia nas legislações brasileira e francesa. **Rev Assoc Med Bras**. v. 53(3), p. 189-207, 2007.

GONÇALVES, Carlos Roberto. **Direito Civil Brasileiro**: parte geral - de acordo com a Lei n. 12.874/2013**.** 12. ed. São Paulo: Saraiva, 2014.

GRECO, Rogério. **Curso de Direito Penal. Parte Geral.** 2. ed. Rio de Janeiro: Impetus, 2003.

HUNGRIA, Nelson. Ortotanásia ou eutanásia por omissão. **Revista dos Tribunais**, v. 752, p. 749, jun. 1998.

JESUS, Damásio E. de. **Direito Penal, v. 1. Parte Geral.** 18ª ed. São Paulo: Saraiva, 1994.

KOVÁCS, Maria Júlia. A caminho da morte com dignidade no século XXI. **Rev. bioét.,** v. 22(1), p. 94-104, 2014.

OLIVEIRA, Maria Zeneida Puga Barbosa e Barbas, Stela. Autonomia do Idoso e distanásia. **Rev. bioét.**, v. 21(2), p. 328-337, 2013.

SANTOS, Daniel Abreu e outros. Reflexões bioéticas sobre a eutanásia a partir de caso paradigmático. **Rev. bioét.**, v. 22(2), p. 367-372, 2014.

SILVA, Fernando Salomão da e outros. Percepção de enfermeiros intensivistas sobre distanásia em unidade de terapia intensiva. **Rev Bras Ter Intensiva**, v. 21(2), p. 148-154, 2009.

SILVA, José Antônio Cordero da Silva. Distanásia e ortotanásia: práticas médicas sob a visão de um hospital particular. **Rev. bioét.**, v. 22(2), p. 358-366, 2014.

SZTAJN, Rachel. Terminalidade da vida: a ortotanásia e a constitucionalidade da Res. CFM 1.805/2006. **Revista de Direito Constitucional e Internacional**, v. 66, p. 245, jan. 2009.

TOFFOLETTO, Maria Cecilia et al. A distanásia como geradora de dilemas éticos nas Unidades de Terapia Intensiva: considerações sobre a participação dos enfermeiros. **Estudo realizado durante a disciplina "Análise Crítica da Enfermagem em Cuidados Intensivos", do Programa de Pós-Graduação Enfermagem em Saúde do Adulto da Escola de Enfermagem, Universidade de São Paulo - USP**, São Paulo (SP), Brasil, 2005.

TORRES, Wilma da Costa. **A Bioética e a Psicologia da Saúde:** Reflexões sobre Questões de Vida e Morte. **Psicologia:** Reflexões e Crítica, v. 16(3), p. 475-482, 2003.

Tribunal de Justiça do Estado do Rio Grande do Sul. Acórdão. Nº 700425095622011/Cível. Apelante: Associação dos Funcionários Públicos do ERGS - AFPERGS. Apelados: Gilberto Oliveira de Freitas e Guilherme da Silva Benites. Relator: Des. Arminio José Abreu Lima da Rosa. Porto Alegre, 01 de junho de 2011.

Tribunal de Justiça do Estado do Rio Grande do Sul. Acórdão. Nº 700549882662013/Cível (Nº CNJ: 0223453-79.2013.8.21.7000). Apelante: Ministério Público do Estado do Rio Grande do Sul. Apelado: João Carlos Ferreira. Relator: Des. Irineu Mariani. Porto Alegre, 20 de novembro de 2013.

Capítulo 11
As Diretivas Antecipadas de Vontade e a Efetividade da Ortotanásia

Na área da biomedicina, é o interesse, o ponto de vista do indivíduo, que deve prevalecer quando se trata de sua saúde, física e psíquica, ou de sua participação em qualquer experiência científica. A regra expressa o conceito da não instrumentalização do ser humano, significando que este jamais poderá ser considerado objeto de intervenções e experiências, sempre sujeito de seu destino e de suas próprias escolhas (MORAES, 2009, p. 98).

Hildeliza Lacerda Tinoco Boechat Cabral

Doutoranda em Ciências Jurídicas pela UNLP

Mestre em Cognição e Linguagem pela UENF

Licenciada em Pedagogia e Graduada em Direito

Autora das obras Consentimento Informado no Exercício da Medicina e Tutela dos Direitos Existenciais – uma visão interdisciplinar Direito e Medicina (2011) e Síntese de Direito do Consumidor (2012)

Professora dos cursos de Direito e Medicina da Universidade Iguaçu – Itaperuna Orientadora do PIC Ortotnásia. Associada ao IBDFAM.

Carlos Henrique Medeiros de Souza
Coordenador do Programa de Pós-graduação em Cognição e Linguagem, UENF
Doutor em Comunicação – UFRJ
Mestre em Educação. Bacharel em Direito. Bacharel em Informática. Licenciado em Pedagogia

11.1 Conceito e Validade no Aspecto Jurídico

As diretivas antecipadas de vontade, também conhecidas como testamento vital, se constituem importante instrumento de manifestação e de proteção da vontade do titular do bem jurídico "vida". Borges (2007, p. 240) o conceitua: "O testamento vital é um documento em que a pessoa determina, de forma escrita, que tipo de tratamento ou não-tratamento deseja para a ocasião em que se encontrar doente, em estado incurável ou terminal, e incapaz de manifestar sua vontade".

Trata-se de um instrumento em que a pessoa manifesta vontade para produção de efeitos quando estiver doente - terminal ou incurável - e incapaz de manifestá-la de forma livre e consciente. Nesse documento, estabelece que tratamentos, procedimentos e assistência médica aceita (ou não) que sejam realizados e em que circunstâncias. Exterioriza-se por um escrito limitador da atuação médica e de sua própria família, com produção de efeitos em momento futuro. Nesse documento, a pessoa manifesta sua vontade sobre adoção ou não de determinados procedimentos médicos ou decisões sobre como deseja morrer, cuja realização ocorre em momento de plena capacidade, porém visando à produção de efeitos em data futura quando da superveniência de incapacidade (como por exemplo coma, alienação mental ou estado vegetativo). Saliente-se que o agente deve ser capaz (artigo 104 do Código Civil), para que a vontade seja manifestada de forma livre e consciente. Ademais, para ter validade, não há forma prescrita na lei civil, conforme preceitua o art. 107.

Sobre a validade desse documento, comentam os ilustres doutrinadores Cristiano Chaves de Farias e Nelson Rosenvald:

> [...] o paciente terminal que, no pleno gozo de sua faculdade mental, declarou a sua vontade, deve ter a sua autonomia privada respeitada, a fim de que se efetive a sua dignidade na plenitude. Agora, com o advento da Resolução CFM nº 1.995/12, é válida e eficaz a declaração prévia de vontade em face da premente necessidade de respeitar a autonomia privada do paciente terminal, a partir de preceitos éticos e jurídicos e da terminalidade inexorável da vida humana (FARIAS; ROSENVALD, 2015, p. 311-312).

Embora não haja uma normativa específica sobre as diretivas antecipadas de vontade na Constituição Federal nem no Código Civil, tem-se, a cláusula geral da Dignidade da Pessoa Humana, que tutela os direitos de personalidade, os denominados direitos existenciais, entre outros como a liberdade e o direito à autodeterminação são princípios implícitos autorizadores do cumprimento das decisões que a pessoa deseja tomar para sua própria existência. Além disso, existem desde 2011 os Enunciados nº 403 e 527 do Conselho de Justiça Federal, originados da V Jornada de Direito Civil, observam o respeito à vontade da pessoa: o primeiro regulamentando as disposições do art. 15 do Código Civil e o segundo expressa a validade dos testamentos vitais, que são as diretivas antecipadas de vontade:

> 403) Art. 15. O Direito à inviolabilidade de consciência e de crença, previsto no art. 5º, VI, da Constituição Federal, **aplica-se também à pessoa que se nega a tratamento médico**, inclusive transfusão de sangue, com ou sem risco de morte, em razão do tratamento ou da falta dele, desde que observados os seguintes critérios: a) capacidade civil plena, excluído o suprimento pelo representante ou assistente; b) manifestação de vontade livre, consciente e informada; e c) oposição que diga respeito exclusivamente à própria pessoa do declarante. (grifo inexistente no original)
>
> [...]
>
> 527) Arts. 1.729, parágrafo único, e 1.857. É válida a declaração de vontade expressa em documento autêntico, também chamado "testamento vital", em que a pessoa estabelece disposições sobre o tipo de tratamento de saúde, ou não tratamento, que deseja no caso de se encontrar sem condições de manifestar a sua vontade.

Desde então, tem-se por válidas essas declarações realizadas em momento de consciência, anterior à ocorrência de grave enfermidade e que apresentam íntima relação com o desejo que a pessoa manifesta em adotar a Ortotanásia, expressando sua vontade em não prolongar a vida para além do tempo certo, manifestando-se contrária à submissão a tratamentos desumanos e degradantes, conforme prescrição constitucional e registrando que não deseja receber tratamento fútil e ser mantido artificialmente vivo.

É de capital importância que a pessoa seja respeitada em sua autodeterminação, que significa o poder de autogovernar-se, tomar decisões a respeito de si mesma, de sua vida ou de sua saúde, sendo a vontade humana um direito fundamental, um dos importantes direitos de personalidade agasalhados na cláusula geral de personalidade contida no art. 1º, inciso III da vigente Constituição Federal - "a constituição cidadã".

11.2 Objeto, Objetivo e Forma

Quanto ao objeto das Diretivas Antecipadas de Vontade, Diaulas Costa Ribeiro explica: "Os testamentos vitais são utilizados para dispor sobre a assistência médica a ser prestada ao paciente terminal" (RIBEIRO, 2005, p. 276). Assim, as diretivas antecipadas de vontade se prestam a manifestar o desejo de uma pessoa em relação a se submeter, em tempo futuro, a tratamentos médicos, podendo fazer ressalva quanto a alguns ou, ainda, estabelecer que não deseja a realização de qualquer procedimento médico quando lhe sobrevier incapacidade. Pode declarar-se doador de órgãos e tecidos e ainda determinar se deseja ou não receber doação. Neste documento pode ser nomeado um curador, que tomará as decisões pelo paciente quando este se encontrar impossibilitado de fazê-lo. A grande questão das diretivas antecipadas é a seguinte: como garantir a efetividade dessa vontade? Como assegurar o cumprimento dessas disposições?

Sua exteriorização se dá por meio de um documento escrito que limita a atuação médica e da família, mediante expressão de vontade realizada em momento anterior, consciente e livre. A forma não precisa ser solene, por escritura pública, pois Código Civil prevê no artigo 107 que "A validade da declaração de vontade não dependerá de forma especial, senão quando a lei expressamente a exigir". Entretanto, a pessoa que o realizar deve estar em pleno gozo de capacidade (art. 104 do Código Civil, conforme se mencionou no primeiro tópico). Então, o titular da vida fica livre para redigir as diretivas antecipadas de vontade por documento particular ou por escritura pública, sem que a forma comprometa sua validade, produção de efeitos e efetividade. Pode ainda solicitar ao médico que lance no prontuário sua declaração de vontade verbal para dias futuros, sem que a forma verbal invalide suas decisões.

Pode ainda solicitar ao médico que registre no prontuário sua decisão de não desejar se submeter a certas práticas, procedimentos ou utilização de suporte vital e quaisquer meios artificiais de manutenção da vida. O médico pode solicitar que ele date e assine a manifestação de vontade. Se virtual o prontuário, poderá escanear um escrito de próprio punho assinado e datado pelo paciente e arquivá-lo a fim de se acautelar de eventuais dúvidas e questionamentos da família ao tempo da terminalidade da vida do paciente.

11.3 Importância no âmbito da Medicina e efetividade da vontade do enfermo

Como garantir a efetividade das diretivas antecipadas de vontade? Para responder a esta questão, necessário se faz explicar o que é efetividade. Na lição de Luis Roberto Barroso,

> A efetividade significa, portanto, a realização do Direito, o desempenho concreto de sua função social. Ela representa a materialização, no mundo dos fatos, dos preceitos legais e simboliza a aproximação, tão íntima quanto possível, entre o *dever-ser* normativo e *o ser* da realidade social (BARROSO, 2009, p. 82-83)

Efetividade é fazer com que a norma ou o direito nela insculpido se torne realidade na vida do cidadão. É torná-la atual e real, cumprindo seu papel e fazendo-a valer no mundo fático, ou seja: as diretivas antecipadas de vontade serão efetivas quando tiverem seu cumprimento por familiares e médicos da pessoa enferma que, observando a declaração de vontade por ela realizada, seguem sua prescrição, obedecendo-lhe as diretrizes em relação ao que determinou para o final de sua existência, fazendo com que sua autoderminação seja respeitada, prestigiando sua dignidade.

As Resoluções do Conselho Federal de Medicina se mostram bastante contextualizadas com a atual perspectiva dos direitos da personalidade e da tutela de que gozam na órbita jurídica. Assim, ambas as ciências, Direito e Medicina, dialogam sempre, traçando uma necessária interdisciplinaridade (CABRAL, 2011, p. 94) com o escopo de garantir a tutela e assegurar a efetividade quanto aos bens jurídicos de maior relevância que ordenamento tenta proteger: o direito fundamental à vida, à saúde, à liberdade e à dignidade da pessoa humana. Não sem razão o Conselho Federal de Medicina trouxe à existência a Resolução Nº 1995/2012, com as seguintes motivações:

> CONSIDERANDO a necessidade, bem como a inexistência de regulamentação sobre diretivas antecipadas de vontade do paciente no contexto da ética médica brasileira; CONSIDERANDO a necessidade de disciplinar a conduta do médico em face das mesmas; CONSIDERANDO a atual relevância da questão da autonomia do paciente no contexto da relação médico-paciente, bem como sua interface com as diretivas antecipadas de vontade; CONSIDERANDO que, na prática profissional, os médicos podem defrontar-se com esta situação de ordem ética ainda não prevista nos atuais dispositivos éticos nacionais; CONSIDERANDO que os novos recursos tecnológicos permitem a adoção de medidas desproporcionais que prolongam o sofrimento do paciente em estado terminal, sem trazer benefícios, e que essas medidas podem ter sido antecipadamente rejeitadas pelo mesmo [...] (CFM, acesso em 06/05/15).

Essa resolução foi um importante passo para delinear a atuação médica no contexto da terminalidade da vida do paciente, evidentemente também uma normativa que esclarece à família que a resolução deve ser cumprida, pelos motivos acima expostos. É importante que se reproduza os termos do art. 2º da Resolução (íntegra da Resolução em anexo, ao final da obra), que prestigia a autodeterminação da pessoa e, por via de consequência, sua dignidade:

> Art. 2º Nas decisões sobre cuidados e tratamentos de pacientes que se encontram incapazes de comunicar-se, ou de expressar de maneira livre e independente suas vontades, o médico levará em consideração suas diretivas antecipadas de vontade.
>
> § 1º Caso o paciente tenha designado um representante para tal fim, suas informações serão levadas em consideração pelo médico.
>
> § 2º O médico deixará de levar em consideração as diretivas antecipadas de vontade do paciente ou representante que, em sua análise, estiverem em desacordo com os preceitos ditados pelo Código de Ética Médica. § 3º As diretivas antecipadas do paciente prevalecerão

sobre qualquer outro parecer não médico, inclusive sobre os desejos dos familiares.

Infere-se do teor da mencionada Resolução que a vontade do enfermo será prevalente sobre a vontade médica e da família, de forma a respeitar sua autodeterminação e conservar-lhe a dignidade nos derradeiros dias.

REFERÊNCIAS

BARROSO, Luís Roberto. **O Direito Constitucional e a efetividade de suas normas**. 9. ed. Rio de Janeiro: Renovar, 2009.

BORGES, Roxana Cardoso Brasileiro. **Direitos da personalidade e autonomia privada**. 2. ed. São Paulo: Saraiva, 2007.

BRASIL. **Código Civil Brasileiro**. Lei No 10.406, de 10 de janeiro de 2002. Disponível em: http://www.planalto.gov.br/ccivil_03/leis/2002/l10406.htm, acesso em 05/05/2015.

BRASIL. Conselho Federal de Medicina - Portal Médico. **Resolução Nº 1995/2012**. Disponível em http://www.portalmedico.org.br/resolucoes/CFM/2012/1995_2012.pdf. Acesso em 06/05/2015.

CABRAL, Hildeliza Lacerda Tinoco Boechat Cabral. **Consentimento informado no exercício da medicina e tutela dos direitos existenciais** - uma visão interdisciplinar: Direito e Medicina. Itaperuna: Hoffmann, 2011.

FARIAS, Cristiano Chaves de; ROSENVALD, Nelson. **Curso de Direito Civil** - Parte Geral e LINDB 13 ed. São Paulo: Atlas, 2015.

MORAES, Maria Celina Bodin. **Danos à pessoa humana** - uma leitura civil-constitucional dos danos morais. São Paulo: Renovar, 2009.

RIBEIRO, Diaulas Costa. **Autonomia**: viver a própria vida e morrer a própria morte. Artigo. 2006, não paginado. Acesso em: 05/05/2015. Disponível em: <http://biblioteca.universia.net/html_bura/ficha/params/id/6194338.html>.

______. **Um novo testamento**: testamentos vitais e diretivas antecipadas. In: PEREIRA, Rodrigo da Cunha (Coord.). Família e dignidade humana. *Anais do V Congresso de Direito de Família*. Belo Horizonte: IBDFAM, 2005.

Quarta Seção
A Medicina e Aplicabilidade dos Cuidados Paliativos

Capítulo 12
A Morte na Perspectiva da Humanização da Medicina

Rodrigo Moreira Pereira
Estudante-pesquisador do 10º período de medicina
Estagiário no CTI terciário do HSJA
Monitoria de neurologia no curso de medicina da universidade Iguaçu campus V
Presidente da liga acadêmica de neurologia aplicada na Universidade Iguaçu - campus V

O risco iminente é aquele de transformar o ser humano sujeito num objeto e num escravo na evolução moderna da tecnologia. O momento atual é de profundas crises de humanismo e de incertezas no uso da tecnologia, que trouxe, sem dúvida, tantos benefícios, mas também preocupações, sobretudo em nível ético. *sse comportamento também corre o risco de desumanizar a medicina para deixar um lugar ao frio tecnicismo, impondo certa distância ou barreira entre o pessoal da saúde e o paciente. Ora, o progresso tecnológico jamais deverá ser motivo de danos à integridade psicofísica do ser humano, que deve ser protegida em todo ato médico (BENTO, 2008, p.314).*

12.1 O FENÔMENO DA HUMANIZAÇÃO DA MEDICINA

Em seus primórdios a medicina consistia em uma ciência essencialmente humanística, buscava sempre enxergar o homem como um todo e engajava seus conhecimentos na esfera da filosofia da natureza. As causas das doenças iam além do corpo físico, abrangia também o conhecimento espiritual, a alma do ser humano. O médico tinha o dever de ser além de um biólogo que conhecia os fundamentos da natureza e do homem, um sábio que para chegar ao diagnóstico não se atinha apenas os dados biológicos, buscando respostas também nas esferas ambientais, culturais, psicológicas e espirituais. Assim era a medicina e o modelo de médico que existiu até meados do século XIX.

Foi na segunda metade do século XIX que, devido aos grandes avanços tecnológicos na área da saúde, se iniciou o declínio da medicina humanista, o médico romântico, que estava sempre ao lado de seus pacientes e familiares, que preparava o enfermo para a morte, que além de curar se encaixava como conselheiro na vida de seus pacientes começa a desaparecer. O início do século XX é marcado por avanços enormes na medicina, o cientista alemão Paul Ehrlich criou, em 1909, o primeiro tratamento eficaz para a sífilis, Gerhard Domagk produziu a primeira sulfa, que foi usada para tratar meningite. Na década de 20, o escocês Alexander Fleming descobriu a penicilina. Na metade da década de 50 foi lançada a vacina contra a varíola e poliomielite e na década de 70 sai o Aciclovir, a primeira droga antiviral. Na Genética têm-se grandes avanços que vão desde a estruturação do DNA (1953), desvendada por Watson e Crick, até a decifração do genoma humano em 2000. Destacam-se também os desenvolvimentos das análises laboratoriais e o desenvolvimentos de aparelhos de diagnóstico por imagem que iniciaram com o Raio X e evoluíram até os mais modernos aparelhos de ressonância magnética. Paradoxalmente, ao mesmo tempo em que todo este desenvolvimento científico estava melhorando a qualidade do diagnóstico, levando a população a viver mais, menos humanista estava ficando o médico. O avanço tecnológico afastou o médico da cabeceira de seu paciente, o médico, que antes tocava, percutia e confortava foi substituído por visores luminosos e sonoros, por aparelhagem cada vez mais sofisticada. A cibernética retirou da população o calor humano que antes era transmitido pelo médico, que se transformou em um conhecedor profundo de exames complexos, mas incapaz de decifrar os aspectos humanos presente no paciente que atende.

Surge aqui a necessidade de um importante questionamento, não teria a história, a filosofia, a literatura, a psicologia mais nada a acrescentar no campo do diagnóstico e do prognóstico médico? Será que o papel das ciências humanas na medicina vai se restringir apena a louvar as lutas e conquistas e relatar a sua tremenda evolução? Alguns trabalhos tentam mensurar a importância da fé no prognóstico de algumas patologias como neoplasias, e problemas cardiológicos entre outros. Cruz e colaboradores, em trabalho com 82 pacientes sofrendo de neoplasias mamarias, concluíram que a oração levou a uma melhora nos efeitos colaterais dos tratamentos convencionais .Correa, D. A. M. (2006, p. 134-141). Em estudo dos efeitos da religião em Maringá PR, constatou que "o sagrado, a experiência religiosa e os símbolos religiosos na vida do fiel carismático no processo de recuperação de suas enfermidades proporcionam conforto, proteção, motivação, disposição, recuperação de vigor quando todas as outras forças terminam e principalmente esperança para a cura da doença que o aflige". Isso mostra que a filosofia, a religião ainda tem o seu papel na medicina e não devem ser descartadas.

É muito clara a grande necessidade de se humanizar novamente a medicina, de que recursos humanísticos na formação do médico sejam criados. O humanismo precisa ser ensinado nas universidades tal como se é ensinado fazer uma anamnese e um exame físico completo. O que se consegue observar é que os médicos de hoje estão perdendo a arte de curar, atrelando-se apenas ao diagnóstico e utilização de recursos tecnológicos. Não se pode desmerecer a tecnologia de hoje, mas é fato que as ciências humanísticas têm muito a contribuir para o desenvolvimento das ciências da saúde, portanto é necessária a construção de canais comuns de estudo, discussão e troca de experiências entre médicos, filósofos, historiadores, antropólogos, cientistas e estudantes, para se entender melhor o homem a assim aprender a tratar todas as suas doenças.

12.2 Novo Paradigma: a erosão da morte como derrota

O conceito de morte varia de acordo com os padrões socioculturais de uma região ou uma época, assim, diversas definições surgem para este fenômeno. A morte clínica é caracterizada pela parada cardíaca e respiratória e pupilas com midríase não foto reagentes, essa pode ser revertida com uso de drogas e aparelhos. A morte biológica se caracteriza por uma progressão irreversível da morte clínica. Na morte cerebral tem-se lesão irreversível do sistema nervoso central (SNC) comprovada por exames especializados, com interrupção de todos os comandos da vida, esta se diferencia da morte encefálica em que nem mesmo o ato da respiração involuntária existe mais. Existe ainda o conceito da morte psíquica, que ocorre com a percepção psicológica da morte pelo paciente ao saber do prognóstico muito ruim de uma determinada doença. Encontram-se na esfera religiosa bastante variações a respeito da morte: O espiritismo de Alan Kardec encara a morte como uma transição para outras esferas de vida. O budismo prega a igualdade complementar entre a morte e a vida, porém vista de ângulos diferentes. Segundo o Judaísmo, a morte é o fim da existência que deve ser encarada como um processo natural e lógico da vida. O cristianismo enxerga a morte como uma passagem para uma vida eterna.

Para este trabalho, faz-se relevante entender o conceito de morte encarado pelos médicos atuais. Os profissionais que adentram o mercado atualmente formados nos modelos da medicina científica encaram a morte como uma derrota, pois o avanço tecnológico extinguiu a visão antiga da morte como evolução natural das doenças. Esta atitude do profissional médico é um reflexo de sua formação acadêmica, em que o graduando aprende a se comprometer com a vida, sua formação é sempre focada na cura, que é vista como uma gratificação, uma recompensa pelo esforço e todo o estudo. A morte de um paciente representa incapacidade, despreparo, trazendo para o acadêmico um intenso sentimento de frustação.

Segundo Laks (1999, p. 225), o curso de medicina funciona como uma espécie de vacina contra a morte, as dissecações de cadáveres, as necropsias na medicina legal e o intenso convívio com a morte nas unidades de terapia intensiva (UTI) levam o estudante a progressivamente se habituar à morte, não se entregando a ela e nem abandonando a medicina. Sugere-se que o impacto do primeiro contato do acadêmico de medicina com corpos mortos, que ocorre logo no primeiro ano de sua formação, nas aulas de anatomia, contribua na formação do sentimento de onipotência perante a morte. Essa manipulação dos cadáveres, ao mesmo tempo em que favorece o aprendizado, gera no inconsciente do estudante a ideia de luta contra o estado, sem vida, daquela peça que ele manipula, associando o combate às doenças e sintomas, com a luta contra a morte

Segundo Quintana *et al* (2002, p. 207), essa primeira apresentação dos estudantes com cadáveres seja uma forma estratégica de desumanizar o estudante, fazendo assim uma espécie de profilaxia contra a angústia perante a morte, com isso, durante o curso o estudante aprende a reprimir suas emoções e a não compartilhar com seus colegas seus sentimentos e suas emoções. Enxerga-se então a necessidade de mudanças no estudo da medicina. É preciso voltar às raízes de Hipócrates e focar o aprendizado no próprio homem e não no seu corpo doente. As escolas de medicina precisam acrescentar em sua grade curricular, disciplinas que abordem a morte, não como uma inimiga a ser vencida, mas como uma etapa da vida que necessita ser cuidada (ESSLINGER, 2004, p.75).

> Poderia ser dito que a questão consiste em se acostumar a um fenômeno natural, que todos os seres vivos nascem, crescem, morrem e que, quando jovens, não aceitamos esta onipotência da natureza. Bem, mas se é assim, por que independente da idade o médico tanto empenha em vencer a morte a todo custo e não simplesmente reconhecer os próprios limites? Afinal, Hipócrates já ensinava que a função do médico é auxiliar a natureza e não combatê-la (ZAIDHAFT, 1990, p. 20).

12.3 A prevenção da Distanásia

A palavra distanásia tem origem grega e significa "afastamento, adiamento, prolongamento da morte" (*dis* = afastamento, *thanatos* = morte). Considerada o antônimo da eutanásia, na distanásia o uso de medicamentos e maquinários busca a manutenção da vida a qualquer custo, mesmo que sem melhora clínica.

Segundo Pessini (2001, P. 330), a distanásia consiste na utilização de procedimentos médicos que não atinge o benefício de o paciente terminal apenas prolongando inútil e sofridamente o processo de morrer, procurando distanciar a morte. O mesmo autor ainda comenta que etimologicamente a distanásia significa "o prolongamento exagerado da agonia, do sofrimento e da morte de um paciente" e que o seu sinônimo seria "tratamento fútil e inútil". O sexto código de ética médica, em vigência deste 13/04/2010, assume uma postura desfavorável à prática da distanásia, lançando assim o conceito de cuidado paliativo e o apoio à ortotanásia. O artigo XXII do capítulo I, dos princípios fundamentais, ressalva que "nas situações clínicas irreversíveis e terminais, o médico evitará a realização de procedimentos diagnósticos e terapêuticos desnecessários e propiciará aos pacientes sob sua atenção todos os cuidados paliativos apropriados".

Segundo Pessini (2001, p. 213) Uma das formas de se evitar a prática da distanásia se baseia no "princípio da prevenção", o médico precisa prever as possíveis complicações que se apresentam frequentemente em determinadas patologias e implementar as medidas necessárias para prevenir tais complicações, mantendo sempre um diálogo contínuo com os familiares, aconselhando sobre os melhores cursos de ações a seguir.

Fortes (2007, p. 196) sugere uma reflexão sobre o direito à "emissão de diretivas antecipadas" na tentativa de garantir uma livre e esclarecida manifestação da vontade do paciente em situações de terminalidade. Aponta, também, a ideia de obrigatoriedade de política de cuidados paliativos nos estabelecimentos de saúde como maneiras de prevenção da distanásia. Assim, pode-se concluir da importância da discussão sobre a ortotanásia na tentativa de humanizar os profissionais médicos atuais, e formar médicos humanista, só assim para que a população possa conseguir viver a morte com o conforto e a dignidade necessária.

REFERÊNCIAS

A Ascensão da Medicina Científica: O Renascimento. Disponível em < http://www.planetseed.com/pt-br/relatedarticle/ascensao-da-medicina-cientifica-o-renascimento>. Acesso em 21/04/2015.

BENTO, Luis Antonio. **Bioética**: desafios éticos no debate contemporâneo. São Paulo: Paulinas, 2008

BRASIL. Conselho Federal de Medicina. **Código de Ética Médica.** Disponível em: http://www.portalmedico .org.br/novocodigo/integra.asp. Acesso em 10 Abr. 2015.

CORRÊA, Darci Aparecida Martins. **Religião e saúde:** um estudo sobre as representações do fiel carismático sobre os processos de recuperação de enfermidades nos grupos de oração da RCC em Maringá, PR. Ciência, Cuidado e Saúde, Maringá, v. 5, Supl., p. 134-141. 2006.

CRISTINA, Muccioli et al . A humanização da medicina. **Arq. Bras. Oftalmol.**, São Paulo , v. 70, n. 6, p. 897, Dec. 2007 . disponível em <http://www.scielo.br/scielo.php?script=sci_arttext&pid=S0004-27492007000600001&lng=en&nrm=iso>. Acesso em 16 Apr. 2015.

CRUZ C.T. , BARROS N.L. , Hoehne E. L., Evidências sobre o Uso de Práticas Alternativas e Complementares no Tratamento Convencional de Neoplasias Mamárias. **Revista Brasileira de Cancerologia** 2009; 55(3): 237-246. Disponível em < http://www.inca.gov.br/rbc/n_55/v03/pdf/41_artigo5.pdf>, acesso em 23/04/2015.

ESSLINGER, Ingrid. **De quem é a vida afinal**? São Paulo: Casa do Psicólogo, 2004.

FERREIRA, Israel de Lucena Martins; SILVA, Tiago Pessoa Tabosa e. A humanização da medicina no brasil: reflexões. **Rev. Assoc. Med. Bras.**, São Paulo , v. 53, n. 3, p. 206, June 2007 . disponível em <http://www.scielo.br/scielo.php?script=sci_arttext&pid=S0104-42302007000300013&lng=en&nrm=iso>. access on 26

MARTINS, Mílton de Arruda. Ensino médico. **Rev. Assoc. Med. Bras.**, São Paulo , v. 52, n. 5, p. 282, Oct. 2006 . Available from <http://www.scielo.br/scielo.php?script=sci_arttext&pid=S0104-42302006000500002&lng=en&nrm=iso>. access on 26 Apr. 2015. Schlumberge excellence in education development (SEED), História da Medicina.

MUNIZ, Paulo Henrique. **O estudo da morte e suas representações socioculturais, simbólicas e espaciais**. Rondônia, Revista Varia Scientia v. 06, n. 12, p. 159-169.

Laks D, Longhi F, Neto AC. O estudante de medicina frente à morte. Ver Med PUCRS 1999: pag 223-229.

PESSINI Leo. Distanásia: Até quando prolongar a vida? São Paulo: Centro Universitário São Camilo / Loyola; 2001.

QUINTANA AM, Colaboradores e. O preparo para Lidar com a Morte na Formação do Profissional de Medicina. Revista Brasileira de Educação Médica 2002; 26(3): 204-210.

SCHLUMBERGE EXCELLENCE IN EDUCATION DEVELOPMENT (SEED), **História da Medicina, Do Século XX em Diante**: Drogas para Tratar Doenças. Disponível em < http://www.planetseed.com/pt-br/relatedarticle/do-seculo-xx-em-diante-drogas-para-tratar-doencas> acesso em 21/04/2015.

ZAIDHAFT S. **Morte e formação Médica**. 1 ed. Rio de janeiro: Francisco Alves editora; 1990.

Capítulo 13
Aspectos de Aplicabilidade

Raquel Veggi Moreira

Mestranda em Cognição e Linguagem da UENF.

Pós-graduanda em Planejamento, Implementação e Gestão de Educação à Distância, UFF. Graduada em Direito. Especialista em Direito Civil e em Assessoria Empresarial.

Gestora Administrativa. Advogada OAB/MG.

> *Morte boa, aquela resultante de uma combinação de princípios morais, religiosos e terapêuticos. Não basta uma boa Medicina para garantir a boa morte, é preciso um cuidado respeitoso com as crenças e valores que definem o sentido da vida e da existência para que se garanta a experiência de uma boa morte para uma pessoa doente* (DÉBORA DINIZ, 2007).

Levando-se em consideração que o contrário da vida é a morte, entre tantas incertezas de todos os seres humanos, a única certeza é de que um dia se vai morrer, mas, efetivamente, não sabe o que significa o morrer ou a morte. Nem sempre a morte ou o morrer é uma escolha. É um processo, geralmente, longo, ou seja, é uma imposição da própria existência humana, que envolve uma série de aspectos, tais como:

cultura, religião, personalidade, entre outros aspectos.E, nesse cenário de vida e morte, quem tem poder de decisão, sobre o morrer e sobre a morte? O indivíduo que agoniza, sofre, sente dor, que está em processo de morte iminente, ou um ente da família, ou o médico que o cuida, paliativamente, ou não? A escolha existe nesta linha tênue entre a vida e a morte? Nesse contexto, será tratado neste capítulo sobre os aspectos da aplicabilidade da Ortotanásia.

13.1 Aspectos Autorizadores da Prática da Ortotanásia no Brasil

Talvez, uma das tarefas mais difíceis, se não a mais difícil, é a atitude de escolha a ser tomada diante da morte iminente, seja por um ente da família ou pelo próprio indivíduo doente.

Silva et al. (2014, p. 361) comenta que o período que antecede a morte de um familiar ou pessoa próxima requer reflexões e, de certa forma, impinge sentimentos que afetam a estrutura psicológica, afetiva, social e física de um grupo familiar ou social. Momento em que surgem sentimentos, às vezes, conflituosos e indefinidos, como medo, receio e dúvidas de pessoas que têm que enfrentar situações de algum agravo à saúde de alguém muito próximo, ou pelo próprio doente.A iminência da morte é algo que, dificilmente, se encara com certo equilíbrio. Dilemas infindos surgem, como éticos, morais, religiosos e jurídicos, e, neste último, sabe-se que os médicos têm responsabilidade, embora não se tenha um entendimento unívoco sobre a natureza jurídica da responsabilidade civil médica. Nesse sentido, afirma Marreiro (2013, p. 313) "que nada impede que o médico seja responsabilizado civilmente por desrespeito à autonomia do paciente terminal e o desejo de sua família, por lhes ter proporcionado grande desconforto físico e moral."

A prática da Ortotanásia não se configura qualquer tipo penal. Isso por que a finalidade do médico que interrompe o tratamento terapêutico, por consentimento do paciente ou da família ou por uma decisão médica, é reduzir o sofrimento do doente sem nenhuma chance de cura. No caso do paciente em estado terminal, há o respeito a sua autodeterminação, expressão de sua vontade, um direito de escolha, que objetiva privilegiar a liberdade; é o direito de autogovernar-se. Bitencourt(2010, p. 44-45) ressalta que, em alguns diplomas estrangeiros, a eliminação da vida recebe o *nomen iuris* de "assassinato", cabendo salientar que este não se aplica ao caso da Ortotanásia.

Importante ressaltar que existe uma grande confusão e, como consequência, dificuldade quanto ao entendimento sobre a Ortotanásia, ou melhor, da sua prática, que recai sobre aceitar a morte. É uma discussão interminável sobre os métodos paliativos de prolongamento da vida e/ou a atitude de deixar a doença seguir seu "curso natural."As diferenças entre as práticas da Distanásia, da Eutanásia e da Ortotanásia são, por vezes, ignoradas, o que dificulta a formação de opinião fundamentada, levando à incapacidade de um médico, por exemplo, em reagir e decidir diante de determinada situação. Há de se esclarecer que, a Eutanásia - "o ato de tirar a vida de um ser humano" - é ilegal no Brasil, mas aceita em alguns países, como a Holanda e a Bélgica. Significando "morte na hora certa", na Ortotanásia, "os comportamentos convergem na motivação, na compaixão ao próximo, permitindo uma morte sem dor ou sofrimento." No entanto, há divergências quanto ao momento da conduta - o início do processo mortal, uma vez que a causa do evento morte já se iniciou (LOPES, LIMA e SANTORO, 2011, p. 60-61).

A Constituição brasileira, por seu turno, é signatária de tratados internacionais de proteção dos direitos humanos que tutelam o direito à vida, como a Convenção Americana de Direitos Humanos que protege a vida desde a concepção, conforme seu artigo 4º, inciso I: "toda pessoas tem o direito de que se respeite sua vida (CADH, 1969, p. 4). Esse direito deve ser protegido pela lei e, em geral, desde o momento da concepção. Ninguém pode ser privado da vida arbitrariamente", dentre outros, a Declaração Universal dos Direitos Humanos que traz em seu art. 3º: "toda pessoa tem direito à vida, à liberdade e à segurança pessoal."

No entanto, a proteção constitucional da vida humana não se restringe à vida biológica, pois abrange a proteção à vida digna no seu sentido mais amplo. O respeito à vida digna pressupõe a garantia dos direitos fundamentais relacionados a ela, o que engloba não só os direitos básicos de sobrevivência do ser humano, como também os direitos vinculados ao bem-estar psíquico e social.

O ordenamento jurídico brasileiro protege a vida como um direito fundamental. Contudo, cabe à legislação infraconstitucional, uma vez que não é dela o papel de regulamentar o exercício de direitos.

Nos casos de Ortotanásia, há conduta lícita e resguardada pelo ordenamento jurídico brasileiro. Quando a morte é compreendida como um processo natural e final da vida e não um fracasso, a Ortotanásia é concebida como um procedimento pautado no respeito à morte digna, o que possibilita a humanização do processo morte. Assim, se todo o processo da vida deve ser pautado pelo respeito à dignidade, não há dúvida que o processo de morte também deve ser guiado pelo respeito à dignidade (LOPES, LIMA e SANTORO, 2011, p. 37).

13.2 Caracterização do Estado de Terminalidade da Pessoa

A expectativa de vida da população, de maneira geral, tem aumentado nas últimas duas décadas, talvez impulsionada pelo avanço tecnológico, novos medicamentos, inovadoras técnicas cirúrgicas. Doenças antes tidas como incuráveis, hoje se mostram perfeitamente controláveis, com boa evolução e bons prognósticos. Neste sentido, Cruz e Oliveira (2013, p. 406) assinalam que tais "mudanças foram determinantes para criar o dogma de que sempre deve ser alcançada a cura do paciente ou o prolongamento máximo da vida do indivíduo." Surgem, então, diferentes posicionamentos a respeito do tema, suscitando "dilemas não apenas de ordem jurídica, como de cunho religioso, social e moral" (CFM, 2010, p. 478).

De acordo com o Conselho Federal de Medicina (2010),

> diagnosticada a terminalidade da vida, qualquer terapia extra se afigurará ineficaz. Assim, já não se pode aceitar que o médico deva fazer tudo para salvar a vida do paciente (beneficência), se esta vida não pode ser salva. Desse modo, sendo o quadro irreversível, é melhor - caso assim o paciente e sua família o desejem - não lançar mão de cuidados terapêuticos excessivos (pois ineficazes), que apenas terão o condão de causar agressão ao paciente. Daí é que se pode concluir que, nessa fase, o princípio da não-maleficência assume uma posição privilegiada em relação ao princípio da beneficência - visto que nenhuma medida terapêutica poderá realmente fazer bem ao paciente (CFM, 2010, p. 484).

O Conselho Federal de Medicina (CFM), ainda ressalta que

> a dificuldade em estabelecer a terminalidade não é menor ou maior que outras dificuldades enfrentadas pelos profissionais da medicina, ao diagnosticar uma doença rara ou ao optar por um tratamento em

> lugar de outros, sabendo-se que uma posição não exata poderá trazer consequências distintas para o paciente. Isso porque não existe 100% de certeza na medicina. Assim, desejar que os médicos atuem frente a um doente terminal com absoluta certeza da inevitabilidade da morte não é um argumento válido para recusar a legitimidade da ortotanásia, porque a exigência é incompatível com o próprio exercício da Medicina, que não pode se obrigar a curar o paciente, mas pode comprometer-se a conferir-lhe a maior qualidade de vida possível, diante do seu estado e dos recursos técnicos existentes (CFM, 2010, pp. 485-486).

Nesse sentido, Sanchez y SancheseSeidl (2013, p. 25) dizem que profissionais de saúde, médicos, enfermeiros e bioeticistas "estão interligados por um propósito ético e moral comum, e precisam ser norteados por uma fonte compartilhada de moralidade, com regras fundamentais, princípios e virtudes que definirão uma vida moral consistente com os propósitos das ciências da saúde."

Na verdade, uma tomada de decisão diante da morte iminente, por parte, principalmente, dos médicos é algo inimaginável. É uma decisão muitas vezes solitária e embaraçosa, pois, dizer à família que aquela pessoa está em situação de terminalidade ou ao paciente, quando lúcido, não é tarefa fácil. Não é algo matematicamente perfeito. Existem as incertezas, os medos e as precauções por parte dos médicos. Nada é assertivo entre vida e morte.

Corroborando com esse entendimento, Mendes,Lustosa e Andrade (2009) dizem que,

> a identificação do paciente terminal na prática, considerado sem esperança de cura terapêutica, ou com morte inevitável, é complexa e não envolve unicamente um raciocínio lógico. Ainda que se tente chegar a identificar este diagnóstico através de uma avaliação crítica, neutra e extinta de preconceitos, a falta de parâmetros definitivos sobre o assunto leva a equipe de saúde a apresentar receio de considerar um paciente como terminal. Isso se deve ao fato de que o limite entre o terminal e o paciente com perspectivas de cura é sempre arbitrário no sentido de não existir uma linha divisória, bem definida, entre ambos (p. 151-173).

Paciente terminal necessita de cuidados médico-hospitalares e, por isso, é retirado de seu convívio familiar e afastado de seu meio. São momentos de muita reflexão e angústia para todos. Nesses casos, em que o tratamento curativo não mais resolve, o paciente tem direito a cuidados paliativos que incluem a busca intensiva pela melhoria da qualidade de vida e promoção de conforto, conseguido através do alívio da dor em sua totalidade (MORITZ, 2009, p. 341-342).

Por outro lado, é sabido que os cuidados paliativos nada mais são do que um prolongamento da vida daquele que está sofrendo, e este sofrimento é extensivo a toda família.

13.3 Pedido ou Consentimento para Aplicabilidade do Procedimento

Nas últimas décadas, as discussões sobre os temas limites como vida-morte têm suscitado discussões que forçam o ressurgir da ética. Em 9 de maio de 2008, o Ministério Público Federal (MPF) ajuizou ação civil pública, contra o CFM (Autos processo nº 2007.34.00.014809-3), questionando a Resolução nº 1.805/2006, "pois, afirma, em síntese, que o CFM não tem poder regulamentador para estabelecer como ética, conduta que é tipificada como crime."

Tal conduta se refere à Ortotanásia. No entanto, o Magistrado reconhece que:

> [...] a ortotanásia não antecipa o momento da morte, mas permite tão-somente a morte em seu tempo natural e sem utilização de recursos extraordinários postos à disposição pelo atual estado da tecnologia, os quais apenas adiam a morte com sofrimento e angústia para o doente e sua família(Autos processo nº 2007.34.00.014809-3).

Tal reconhecimento justifica-se, pois está em tramitação no Congresso Nacional um anteprojeto de reforma da parte especial do Código Penal colocando a eutanásia como homicídio privilegiado e descriminalizando a Ortotanásia. Nesse sentido, o magistrado entendeu que

> se há um projeto de lei propondo descriminalizar a ortotanásia é porque, atualmente, a ortotanásia é crime, logo seria possível que uma norma de deontologia médica fizesse o papel de legislador, pois tal descriminalização deveria passar por um processo legislativo, ou, no mínimo, pela apreciação do Supremo Tribunal Federal por meio de uma Arguição de Descumprimento de Preceito Fundamental (ADPF), que teria a finalidade de suprir a ausência de lei específica (DADALTO, 2013a, p. 135).

Assim, entende-se que tal entendimento se baseia no aparente conflito entre a Resolução 1.805/2006 do CFM e o Código Penal vigente, motivo para suspender a referida Resolução. Entretanto, sob o ponto de vista médico, e de acordo com a exposição de motivos da Resolução 1.805/2006, o CFM entende que:

> [...] torna-se importante que a sociedade tome conhecimento de que certas decisões terapêuticas poderão apenas prolongar o sofrimento do ser humano até o momento de sua morte, sendo imprescindível que médicos, enfermos e familiares, que possuem diferentes interpretações e percepções morais de uma mesma situação, venham a debater sobre a terminalidade humana e sobre o processo do morrer. Torna-se vital que o médico reconheça a importância da necessidade da mudança do enfoque terapêutico diante de um enfermo portador de doença em fase terminal para o qual a Organização Mundial da Saúde preconiza que sejam adotados os cuidados paliativos, ou seja, uma abordagem voltada para a qualidade de vida tanto dos pacientes quanto de seus familiares frente a problemas associados a doença que põem em risco a vida. A atuação busca a prevenção e o alívio do sofrimento, através do reconhecimento precoce, de uma avaliação precisa e criteriosa e do tratamento da dor e de outros sintomas, sejam de natureza física, psicossocial ou espiritual (CFM, 2006, p. 169).

Pelo exposto, entende-se que a Ortotanásia deve ser vista como prática terapêutica, garantidora da dignidade do paciente em estado terminal, de sua autonomia e de seus familiares e não uma conduta criminosa, mesmo porque, por analogia, a manutenção da vida a qualquer custo deve ser encarada como prática de tortura, por prolongar o sofrimento do paciente e de seus familiares e, além disso, a Ortotanásia não está configurada como crime, no Código Penal em seu art. 121: "matar alguém" (ANZILIERO e LOPES NETO, 2007).

Recentemente, em 31 de agosto de 2012, o CFM aprovou a Resolução nº 1.995 dispondo sobre diretivas antecipadas de vontade, no Brasil, e esclareceu que esta resolução respeita a vontade do paciente, conforme o conceito de Ortotanásia, e não possui qualquer relação com a prática de Eutanásia. Este esclarecimento teve como objetivo reafirmar um limite inerente ao instituto: "a impossibilidade de conter disposições contrárias ao ordenamento jurídico do país em que são propostas." Sendo assim, como a Eutanásia é proibida no Brasil e a Ortotanásia é permitida, conforme entendimento do STF advindo do julgamento de mérito da ação civil pública 2.007.34.00.014809, logicamente, a resolução acata tal determinação (DADALTO, 2013b, p. 109).

Quanto aos efeitos jurídicos desta resolução, vale ressaltar que esta não legalizou as diretivas antecipadas da vontade (DAV) no Brasil, pois não possui forma de lei, uma vez que o CFM não tem competência para legislar. Sob o aspecto formal, o CFM, como órgão de classe, também não tem competência para determinar que as DAV sejam, obrigatoriamente, registradas em cartório. No entanto, tal formalidade se faz necessária para garantir ao declarante que sua vontade será seguida. O que significa dizer que a lavratura de escritura pública das DAV garante segurança jurídica (DADALTO, 2013b, p. 140). É importante que se diga que a Resolução nº 1.995/2012 estabelece, entre outras coisas, que o médico registrará, no prontuário, as diretivas antecipadas de vontade que lhes foram diretamente comunicadas pelo paciente, o que parece ir de encontro com o papel que o médico tem nas DVA nos demais países, com a função deste profissional. Por isso, há praticamente um consenso que a função do médico vai muito além de transcrever a vontade do paciente, ou seja, é sua obrigação, como técnico, esclarecer ao declarante quanto aos tratamentos e procedimentos que podem ou não ser recusados. Portanto, entende-se que é imprescindível a orientação do médico da família do declarante para a realização das diretivas antecipadas, e é exatamente isso que garante que o paciente vai manifestar sua vontade no documento, afinal, paciente autônomo é aquele bem informado e esclarecido.

Por fim, é indispensável o aspecto do consentimento do enfermo ou, subsidiariamente, da família, a anuência. Trata-se do consentimento informado (CABRAL, 2011, p. 64). Farias e Rosenvald (2013, p. 214) acrescentam que "o profissional da Medicina tem de atuar em conjunto com o paciente, orientando sem coagir e sem menosprezar a vontade."

É de se destacar a importância da autonomia da vontade como direito fundamental. A Constituição Federal de 1988 traz, em seu texto explícita e implicitamente, todos os direitos fundamentais do ser humano, formando um conjunto de normas especialíssimas. Todos esses direitos considerados direitos mínimos indispensáveis à garantia da dignidade da pessoa humana. Nesse sentido, Alexandre de Moraes citando José Gomes Canotilho explica que:

> A função de direitos de defesa dos cidadãos, sob uma dupla perspectiva: (1) constituem, num plano jurídico-objetivo, normas de competência negativa para os poderes públicos, proibindo funda-

> mentalmente as ingerências destes na esfera jurídica individual; (2) implicam, num plano jurídico-subjetivo, o poder de exercer positivamente direitos fundamentais (liberdade positiva) de exigir omissões dos poderes públicos, de forma a evitar agressões lesivas por parte dos mesmos (liberdades negativas) (MORAES, 2008, p. 30).

Nesse sentido, Pedro Lenza comenta que os direitos fundamentais vêm sendo reconhecidos progressivamente e que estes não podem sofrer restrições pelo ordenamento jurídico, sob pena de promover retrocesso no ordenamento, e diz mais, que tais direitos devem ter eficácia irradiante(LENZA, 2007, p. 699), ou seja, contemplar suas reais finalidades que é a proteção, a autonomia, a liberdade, enfim, todos os direitos inerentes ao ser humano.

Portanto, entende-se que a autonomia da vontade se insere no contexto dos direitos fundamentais, já que a dignidade da pessoa humana se encontra insculpida no art. 1º da Constituição vigente, dando forma à cláusula geral de tutela da personalidade. Seguindo esta linha de raciocínio, Ronald Dworkin comenta que:

> As pessoas que acreditam que se deveria permitir que os pacientes competentes planejassem sua própria morte, com a assistência de médicos dispostos a ajuda-los se assim o desejarem, invocam, frequentemente, o princípio da autonomia. Dizem que é crucial, para o direito das pessoas, que elas possam tomar, por si próprias, decisões fundamentais que lhes permitam pôr fim as suas próprias vidas quando quiserem fazê-lo, ao menos nos casos em que sua decisão não for claramente irracional(DWORKIN, 2003, p. 268).

Sendo assim, o entendimento que se tem é que a decisão de por fim a própria vida é um direito da pessoa. Portanto, tal direito deve ser reconhecido e respeitado, uma vez que, ao ser violado, estar-se-á ferindo os preceitos e os princípios basilares da CF/88 e, por conseguinte, todo o ordenamento jurídico.

Sobre a autonomia do paciente em fim da vida, Luciana Dadalto entende que é preciso questionar se esta está de acordo com o princípio dadignidade da pessoa, ou seja, "se o paciente em fim da vida, antes do diagnóstico de terminalidade, e em razão do direito à vida digna, pode recusar o tratamento" (DADALTO, 2014b, p. 52).

No que tange a esta discussão, Letícia Ludwig Moller, comenta que

> O direito de um doente em estágio terminal (cuja morte é inevitável e iminente), de recusar receber tratamento médico, bem como, o de interrompê-lo, buscando a limitação terapêutica no período final da sua vida, de modo a morrer de uma forma que lhe parece mais digna, de acordo com suas convicções e crenças pessoais no exercício de sua autonomia, encontra-se plenamente amparado e reconhecido pela nossa Constituição(MOLLER, 2007, p. 144).

Sob a perspectiva do Estado Democrático de Direito, é imprescindível que a vida digna seja assegurada, sendo este um direito que será exercido pelo indivíduo autônomo. Pensando assim, Maria de Fátima Freire de Sá diz que a vida não pode ser vista como mais importante do que a liberdade e a dignidade (SÁ, 2005, pp. 36-37). Além disso, trata-se de um conceito aberto, passível de discussão, que deve ser considerado as diferenças de cada indivíduo em relação a sua própria vida. A partir deste princípio, Jünger Habermas diz que no contexto democrático todos devem formar uma concepção pessoal do que seja "boa vida", segundo critérios próprios que não devem ser submetidos à prescrição da maioria (HABERMAS, 2004, p. 52).

De acordo com o entendimento do referido autor, grande parte da sociedade brasileira é pautada em valores religiosos, segundo os quais a vida é valor supremo e apenas Deus tem o direito de cessá-la. Por outro lado, a sociedade no Brasil vive sob o Estado Democrático de Direito, modelo que preserva a pluralidade de projetos de vida e, sob este viés, argumentos morais e religiosos devem ser mitigados do âmbito jurídico (DADALTO, 20113b, p. 53). Até mesmo pela *Encíclica Evangelium Vitae*, o Papa João Paulo II, reconheceu o direito do paciente de não ser submetido às formas de esforços terapêuticos:

> [...] Distinta da eutanásia é a decisão de renunciar ao chamado 'excesso terapêutico', ou seja, a certas intervenções médicas já inadequadas à situação real do doente, porque não proporcionadas aos resultados que se poderiam esperar ou ainda porque demasiado gravosas para ele e para sua família. Nestas situações, quando a morte se anuncia iminente e inevitável, pode-se em consciência 'renunciar a tratamentos que dariam somente o prolongamento precário e penoso da vida, sem, contudo, interromper os cuidados normais devidos ao doente em casos semelhantes' (DADALTO, 2013b, p. 53).

Frisa-se, portanto, a posição manifestada pela Conferência Nacional dos Bispos no Brasil (CNBB), que se baseia na *Encíclica Evangelium*

Vitae, que permite ao doente renunciar ao "excesso terapêutico", quando este não lhe possa trazer mais benefícios(DADALTO, 2013a, p. 357-358).

Sob o ponto de vista religioso, percebe-se que é entendimento do pontificado que a autonomia da vontade do paciente em estado terminal ou em condições irreversíveis deve ser reconhecida e respeitada, coadunando, portanto, com os direitos fundamentais insculpidos na Constituição Federal vigente no país e, por conseguinte, com as diretrizes da Resolução do CFM mencionada. Além disso, vale frisar que a autonomia da pessoa que está em estado terminal deve ser preservada, garantindo ao paciente o direito de manifestar-se (previamente), uma vez que o discernimento é requisito essencial. Além disso, o interesse individual está atrelado ao Estado Democrático de Direito na medida em que busca uma existência digna, garantida pelo princípio da dignidade da pessoa humana, e garante coexistência de todos os projetos de vida, até mesmo do paciente terminal(DADALTO, 2013b, p. 54). Ademais, "ser a morte o final da existência humana, ou melhor, o caminho natural de todos os homens"(SANTORO, 2010, p. 86).

Portanto, entende-se que a morte deve ser respeitada, se for esta a vontade do paciente terminal, uma vez que tem o pleno direito de recusar tratamentos que servirão apenas para o prolongamento doloroso de sua vida, considerando ainda que a vida não é um bem jurídico absoluto.

Concluindo, a Ortotanásia como "boa morte" é um conceito que pode ser entendido como respeito à autonomia da pessoa e pela sua dignidade quando da aproximação da morte, o que seria então, morte iminente. A morte é a única certeza que o ser humano tem. Não se sabe, porém, como e quando. Por outro lado, o como e quando pode ser visto como algo relativo, pois, se um ser humano está em estado terminal, presumidamente, há a possibilidade de o médico prevê a morte daquele doente, uma vez que seu estado é terminal. Abreviar esta vida que se esvai é crime? Pelo estudo ora realizado, entende-se que não, se a conduta for a Ortotanásia, uma vez que não configura crime, ao contrário da Eutanásia. Embora seja uma decisão bastante difícil, tanto para o médico, quanto para a família e para o próprio doente, a prática da Ortotanásia confere ao doente uma "boa morte", ou melhor, uma morte digna, já que a terapêutica em nada adiantará. Não há possibilidade de cura, por menor que seja. Usando as palavras de Anderson Rohe, "uma boa morte" pode mesmo significar a valorização da própria vida. Morrer com dignidade, enfim, significa dar ao paciente incurável a autorização para morrer com nobreza e integridade, longe do fantasma da existência humana degradante. É agir com compaixão"(ROHE, 2004, p. 31).

REFERÊNCIAS

ANZILIERO, Dinéia Largo; LOPES NETO, Antônio dos Reis. Considerações acerca da (i)legalidade da ortotanásia no Brasil. **Revista Jurídica**: Porto Alegre, Ano 55, n. 359, set. 2007.

BITENCOURT, Cezar Roberto. **Tratado de direito penal**. São Paulo: Saraiva. 2010.

BRASIL. **Resolução 1.805/2006** do Conselho Federal de Medicina. Publicada no Diário Oficial da União, em 28 de novembro de 2006, Seção I, p. 169. Brasília, 2006.

BRASIL. **Lei nº 9.882/1999.** Dispõe sobre o processo e julgamento da arguição de descumprimento de preceito fundamental, nos termos do § 1o do art. 102 da Constituição Federal. Brasília, 1999.

Carta EnciclicaEvangelium Vitae. (O Evangelho da Vida). Papa João Paulo II. Vaticano, 1995.

Conselho Federal de Medicina. A ortotanásia na justiça brasileira. **Revista Bioethikos**, 2010, 4(4):476-86. Disponível em: <http://www.saocamilo-sp.br/pdf/bioethikos/80/Bioethikos_476-486_.pdf.> Acesso em: 05 mai. 2015.

CADH - **Convenção Americana Sobre Direitos Humanos** (Pacto de São José da Costa Rica). Adotada e aberta à assinatura na Conferência Especializada Interamericana sobre Direitos Humanos, em San José de Costa Rica, em 22 de novembro de 1969. p. 4.

CABRAL,Hildeliza Lacerda Tinoco Boechat. **Consentimento informado no exercício da Medicina e tutela dos direitos existenciais**. Uma visão interdisciplinar. Itaperuna-RJ: Editora Hoffmann, 2011.

CRUZ, Maria Luiza Monteiro da; OLIVEIRA, Ronaldo Ayer. A licitude civil da prática da ortotanásia por médico em respeito à vontade livre do paciente. **Revista Bioética** (Impr.). 2013; 21(3):405-411. Disponível em: <http://www.scielo.br/pdf/bioet/v21n3/a04v21n3.pdf.> Acesso em: 06 mai. 2015.

DADALTO, Luciana. **Testamento Vital**. Rio de Janeiro: Lumen Juris, 2013a.

DADALTO, Luciana. Reflexos jurídicos da Resolução CFM 1995/2012. **Revista Bioética**, 21 (1), p. 106-112, 2013b.

DWORKIN, Ronald. **Domínio da vida**. São Paulo: Martins Fontes, 2003.

FARIAS, Cristiano Chaves de; ROSENVALD, Nelson. **Curso de Direito Civil**. Vol. 1. Bahia: JusPodivm, 2013.

HABERMAS, Jünger. **O futuro da natureza humana**. São Paulo: Martins Fontes, 2004.

MARREIRO, Cecília Lôbo. Responsabilidade civil do médico na prática da distanásia. **Revista Bioética**, 2013; 21 (2): 308-17. Disponível em: < http://www.scielo.br/pdf/bioet/v21n2/a14v21n2.pdf.> Acesso em: 03 mai. 2015.

MENDES, Juliana Alcaires; LUSTOSA, Maria Alice; ANDRADE, Maria Clara Mello.Paciente terminal, família e equipe de saúde.**Rev. SBPH,** 2009, vol.12, n.1, pp. 151-173.

LENZA, Pedro. **Direito constitucional esquematizado**. São Paulo: Editora Método, 2007.

LOPES, Antônio Carlos; LIMA, Carolina Alves de Souza; SANTORO, Luciano de Freitas. **Eutanásia, ortotanásia e distanásia**. Aspectos médicos e jurídicos. São Paulo: Editora Atheneu, 2011.

MOLLER, Letícia Ludwig. **Direito à morte com dignidade e autonomia**. Curitiba: Juruá, 2007.

MORAES, Alexandre de. **Direito Constitucional**. São Paulo: Atlas, 2008.

MORITZ, Raquel Duarte. A equidade e a não maleficência no cuidado de pacientes críticos terminais. **Rev. Bras. Ter. Intensiva**, v.21, n.4, p.341-2, 2009. Disponível em: <http://www.scielo.br/pdf/rbti/v21n4/v21n4a01.pdf.> Acesso em: 29 abr. 2015.

ROHE, Anderson. **O paciente terminal e o direito de morrer.** Rio de Janeiro: Editora Lumen Juris, 2004.

SÁ, Maria de Fátima Freire de. **Direito de morrer**: eutanásia, suicídio assistido. Belo Horizonte: Del Rey, 2005.

SANTORO, Luciano de Freitas. **Morte digna**: o direito do paciente terminal. Curitiba: Juruá, 2010.

SANCHEZ y SANCHES, Kilda Mara; SEIDL, Eliane Maria Fleury. Ortotanásia: uma decisão frente à terminalidade. **Interface,** vol.17, nº 44, Botucatu Jan./Mar. 2013. Disponível em: <http://www.scielo.br/pdf/icse/v17n44/a03v17n44.pdf.> Acesso em: 07 mai. 2015.

SILVA, José Antônio Corderoda. et al. Distanásia e ortotanásia: práticas médicas sob a visão de um hospital particular. **Revista Bioética**, Vol. 22, nº2, 2014. Disponível em: <http://revistabioetica.cfm.org.br/index.php/revista_bioetica/article/viewArticle/844.> Acesso em: 06 mai. 2015.

Capítulo 14
A Medicina e a Aplicabilidade da Ortotanásia

Ulisses de Barros Ramos
Estudante-pesquisador do 9º Período de Medicina
Monitor de Anatomia Humana II e Doenças Infecto-parasitaria (DIP)
Estagiário do CTI Terciário do Hospital São Jose do Avaí.

"A morte não é a maior perda da vida. A maior perda da vida é o que morre dentro de nós enquanto vivemos".(PICASSO).

14.1 Resolução 1805/2006 do CFM

Para auxiliar os médicos quanto a decisões que devem ser tomadas em relação às doenças crônicas incuráveis, o Conselho Federal de Medicina (CFM) editou a Resolução 1805/06 (Conselho Federal de Medicina, 2006) autoriza médicos a limitarem ou suspenderem procedimentos e tratamentos que prolonguem a vida do doente em fase terminal, de enfermidade grave e incurável, respeitada sempre a vontade da pessoa ou de seu representante legal. Esse documento deverá ter repercussões relevantes nas práticas profissionais em contextos de doentes terminais e do fim da vida. (SILVA, et al., 2014).

A Resolução 1805 chegou a ser suspensa, devido ao fato do Ministério Público (MP) concluir que o CFM não tem competência para legislar sobre matéria do Código Penal. Segundo o MP, a suspensão ou limitação de tratamento seria um abreviamento da vida, característico da eutanásia passiva. Porém, em 2010, o impedimento do MP em relação à prática da ortotanásia foi considerado improcedente pela 14ª Vara Federal, ao argumentar que o CFM tem competência para editar uma norma com esse teor, que não versa sobre direito penal, mas, sim, sobre ética médica e consequências disciplinares. Após esse episódio, sendo o texto substitutivo aprovado, um projeto de lei que regulamenta a ortotanásia já tramita no Congresso Nacional, sob o número 6715/09, pretendendo remover, do Código Penal, a proibição quanto à limitação de tratamento para pacientes portadores de doenças incuráveis e sem possibilidades de cura. (SANCHEZ Y SANCHES; SEIDL, 2013).

Existem estudos que são feitos com médicos e investigam os efeitos da Resolução 1.805/06. Em um artigo que fazia um estudo com cem médicos que trabalhavam em Unidades de Terapia Intensiva em São Paulo, constatou que 49% deles desconheciam a Resolução. Contudo, foi elevado o consenso entre os entrevistados, acerca de que o médico tem a obrigação de esclarecer ao paciente ou seu representante legal sobre as modalidades terapêuticas adequadas para cada situação; e que o paciente deverá receber todos os cuidados necessários para aliviar os sintomas que levam ao sofrimento, sendo assegurado o conforto físico, a assistência integral, psíquico, social e espiritual, inclusive o direito da alta hospitalar, para morrer junto a seus familiares. (VANE; POSSO, 2011).

14.2 Respeito à autonomia da Pessoa nas Disposições do CEM

Em relação a este tema, em nosso país optou-se pelas diretivas antecipadas de vontade (DAV), que embora ainda não sejam lei, têm o respaldo da Resolução 1995/12 do Conselho Federal de Medicina (CFM), que reconhece o direito do paciente manifestar sua vontade sobre tratamentos médicos e designar representante para tal fim, e o dever do médico em cumpri-la. Neste documento consta por escrito, os desejos e valores que devem fundamentar as decisões médicas sobre os tratamentos do paciente (DADALTO; TUPINAMBAÍ, 2013).

No Brasil, o Código de Ética Médica de 1988 deixa claro que o médico não deve abandonar seus pacientes e que a prática da eutanásia, em qualquer caso, é proibida. Então em 2006, o CFM lançou a Resolução CFM 1805, e em 2009, veio a ratificação da ortotanásia como morte digna, sem dor e sofrimento em doenças incuráveis e terminais, o médico evitará a realização de procedimentos diagnósticos e terapêuticos desnecessários e propiciará aos pacientes sob seus cuidados toda a atenção no que se refere à paliatividade. O Código de Ética Médica de 2010 veta a eutanásia como perspectiva para a morte com dignidade. Propõe a ortotanásia em doenças incuráveis e em fases terminais vinculadas à qualidade dos cuidados paliativos oferecidos, apresentando itens sobre terminalidade da vida e cuidados paliativos, ressaltando a importância da relação médico-paciente (CONSELHO FEDERAL DE MEDICINA)

Outro ponto que vale a pena salientar é em relação à distanásia, o Código também se manifesta contra a mesma. Segundo o Código, em casos de doença incurável e terminal, deve o médico proporcionar todos os cuidados paliativos disponíveis sem empreender ações diagnósticas ou terapêuticas inúteis ou obstinadas, levando sempre em consideração a vontade expressa do paciente ou, na sua impossibilidade, a de seu representante legal. (CÓDIGO DE ÉTICA MÉDICA).

Em relação às diretivas antecipadas de vontade, que consideram que o paciente deverá participar ativamente na interrupção de tratamentos aos quais não deseja ser submetido, ainda gera discussão sobre a capacidade do paciente de tomar essas decisões. Em São Paulo, a lei estadual n. 10.241, de 17 de março de 1999, mais conhecida como "Lei Covas", regulamenta o direito de o paciente recusar tratamentos dolorosos e que só oferecem prolongamento penoso da vida. Não se trata de omissão de socorro ou eutanásia, ou até mesmo suicídio, mas sim, de respeito à autonomia e possibilidade de escolha do portador de uma doença incurável e em seu estágio de terminalidade. Contudo, esta lei ainda não é de conhecimento da população em geral e deveria ser divulgada em várias instâncias (CONSELHO FEDERAL DE MEDICINA).

14.3 A Ética Médica e o Compromisso com a morte Digna

Desde o novo Código de Ética Médica brasileiro, em vigor desde abril de 2010, ficou instituída de maneira regimental que o profissional médico, ao não proporcionar a cura de uma doença, deve adotar em seu tratamento todos os cuidados paliativos disponíveis pela ciência médica, além de dispor de todo o seu conhecimento e experiência para cuidar do paciente, pois a morte é invariavelmente parte componente do cotidiano dos profissionais de saúde (BRUGUGNOLLI; GONSAGA; SILVA, 2013).

Na ortotanásia, o paciente que se encontra em estágio terminal é direcionado pelos profissionais de saúde envolvidos para uma morte digna e sem sofrimento, que irá dispensar a utilização de procedimentos invasivos de prolongamento da vida, tais como ventilação artificial, punções venosas profundas entre outros procedimentos. A finalidade primordial é não promover o adiamento da morte, sem, entretanto, provocá-la; é evitar a utilização de métodos que afetem a dignidade humana na finitude da vida (SANTOS; BASSITT, 2011). É importante destacar que a reflexão sobre a legalidade das práticas supracitadas é uma temática de intensa discussão em diversos países, inclusive no Brasil. Diante desse contexto, considerando-se a importância deste tema no campo da Bioética para o meio acadêmico, principalmente a área médica que vai lidar constantemente com situações, nas quais o médico vai estar inserido juntamente com o paciente e os responsáveis legais pela prática ou não da ortotanásia. Assim como para a prática assistencial e de pesquisa no campo da saúde, é importante desenvolver estudos que busquem socializar sua produção científica, visto que são incipientes às publicações que abordem o referido tema (POLETTO; SANTIN\; BETTINELLI, 2013).

14.4 Tratamento Paliativo e o bem estar do Enfermo Terminal

A palavra "paliativo" tem origem do vocábulo latino *pallium*, que tem como significado manta ou coberta. Enquanto que o conceito de cuidados paliativos teve origem no movimento *hospice*, a palavra *hospi-*

ce tem origem no latim *hospes*, significando estranho e depois anfitrião; *hospitalis* significa amigável, ou seja, bem vindo ao estranho, e evolui para o significado de hospitalidade (CARDOSO, 2013).

De acordo com a Organização Mundial de Saúde em 1986, e reafirmados em 2002, os princípios dos programas de cuidados paliativos são: a) promover analgesia e outros sintomas incapacitantes; b) reafirmar a vida e ver a morte como processo normal e natural; c) reconhecer o curso natural da vida à morte; d) integrar aspectos psicossociais e espirituais aos cuidados do paciente; e) oferecer suporte ao paciente para que possa viver tão ativamente quanto possível até a morte; f) oferecer suporte aos familiares durante todo o processo da doença. Deve ser iniciado o quanto antes, juntamente com outros procedimentos, promovendo melhor compreensão e manejo dos sintomas (MACIEL, 2008. p. 15-32)

O tratamento paliativo pretende fazer o bem, no sentido que bem é a promoção da qualidade de vida. Existe uma prática beneficente, para que haja continuidade de cuidados, traduzindo-se na medida em que o trabalho multidisciplinar não se fixe apenas em uma equipe de serviço, mas, sim, em diversas equipes que acompanham o paciente nos seus diversos estádios, promovendo o bem-estar, visando sempre à qualidade de vida deste doente em estágio terminal. Este princípio deve influenciar as decisões da equipe multidisciplinar no que se refere a procedimentos e tratamentos com vista ao alívio dos sintomas como, por exemplo, a sedação paliativa, que é opção de tratamento quando outros procedimentos não são eficazes, ou estão causando efeitos colaterais importantes, chegando a um ponto que não devem ser utilizados. Seu objetivo deve ser informado e esclarecido ao paciente e família: diminuir a consciência do paciente e, assim, trazer alívio a sintomas refratários (KOVACS, 2014).

Considerando a importância dos cuidados paliativos, é de extrema importância discutir sobre o tema, para aprender quais as competências são exigidas, numa sociedade cada vez mais atenta aos fatos. Levando-se em conta a qualidade de vida do paciente terminal, faz-se necessário o diálogo entre os profissionais envolvidos juntamente com a família do doente, para buscar cada vez mais o conforto que todo paciente terminal merece no fim de sua vida (SILVA, et al., 2014).

REFERÊNCIAS

BRUGUGNOLLI, Izabela Dias; GONSAGA, Ricardo Alessandro Teixeira; SILVA, Eduardo Marques da. Ética e cuidados paliativos: o que os médicos sabem sobre o assunto?. **Revista Bioética**, Brasília , v. 21, n. 3, p. 477-485, Dez. 2013.

BRASIL, **Código de Ética Médica.** [Internet].

Disponível: http://www.portalmedico.org.br/resolucoes/CFM/2009/1931_2009.pdf. Acesso 25 abril 2015).

_______. **Conselho Federal de Medicina**. Resolução CFM n. 1246, de 8 de janeiro de 1988. Código de Ética Médica. Disponível:

_______. **Conselho Federal de Medicina**. Resolução CFM n. 1805, de 28 de novembro de 2006. Disponível:http://www.portalmedico.org.br/resolucoes/CFM/2006/1805_2006.htm Acesso 25 abril 2015.

________.**Conselho Federal de Medicina.** Resolução CFM nº 1931, de 24 de setembro de 2009.

________. **Conselho Federal de Medicina**. Resolução CFM nº 1995, de 31 de agosto de 2012. Dispõe sobre as diretivas antecipadas de vontade dos pacientes. [Internet]. (acesso 25 abril 2015).

Disponível:http://www.portalmedico.org.br/resolucoes/CFM/2012/1995_2012.pdf.

CARDOSO, Daniela Habekost et al . Cuidados paliativos na assistência hospitalar: a vivência de uma equipe multiprofissional. **Texto contexto - enfermagem**, Florianópolis , v. 22, n. 4, p. 1134-1141, dez. 2013.

DADALTO L, TUPINAMBAÍ U, Greco DB. Diretivas antecipadas de vontade: um modelo brasileiro. **Revista Bioética**. (Impr.)., v.21, n.3, p.463-76, 2013

KOVACS, Maria Julia. A caminho da morte com dignidade no século XXI. **Revista Bioética**, Brasília , v. 22, n. 1, p. 94-104, abr. 2014.

MACIEL, MGS. Definição e princípios. In: (Oliveira RA). **Cuidado paliativo.** São Paulo: Cremesp; 2008. p. 15-32.

POLETTO, Sadi; SANTIN, Janaína Rigo; BETTINELLI, Luiz Antonio. Vivência da morte de idosos na percepção de um grupo de médicos:

conversas sobre a formação acadêmica. **Revista brasileira educação médica**, Rio de Janeiro , v. 37, n. 2, p. 186-191, jun. 2013.

SANCHEZ Y SANCHES, Kilda Mara; SEIDL, Eliane Maria Fleury. Ortotanásia: uma decisão frente à terminalidade. **Interface (Botucatu)**, Botucatu , v. 17, n. 44, p. 23-34, mar. 2013.

SANTOS, Maria Fernanda Gonçalves dos; BASSITT, Débora Pastore. Terminalidade da vida em terapia intensiva: posicionamento dos familiares sobre ortotanásia. **Revista brasileira terapia intensiva**, São Paulo , v. 23, n. 4, p. 448-454, dez. 2011.

SILVA, José Antônio Cordero da et al . Distanásia e ortotanásia: práticas médicas sob a visão de um hospital particular. **Revista Bioética**, Brasília , v. 22, n. 2, p. 358-366, ago. 2014.

VANE, M.F.; POSSO, I.P. Opinião dos médicos das Unidades de Terapia Intensiva do Complexo Hospital das Clínicas sobre a ortotanásia. **Revista Dor**, v.12, n.1, p.39-45, 2011.

Capítulo 15
Relação Médico-Paciente-Família

Rodrigo da Costa Amil
Médico cirurgia geral e cirurgia hepatobiliopancreatica
Transplantes de fígado
Hospital São José do Avaí
Professor do Curso de Medicina na Universidade Iguaçu - Itaperuna

Aplicarei os regimes para o bem do doente segundo o meu poder e entendimento, nunca para causar dano ou mal a alguém. A ninguém darei por comprazer, nem remédio mortal nem um conselho que induza a perda. Do mesmo modo não darei a nenhuma mulher uma substancia abortiva. (Hipócrates)

15.1 Relação médico-paciente-família na atual perspectiva da Medicina

Nos primórdios das ciências médicas, a Medicina se apresentava de certa forma impotente quanto às diversas doenças, deixando muitas vezes os pacientes e seus familiares diante do fato morte, que era indiscutivelmente inevitável.

Segundo Mônica Silveira Vieira:

> Antigamente, a Medicina frequentemente se mostrava impotente diante de diversas doenças, ficando o paciente e seu parente diante da morte que não podia ser evitada; assim, entendia-se como "boa morte" aquela para a qual o doente se preparava em sua própria casa, contando com o auxílio afeito e religioso dos parentes e amigos (VIEIRA, 2012).

Com o passar do tempo, a Medicina aprimorou-se, os médicos são agora titulares de um conhecimento próprio de sua profissão, além de portadores de um respeitável reconhecimento social, cultural e econômico, tendo em vista que é próprio das ciências médicas protelar o falecimento, contudo, ao mesmo passo, tem-se a morte como o fim natural do ciclo biológico.

Assim, diante da evolução do conhecimento médico, observa-se o crescente número de procedimentos e medicamentos descobertos e prescritos no intuito de transpor a morte. A questão emergente dessa breve análise cinge-se na relação existente entre o médico, o paciente e os familiares deste na perspectiva de proporcionar ou não uma sobrevida ao paciente terminal.

Deste raciocínio compactua Antônio Luiz Bento, ao prelecionar:

> O risco iminente é aquele de transformar o ser humano num objeto e num escravo na evolução moderna da tecnologia. O momento atual é de profundas crises de humanismo e de incertezas no uso da tecnologia, que trouxe, sem dúvida, tantos benefícios, mas também preocupações, sobretudo em nível ético (BENTO, 2008).

Dessa forma, imprescindível é a reflexão acerca da existência de uma interativa relação médico-paciente, pois somente assim haverá possibilidade de todas as informações serem apresentadas, as indicações ou contraindicações a tratamentos inúteis que não trarão quaisquer benefícios, e, o mais importante, a explicação do real quadro clínico do paciente.

Nesse diapasão, Maria Helena Diniz prescreve que:

> (...) a conduta médica deverá ajustar-se às normas éticas e jurídicas e aos princípios norteadores daquelas relações, que requerem uma tomada de decisão no que atina aos procedimentos diagnósticos e terapêuticos a serem adotados. Tais princípios são de beneficência e não maleficência, o do respeito à autonomia e ao consentimento

> livre e esclarecido e o da justiça. Todos eles deverão ser seguidos pelo bom profissional da saúde, para que possa tratar seus pacientes com dignidade, respeitando seus valores, crenças e desejos ao fazer juízos terapêuticos, diagnósticos e prognósticos (DINIZ, 2006).

Sendo a relação médico-paciente e entre aquele e os familiares do enfermo uma relação mais próxima, na qual há a possibilidade de um contato maior um com o outro - com valores e ideias partilháveis -, os procedimentos clínicos e os formalismos não são necessários, ao revés, são prejudiciais para o bom andamento do tratamento, inclusive, para os momentos finais daqueles pacientes já inseridos no processo de morrer. A partir dessa análise, desenvolve-se a ideia dos pacientes terminais, capazes e lúcidos terem o direito à morte digna, além da autonomia para escolherem o momento que desejam findar a vida. E, também, quando à família caberá decidir pelos tratamentos ou apenas pelas terapêuticas paliativas. Tal situação em que os familiares representarão a vontade do paciente que em virtude ou não do tratamento a que se submete ou mesmo por consequência do quadro clínico que não permite ao enfermo manifestar-se.

Neste sentido, o ensinamento de Roxana Borges:

> A concepção de dignidade humana que nós temos liga-se à possibilidade de a pessoa conduzir sua vida e realizar sua personalidade conforme sua própria consciência, desde que não sejam afetados direitos de terceiros. Esse poder de autonomia também alcança os momentos finais da vida da pessoa (BORGES, 2001).

Embora existam atualmente inúmeros tratamentos capazes de proporcionar ao paciente terminal uma sobrevida - o que muitas vezes vem acompanhada de sofrimentos atrozes, desumanos -, através da interativa relação médico-paciente ou médico-familiar, deve-se, em privilégio ao princípio da dignidade da pessoa humana e a autonomia privada, deixar a cargo do paciente ou dos familiares a vontade de submissão aos tratamentos.

Neste sentido é o ensinamento de Raquel Sztajn:

> A conclusão que se segue é que vida é uma espécie de direito cuja tutela se faz pela propriedade e cujo titular é o ser humano capaz, competente, apto a se autodeterminar. Por isso, que respeito ao se-

melhante, á sua dignidade, provas de civilidade e urbanidade, são valores sociais que as normas incorporam (SZTAJN, 2009).

Portanto, não existe uma obrigação de viver, mais sim um direito à vida, mesmo diante de todo o aparato que dispõe a Medicina contemporânea, no intuito de preservar a vida. Conforme ensina Ronald Dworkin,

> [...] A morte domina porque não é apenas o começo do nada, mas o fim de tudo, e o modo como pensamos e falamos sobre a morte - a ênfase que colocamos no "morrer com dignidade" - mostra como é importante que a vida termine apropriadamente, que a morte seja um reflexo do modo como desejamos ter vivido (DWORKIN, 2003).

15.2 Pontuando aspectos vivenciais da experiência do médico nessa relação

A evolução da medicina no ato de tratar os doentes no último século acarretou mudanças na relação médico-paciente. Não existe mais espaço para os semideuses que mal olhavam para os envolvidos e muito menos explicavam o processo saúde e doença.

Como em outras áreas, a informação chega facilmente a todos. Poucos são os totalmente desinformados que procuram auxílio médico. Hoje em dia, é muito comum a pesquisa via internet na busca de detalhes antes do contato com os especialistas. Mas, como lidar com essas situações? Qual seria a melhor maneira de informar a gravidade do processo de doença? Como oferecer o melhor tratamento em prolongar o sofrimento do paciente? São questões que não apresentam um modelo de resposta pronto. Diversos fatores irão influenciar na condução dos casos. A experiência e o resultado de um bom trabalho irão facilitar o percurso ameno do processo saúde e doença na maioria dos pacientes.

Alguns itens básicos são imprescindíveis nesse processo: o primeiro deles é a Experiência. Lidar com doenças que fazem parte do dia a dia de um médico facilita e assegura todas às informações necessárias aos familiares e doentes. A confiança no médico envolvido é o primeiro passo para o sucesso, e isso só se constrói com o tempo.

O segundo, a Atualização: conhecer bem os resultados para os tratamentos e possuir opções e alternativas que possam se aplicar nos casos. Colocam-se familiares e os pacientes num elo de responsabilidade mútua e divide-se a responsabilidade com o médico.

Em seguida, a Segurança: não adianta fazer um diagnóstico e propor um tratamento sem oferecer um mínimo de segurança em todo o processo de doença, seja ele antes, durante ou após a ação médica principal. Isso envolve equipe, ambiente hospitalar e acessibilidade garantida nas intercorrências.

Lidar com doenças crônicas e/ou degenerativas permite ao médico tempo para conhecer melhor as pessoas envolvidas na relação, oferece oportunidade de sentir o que pode ser falado e como explicar cada intercorrência prevista. Doenças oncológicas muitas vezes requerem mais urgência e objetividade na condução. O tempo pode ser inimigo da cura e as conversas necessitam de explicações diretas.

A idade dos pacientes doentes influencia muito a reação dos acompanhantes. Os familiares encaram com mais naturalidade notícias ruins para pacientes idosos. Diante de diversos acompanhantes numa consulta médica, é muito comum observar um indivíduo mais exaltado, questionando duramente. Colocações que testam a capacidade do médico ou mesmo duvidando do diagnóstico ou tratamento. Nesses casos, a conversa sempre deve ser voltada para esses indivíduos mais enérgicos. As respostas devem ser dadas com firmeza, assegurando a integridade e o respeito do paciente e confirmando com o restante da família se esse indivíduo mais exaltado é mesmo alguém muito importante nesse processo médico-paciente-família. Geralmente, essa família traz de casa outros problemas de convívio que não podem ser transferidos para a relação médico-paciente.

Mas, até aonde as informações devem ser passadas aos doentes? Na maioria das vezes, os pacientes irão perceber que se trata de algo mais sério. As idas e vindas aos consultórios e hospital, os exames que não param e as medicações oferecidas indicam sempre algo de errado acontecendo. E isso não pode ser escondido. O grande desafio não é esconder o processo de doença. O desafio maior é conseguir estimular o paciente a não perder a esperança, mesmo que as opções de tratamento sejam poucas. Entretanto, se a melhor opção escolhida for não revelar toda a gravidade ao paciente, tal escolha deverá ser tomada em conjunto com a família. A maior quantidade possível de informação sobre a doença deverá ser esclarecida aos mais próximos na primeira oportunidade, longe do paciente.

Nos casos oncológicos sem chance de cura ou envolvendo tumores agressivos, deve-se trabalhar a cabeça dos pacientes e familiares no sentido de traçar planos para a vida pessoal num curto período de tempo. À medida que esses objetivos são atingidos, novos planos serão traçados sucessivamente. Esses apegos diminuem o sofrimento de pensar que a morte pode estar próxima e estimula uma vida intensa com qualidade enquanto possível.

O momento da piora clínica nunca será fácil. A ideia de que pode estar entrando vivo no hospital pela última vez traz angústia e desespero para pacientes e familiares. Muitas vezes os próprios pacientes estarão tão críticos que não terão condições de perceber esse momento grave. É nessa hora que todo processo de confiança desenvolvido durante o acompanhamento da doença fará diferença. A conduta do médico-assistente será ouvida e respeitada se esse preparo for trabalhado. A vida será valorizada e respeitada segundo os moldes normais da natureza humana.

De antemão, não é fácil ser médico. Lida-se com emoções supremas, interage-se com esperanças, fés, lutos e negações. Existe, na verdade, uma exigência social que demanda uma medicina exercida por deuses, não por humanos.

REFERÊNCIAS

BENTO, Luís Antônio. **Bioética: desafios éticos no debate contemporâneo.** São Paulo: Paulinas, 2008.

BORGES, Roxana Cardoso Brasileiro Borges. Direito de morrer dignamente: eutanásia, ortotanásia, consentimento informado, testamento vital, análise constitucional e penal e direito comparado. In.: SANTOS, Maria Celeste Cordeiro Leite. **Biodireito:** ciência da vida, os novos desafios. São Paulo: Ed. Revista dos Tribunais, 2001.

DWORKIN, R.M. **Domínio da vida.** Aborto, eutanásia e liberdades individuais. São Paulo: Editora Martins Fontes, 2003.

DINIZ, Maria Helena. **O estado atual do biodireito.** 3ª Edição, São Paulo: Ed. Saraiva, 2006.

PESSINI, Leocir; BARCHIFONTAINE, Christian de Paul. Temas atuais de Bioética. São Paulo: Loyola, 2014.

SZTAJN, Rachel. Terminalidade da vida: a ortotanásia e a constitucionalidade da res. CMF 1.805/2006. **Revista de Direito e Internacional,** São Paulo, 2009.

VIEIRA, Mônica Silveira Vieira. **Eutanásia: Humanizando a Visão Jurídica.**1ª Reimpressão, Curitiba: Ed. Juruá, 2012.

Capítulo 16
Adoção de Tratamentos Paliativos

Andréa Rodrigues Von-Held
Médica Oncologista Pediátrica e Paliativista do Hospital São José do Avaí
Professora Adjunta de Pediatria da Universidade Iguaçu

Houve um tempo em que nosso poder perante a Morte era muito pequeno. E, por isso, os homens e as mulheres dedicavam-se a ouvir a sua voz e podiam tornar-se sábios na arte de viver. Hoje, nosso poder aumentou, a Morte foi definida como inimiga a ser derrotada, fomos possuídos pela fantasia onipotente de nos livrarmos de seu toque. Com isso, nós nos tornamos surdos às lições que ela pode nos ensinar. E nos encontramos diante do perigo de que, quanto mais poderosos formos perante ela (inutilmente, porque só podemos adiar...), mais tolos nos tornaremos na arte de viver. E, quando isso acontece, a morte que poderia ser conselheira sábia transforma-se em inimiga que nos devora por detrás. Acho que, para recuperar um pouco da sabedoria de viver, seria preciso que nos tornássemos discípulos e não inimigos da morte. Mas, para isso, seria preciso abrir espaço em nossas vidas para ouvir a sua voz... A morte não é algo que nos espera no fim. É companheira silenciosa que fala com voz branda, sem querer nos aterrorizar, dizendo sempre a verdade e nos convidando à sabedoria de viver. Quem não pensa, não reflete sobre a morte, acaba por esquecer da vida. Morre antes, sem perceber. (Rubem Alves)

16.1 Tratamentos Paliativos: Aspectos Conceituais

Falar da história dos cuidados paliativos é remontar à origem da humanidade e à ligação de saúde e religião. O início genuíno da filosofia *hospice* é diretamente ligado à filosofia do cristianismo. A Bíblia Sagrada oferece diversos exemplos de hospitalidade, como o Bom Samaritano citado por Jesus no Evangelho segundo Lucas. Sem falar que o próprio Jesus Cristo foi o maior e melhor paliativista conhecido e concentrava-se em aliviar todo tipo de sofrimento, seja no âmbito social, físico, espiritual e psicológico.

O vocábulo paliativo deriva de *pallium*, palavra latina que significa capa (manto) e que se constitui uma excelente metáfora para os cuidados paliativos: um manto protetor e acolhedor, que ocultaria o que está subjacente; no caso, os sintomas que emergem da progressão da doença (MELLO, 2009, p. 257-266). Etimologicamente, significa prover um manto para aquecer "aqueles que passam frio", uma vez que não podem mais ser ajudados pela medicina curativa.

A palavra *hospice* tem origem no latim *hospes*, significando estranho ou estrangeiro. Posteriormente, o termo tomou outra conotação: *hospitalis* significa amigável, bem-vindo ao estranho, evoluindo o significado para hospitalidade. O primeiro *hospice* foi fundado na cidade de Lyon, na França, em 1842. Os h*ospices* eram abrigos para peregrinos durante seus percursos, onde eram cuidados os enfermos que estavam morrendo. Em 1967, o *St Cristopher's Hospice* foi criado por *Cicely Saunders,* que revolucionou essa filosofia.

Com esse movimento, começou a ser introduzido um novo conceito de cuidar, e não só curar, focado no paciente até o final de sua vida. Diante desse momento, um novo campo foi criado, o da medicina paliativa, incorporando a essa filosofia equipes de saúde especializadas no controle da dor e no alívio de sintomas. Utilizando-se de uma abordagem multidisciplinar, compreende o paciente, a família e a comunidade. Muitos aspectos desses cuidados são aplicáveis durante todo o curso da doença, visando reduzir o sofrimento, oferecendo cuidado em todos os aspectos, como também aliviar as expectativas e necessidades físicas, psicológicas, sociais e espirituais, integrando os valores culturais, religiosos, crenças e práticas.

16.1.1 O Paciente Terminal

Classificar ou diagnosticar um paciente em estágio terminal significa para o médico uma grande responsabilidade profissional e ética. Por um lado, induz uma mudança radical em suas atitudes e ações terapêuticas, já que o tratamento curativo cede lugar ao paliativo e aos cuidados básicos do doente. Por outro lado, implica obrigação de, efetivamente e na prática, assumir em plenitude o cuidado do enfermo até a sua morte. Algumas condições são necessárias para que o paciente seja classificado como terminal:

1. Ser portador de uma doença ou condição patológica grave, que tenha sido diagnosticada de forma precisa por um médico capacitado;

2. A doença ou condição patológica diagnosticada deve ser de caráter progressivo e irreversível, com prognóstico fatal próximo ou em um prazo relativamente breve;

3. No momento do diagnóstico a doença ou condição patológica não é suscetível a qualquer tratamento conhecido e de eficácia comprovada que permita modificar o prognóstico de morte próxima; ou também, os recursos terapêuticos tenham deixado de ser eficazes.

Há tratamentos disponíveis para doenças graves que podem manter o paciente com vida por muitos anos, mas em algum momento da evolução da doença podem deixar de ser efetivos, transformando-se assim o paciente grave em paciente terminal. Não se deve confundir a doença grave com uma doença de caráter terminal, já que doenças muito graves podem ser reversíveis com os recursos terapêuticos apropriados (TAKITO et al, 2004, p. 23-32).

16.1.2 Cuidados paliativos

A mais recente definição de cuidados paliativos proposta pela Organização Mundial da Saúde (OMS) a entende

> como uma abordagem que visa melhorar a qualidade de vida dos doentes, e das suas famílias, que enfrentam problemas decorrentes de uma doença incurável e com prognóstico limitado, por meio da prevenção e alívio do sofrimento, com recurso à identificação precoce e tratamento rigoroso dos problemas não só físicos, como a dor, mas também dos psicossociais e espirituais (WHO, 2012).

Então, o tratamento paliativo afirma a vida e encara a morte como um processo normal, não adia nem prolonga a morte, integrando os cuidados, proporcionando assim ao doente e a sua família melhor qualidade de vida possível, com alívio da dor e de outros sintomas angustiantes, ajudando a família e cuidadores no processo de luto. Portanto, a medicina paliativa é o ensino e o tratamento de pacientes que tenham um estágio avançado de doença incurável, com limitada expectativa de vida.

16.1.3 Cuidados terminais

Cuidados terminais são uma importante parte dos cuidados paliativos, e usualmente se referem ao manejo ou acompanhamento dos pacientes durante os últimos dias, semanas ou meses de vida, a partir do momento em que se torna claro que o paciente está em progressivo e irreversível estado de declínio físico. (TAKITO et al, 2004, p. 23-32) Os cuidados terminais seguem os princípios dos cuidados da medicina paliativa. A OMS, objetivando padronizar minimamente os princípios na área de cuidados paliativos, estabeleceu nove regras consideradas fundamentais:

> 1. Promover alívio da dor e outros sintomas que causam sofrimento.
>
> Isso exige uma cuidadosa avaliação de cada doente, levando em conta sua história detalhada, exame físico e pesquisas. Os doentes devem ter acesso imediato a toda medicação necessária, incluindo uma gama de opióides e de formulações.
>
> 2. Afirmar a vida e considerar a morte um processo natural.
>
> O que todos partilhamos em comum é a realidade inexorável de nossa morte. Os pacientes que solicitam cuidados paliativos não devem ser vistos como resultantes de falhas médicas. Os cuidados paliativos visam assegurar aos doentes condições que os capacitem e encorajem a viver sua vida de uma forma útil, produtiva e plena, até o momento de sua morte.
>
> 3. Não pretender apressar, nem retardar a morte.
>
> Intervenções de cuidados paliativos não devem ser para abreviar a vida "prematuramente". Da mesma maneira que as tecnologias disponíveis na moderna prática médica não são aplicadas para prolongar a vida de forma não-natural. Os médicos não são obrigados a continuar tratamentos considerados fúteis, da mesma forma que os pacientes podem recusar tratamentos médicos. Em cuidados paliati-

vos, o objetivo é assegurar a melhor qualidade de vida possível; logo, o processo da doença conduz a vida a um final natural, por meio do qual os doentes devem receber conforto físico, emocional e espiritual.

4. Integrar os aspectos psicossociais e espirituais ao cuidado do paciente.

Um nível elevado de cuidado físico é certamente de vital importância, mas não suficiente em si mesmo. A pessoa humana não deve ser reduzida a uma mera entidade biológica.

5. Oferecer sistema de apoio com intuito de ajudar pacientes a viverem

6. ativamente tanto quanto possível até a morte.

É importante ressaltar que o paciente estabelece os objetivos e prioridades. Nesse sentido, o papel do profissional de saúde é capacitar e assistir o paciente em atingir seu objetivo identificado.

7. Oferecer sistema de apoio para ajudar a família a lidar com a doença do paciente e seu próprio luto.

A família é uma unidade de cuidados; para tanto, as questões e dificuldades dos membros da família devem ser identificadas e trabalhadas. O cuidado com o luto se inicia bem antes do momento da morte do doente.

8. Utilizar equipe para abordar as necessidades dos pacientes e seus familiares, incluindo aconselhamento para o luto, se indicado.

Embora a equipe central consista em um médico, enfermeira, assistente social com o fim de prover o cuidado necessário, faz-se necessário contar com a colaboração de uma equipe ainda maior de profissionais da área médica, enfermagem, fisioterapeutas, terapeutas ocupacionais, entre outros. Para que esse grupo trabalhe de forma coesa, é crucial estabelecer e partilhar metas e objetivos comuns, bem como utilizar meios rápidos e efetivos de comunicação.

9. Reforçar e aprimorar a qualidade de vida e, também, influenciar positivamente o curso da doença

A questão da qualidade de vida tem atraído grande interesse de pesquisa nos últimos anos, uma vez que é importante reconhecer que tal fato não é simplesmente uma medida de conforto físico ou de capacidade funcional. Trata-se, antes, de algo que somente pode ser definido pela pessoa doente, e que pode ser alterado significativamente ao longo do tempo.

> 10. Ser aplicável no inicio do curso da doença, em conjunto com outras terapias que prolonguem a vida, e incluir investigações necessárias para o melhor entendimento e abordagem das complicações clínicas que causam sofrimentos (PESSINI; BERTACHINI, 2005, p. 491-509).

Estes cuidados devem ser iniciados precocemente, em conjunto com outros procedimentos, promovendo melhor compreensão e manejo dos sintomas (MACIEL, 2008, p. 15-32). O maior desafio dos cuidados paliativos é integrar-se aos cuidados curativos. Paliar é uma dimensão crítica dos cuidados em saúde, e todos os profissionais de saúde deveriam saber quando eles devem ser adotados. Quando qualquer indivíduo se aproxima dos últimos momentos em uma condição de saúde debilitada, a necessidade de cuidados paliativos aumenta. Neste momento (e após o óbito), assegurar este tipo de atenção propicia um cuidado de qualidade, não importando se oferecido em uma instituição de saúde ou na residência do indivíduo (SILVA; HORTALE, 2006 p. 2055-2066).

16.2 As disposições legais e éticas sobre Tratamentos Paliativos

Na Grécia antiga, acreditava-se que os médicos tinham o poder da cura delegado pelos deuses. Daí tornarem-se semideuses numa sociedade em que as relações sociais eram rigidamente definidas entre os cidadãos e os não cidadãos (escravos e estrangeiros). O que os médicos determinavam deveria ser cumprido sem questionamentos. Séculos depois, Descartes fundamentou o método científico em sólidas bases racionais, deixando de lado os deuses e passando a divinizar a própria ciência médica. A tecnologia passa a ser capaz de prolongar a vida, aumentar o bem-estar da população e, porque não, evitar a morte. Dessa dificuldade em aceitar a morte surgiu a discussão sobre o impasse entre os métodos artificiais de prolongamento da vida e a atitude de deixar a doença seguir seu curso natural. A eutanásia, a distanásia e a ortotanásia são os focos dessa discussão em todo o mundo.

A eutanásia é entendida como uma prática para abreviar a vida, é ilegal no Brasil, mas aceita em alguns países, nos quais não é considerada agressão ao Direito e à moral. A distanásia é conceituada como uma morte difícil ou penosa, usada para indicar o prolongamento do processo da morte, por meio de tratamento que apenas prolonga a vida biológica do paciente, sem qualidade de vida e sem dignidade (FELIX, 2013 p. 2733-2746).

A ortotanásia consubstancia, por fim na atitude médica de conduzir o moribundo a uma morte sem sofrimento, sem o uso de métodos desproporcionais de prolongamento da vida, como respiração artificial e outras medidas invasivas.

Em 28 de novembro de 2006, o Conselho Federal de Medicina (CFM) publicou a Resolução 1.805/06, baseada no art.1°, inciso III, da Constituição Federal, que tem o princípio da dignidade da pessoa humana como um dos fundamentos da República Federativa do Brasil, gerando a concepção que permitiu ao CFM resolver:

> na *fase terminal* de enfermidades graves e incuráveis, é permitido ao médico limitar ou suspender procedimentos e tratamentos que prolonguem a vida do doente, garantindo-lhe os cuidados necessários para aliviar os sintomas que levam ao sofrimento, na perspectiva de uma assistência integral, respeitada a vontade do paciente ou de seu representante legal (CFM, acesso 05/05/2015).

No ano seguinte, atendendo ao pedido liminar do Ministério Público Federal no Distrito Federal (MPF/DF), os efeitos da Resolução CFM 1.805/06 foram suspensos. Em reunião plenária do Conselho Federal de Medicina, ficou consolidada a aplicação do novo Código de Ética Médica (CEM) a partir de 2010, que agora passa a contar com o art. 41, o qual explicita:

> É vedado ao médico abreviar a vida do paciente, ainda que a pedido deste ou de seu representante legal, seguido pelo parágrafo único, que contém: Nos casos de doença incurável e terminal, deve o médico oferecer todos os cuidados paliativos disponíveis sem empreender ações diagnósticas ou terapêuticas inúteis ou obstinadas,levando sempre em consideração a vontade expressa do paciente ou, na sua impossibilidade, a de seu representante legal.

O código ainda apresenta, nos seus princípios fundamentais, os parâmetros da atuação médica na terminalidade, como no Capítulo I, inciso XXII, no qual cita: "Nas situações clínicas irreversíveis e terminais, o médico evitará a realização de procedimentos diagnósticos e terapêuticos desnecessários e propiciará aos pacientes sob sua atenção todos os cuidados paliativos apropriados".

No contexto da atual discussão é muito importante distinguir o direito à morte digna e do direito à decisão sobre a morte. O direito de morrer dignamente está relacionado com o desejo de se ter uma morte natural, humanizada, sem o prolongamento da vida e do sofrimento por meio de tratamento inútil. Já o direito de morrer é sinônimo de eutanásia ou de auxílio a suicídio, intervenções que causam a morte. Atualmente, estando em vigor a liminar do Ministério Público Federal, que suspendeu a Resolução CFM 1.805/06, fica de pé o respaldo ao procedimento em relação a um paciente terminal, corroborado pelo vigente Código de Ética Médica.

O médico não deve agir em seu próprio favor, mas sim em prol do paciente, estando aquele subordinado ao interesse deste. A mesma Resolução garante ao paciente o direito de receber todo o tratamento para aliviar o seu sofrimento, e receber conforto físico, psíquico, social e espiritual. Para nortear essa tomada de decisão, devemos ter em mente alguns princípios bioéticos: a não maleficência, beneficência, autonomia, como também o princípio da justiça.

De acordo com princípio da não maleficência, o profissional de saúde tem o dever de, intencionalmente, não causar mal e/ou danos a seu paciente. Considerado por muitos como o princípio fundamental da tradição hipocrática da ética médica, tem suas raízes em uma máxima que preconiza: "cria o hábito de duas coisas: socorrer (ajudar) ou, ao menos, não causar danos". Este preceito, mais conhecido em sua versão para o latim (*primum non nocere*), é utilizado frequentemente como uma exigência moral da profissão médica. Trata-se, portanto, de um mínimo ético, um dever profissional, que, se não cumprido, coloca o profissional de saúde numa situação de má-prática ou prática negligente da medicina ou das demais profissões da área biomédica.

O princípio da beneficência tem sido associado à excelência profissional desde os tempos da medicina grega, e está expressa no Juramento de Hipócrates: "Usarei o tratamento para ajudar os doentes, de acordo com minha habilidade e julgamento e nunca o utilizarei para prejudicá-los". Beneficência quer dizer fazer o bem. De uma maneira prática, isto significa que temos a obrigação moral de agir para o benefício do outro. Este conceito, quando é utilizado na área de cuidados com a saúde, significa fazer o que é melhor para o paciente, não só do ponto de vista técnico-assistencial, mas também do ponto de vista ético. É usar conhecimentos e habilidades profissionais a serviço do paciente, considerando, na tomada de decisão, a minimização dos riscos e a maximização dos benefícios do procedimento a realizar.

Autonomia é a capacidade de uma pessoa para decidir fazer ou buscar aquilo que julga ser o melhor para si mesma. Já o respeito à autonomia significa ter consciência deste direito da pessoa de possuir um projeto de vida próprio, de ter seus pontos de vista e opiniões, de fazer escolhas autônomas, de agir segundo seus valores e convicções.

O princípio da justiça deve ser entendido como equidade, e está associado preferencialmente às relações entre grupos sociais, preocupando-se com a distribuição de bens e recursos considerados comuns, numa tentativa de igualar as oportunidades de acesso a estes bens (KIPPER, 2002, p. 12-19). Na prática, significa avaliar sempre os riscos e benefícios dos tratamentos, respeitando a vida, o desejo expresso pelo enfermo e utilizar com igualdade os recursos disponíveis.

16.3 Bem- estar do enfermo terminal

Pacientes querem ser tratados como pessoas, e não como doenças, e serem observados como um todo, incluindo-se os aspectos físico, emocional, social e espiritual (OKON, 2005 p. 392-414). Em cuidados paliativos, pergunta-se ao paciente o que ele considera importante realizar nesse momento da vida; a partir de então, trabalha-se com o controle dos sintomas, buscando conferir ao paciente as condições necessárias para as suas realizações nesse momento singular.

O bem-estar físico e emocional, assim como as relações sociais, familiares e de trabalho são extremamente afetados em paciente com dor crônica. (SORAJJAKOOL, 2006, p. 369-378). Emoções negativas como depressão e ansiedade correlacionam-se também com piora na percepção da dor de cada indivíduo (MCWILLIAMS; GOODWIN, 2004, 77-83).

Eric Cassel (1982) define o sofrimento como um estado de estresse grave associado aos eventos que ameaçam a integridade de cada pessoa. Por conta dessa natureza, "sofrimento é uma experiência humana" e ocorre assim que o processo de destruição da pessoa seja percebido, enquanto a ameaça da desintegração persistir ou até que a integridade da pessoa possa ser restaurada de alguma maneira. O sofrimento afeta as pessoas em sua complexidade, podendo ocorrer nas dimensões social, familiar, física, emocional e espiritual (CASSEL, 1982, 639-645).

Outra forma de expressar a natureza do sofrimento humano no final da vida é o conceito definido por "dor total" articulado por Cicely Saunders. (SAUNDERS, 1993), ao descrever quatro domínios da dor, que constituem o conceito da chamada dor total: dor física (e outros sintomas físicos de desconforto), dor emocional (ansiedade, depressão), dor social (medo da separação, sensação de abandono, luto antecipatório) e dor espiritual. Entretanto, é preciso compreender que antes de o paciente em fase final de vida se ajustar às suas necessidades espirituais, ele precisa ter seus desconfortos físicos bem aliviados e controlados. Uma pessoa com dor intensa jamais terá condições de refletir sobre o significado de sua existência, pois o sofrimento físico não aliviado é um fator de ameaça constante à sensação de plenitude desejada pelos pacientes que estão morrendo. Experimentar um processo de morte serena é, antes de tudo, ter a oportunidade de viver em plenitude o último momento. Proporcionar o alcance dessa plenitude é o objetivo primordial dos cuidados paliativos (PERES, et al., 2007, p. 82-87).

O tratamento deve proporcionar ao paciente o apoio psicológico, social, espiritual no plano afetivo, conforto e higiene no plano físico e o tratamento apropriado dos sinais e sintomas que o incomodam no plano terapêutico. É importante considerar os desejos do doente, como por exemplo, onde ele prefere morrer? E isso pode ser garantido? Para esta e outras questões é preciso que o doente esteja envolvido com as decisões relativas ao seu tratamento. E para que haja um envolvimento com seu próprio tratamento é preciso que haja uma boa comunicação com o médico, bem como com a equipe de saúde e a família.

Analisando estas questões, deduz-se que os cuidados paliativos buscam promover a humanização no momento final da vida, através de uma abordagem que proporcione o morrer com dignidade, guiado pelos princípios éticos de respeito a vida humana.

REFERÊNCIAS

BRASIL. **Conselho Federal de Medicina**, Resolução CFM nº 1.805/2006. Disponível: http://www.portalmedico.org.br/php/pesquisa_resolucoes.php Acesso em 05/05/2015.

CASSEL, E.J. - The nature of suffering and the goals of medicine. N Engl J Med. 1982 Mar 18;306(11):639-645

FELIX, Zirleide Carlos et al. **Eutanásia, distanásia e ortotanásia**: revisão integrativa da literatura - Ciência & Saúde Coletiva, 18(9):2733-2746, 2013

KIPPER DJ. (editor) **Uma Introdução à Bioética**. Temas de Pediatria Nestlé, n.73, 2002. p. 12-19

MCWILLIAMS, L.A.; GOODWIN, R.D.; Cox, B.J. - Depression and anxiety associated with three pain conditions: results from a nationally representative sample. Pain 111:77-83, 2004

MACIEL, MGS. Definição e princípios. In: OLIVEIRA, RA. **Cuidado paliativo**. São Paulo: Cremesp; 2008.p. 15-32.

MELLO, AGC. Cuidados paliativos: abordagem contínua e integral. In: SANTOS, FC. **Cuidados paliativos:** discutindo a vida a morte e o morrer. 1.ed. São Paulo: Atheneu, 2009. Cap.18, p. 257-266.

OKON, T.R. - Spiritual, religious, and existential aspects of palliative care. **J Palliat Med** 8(2):392-414, 2005

PERES, M.F.P. et al. A importância da integração da espiritualidade e da religiosidade no manejo da dor e dos cuidados paliativos. **Rev. Psiq. Clín**. 34, supl 1; 82-87, 2007

PESSINI; BERTACHINI. Novas perspectivas em cuidados paliativos: ética, geriatria, gerontologia, comunicação e espiritualidade. **O Mundo da Saúde**, 2005.

SAUNDERS, C.; Sykes, N. **The management of terminal malignant disease**. 3rded. London: Edward Arnold, 1993

SILVA R.C.F.; HORTALE, V.A. **Cad. Saúde Pública,** 2006, vol.22, n.10, pp. 2055-2066.

World Health Organization (WHO) . Expert Committee. Cancer, pain relief and palliative care, Geneve: 2002.

SORAJJAKOOL, S.; THOMPSON, K.M.; Aveling, L.; EARL, A. - Chronic pain, meaning, and spirituality: a qualitative study of the healing process in relation to the role of meaning and spirituality. J Pastoral Care Counsel 60(4):369-378, 2006

TAKITO et al. **Cuidados com o doente terminal**: Considerações técnico-científico, ética e humanitária. Rev. Bras. Oncologia Clínica 2004. Vol. 1. N.º 1 (Jan/Abr) 23-32

Quinta Seção
O Projeto de Iniciação Científica Ortotanásia

Capítulo 17
Importância e Reflexos do Projeto Interdisciplinar de Iniciação Científica no Âmbito Acadêmico e na Sociedade

Luiza Figueiras Bicalho

Fundadora da LIGA de Neurologia Aplicada

Atuou como monitora de Neuroanatomia no curso de medicina de 2011 à 2012

Estágio em Oftalmologia no ano de 2013

Estágio em UTI no ano de 2014

Estágio em Gastroenterologia no ano de 2014

17.1 O Projeto Interdisciplinar

A interdisciplinaridade não é apenas a reorganização metódica de disciplinas e conteúdos em uma planilha curricular, é uma tomada de posição, frente ao problema do conhecimento, por parte das pessoas envolvidas em um projeto educativo que retoma e reconhece a complexidade do dilema da presença do homem no mundo, isto é, dos problemas com os quais nos defrontamos, e propõe soluções para que a humanidade possa se expressar em sua plenitude. A interdisciplinaridade é, portanto, uma atitude epistemológica e pedagógica que incorpora uma nova concepção de: conhecimento; individuo; relação do individuo com a arte que é o conhecimento. Nessa perspectiva, Delizoicov e Zanetic (1993, p. 13). enfatizam que a interdisciplinaridade:

> Respeita a especificidade de cada área do conhecimento, isso é, a fragmentação necessária no diálogo inteligente com o mundo e cuja gênese encontra-se na evolução histórica do desenvolvimento do conhecimento. [...]A interdisciplinaridade pressupõe a colaboração integrada de diferentes especialistas que trazem a sua contribuição para a análise de determinado tema.

A atitude interdisciplinar é compreendida como uma tomada de posição frente a questão do conhecimento por parte de professores, estudantes, pesquisadores e demais pessoas envolvidas em um plano educativo. Não se finaliza na união de conteúdos ou de métodos, nem na união de disciplinas ou criação de novos conteúdos, produto dessas uniões. Uma vez que se trata de encontro entre sujeitos com uma determinada intencionalidade frente ao conhecimento, a parceria é apontada como premissa maior da interdisciplinaridade, já que o educador que a pratica não o faz sozinho, mas dialogando com teóricos, com seus pares, com os estudantes. O diálogo entre formas e tipos variados de conhecimento com os quais não estamos habituados e a interpenetração daí decorrente cria a possibilidade de consolidação da intersubjetividade – a possibilidade de um pensar que venha se completar no outro – e será tanto mais objetiva quando houver a intencionalidade de efetivação de novas, melhores e mais consistentes parcerias. O trabalho interdisciplinar sustentado na parceria é muito mais fruto do encontro de indivíduos parceiros com idéias, pensamentos e disposição para o trabalho do que de disciplinas. A responsabilidade mútua surge como uma característica fundamental dos parceiros em um trabalho interdisciplinar, fruto do envolvimento com o projeto em si, com as pessoas, com as instituições.

17.2 Reflexões no Âmbito Acadêmico

A interdisciplinaridade no campo acadêmico vem sendo discutida por vários autores, principalmente por aqueles que pesquisam as teorias curriculares e as epistemologias pedagógicas. Para estes, a interdisciplinaridade é uma forma de articulação no processo de ensino e de aprendizagem, vista como uma atitude, um novo jeito de repensar a educação, um pressuposto de organização curricular, um fundamento para as opções metodológicas do ensinar e, ainda, um elemento orientador na formação de profissionais no âmbito acadêmico. De modo geral, embora não exista uma definição concreta para o tema, já que o mesmo permanece em constante construção, é perceptível nos estudos, um consenso quanto a finalidade da interdisciplinaridade no âmbito acadêmico, em que corroboram se tratar de uma busca pela desfragmentação dos processos de produção e socialização do conhecimento.

17.3 Efeitos extramuros: Reflexos na Sociedade (importância das discussões acadêmicas para a sociedade)

Mendonça e Silva (2002) afirmam que poucos são os que tem acesso direto aos conhecimentos gerados na universidade e que a iniciação científica com interdisciplinaridade é imprescindível para a democratização do acesso a esses conhecimentos, assim como para o redimensionamento da função social da própria universidade. Ressaltam que uma das principais funções sociais da Universidade é a de contribuir na busca de soluções para os graves problemas sociais da população, formulando políticas públicas participativas e emancipadoras. A disseminação do conhecimento,portanto, pode ser considerada indispensável na formação do estudante, na qualificação do professor e no intercâmbio com a sociedade, implicando em relações multi, inter ou transdisciplinares e interprofissionais.

As comunidades que são beneficiadas perceberam o quanto é importante a elaboração de projetos e a execução do mesmo, por profissionais de áreas específicas e afins para que a proposta tenha maior qualidade. A troca de experiências entre os acadêmicos e a comunidade propicia a melhor compreensão da realidade dos envolvidos nestes eventos, com suas dificuldades específicas. A participação dos estudantes e professores neste programa de iniciação científica propicia a integração entre professores, estudantes, bem como o desempenho do papel social da Universidade junto à comunidade. O contato com as comunidades está sendo muito rico para acadêmicos, professores e sociedade. Os acadêmicos colocam em prática os conhecimentos teóricos adquiridos nos seus respectivos cursos, refletem sobre os problemas socioeconômicos e auxiliar as comunidades carentes a buscarem conhecimento. Desta forma, os reflexos na sociedade são nítidos, sendo observados dês do momento que ocorre esse troca de informações. Os indivíduos beneficiados com o conhecimento proveniente da iniciação científica seguem com uma bagagem ampla e com sede de absorver ainda mais, levando a uma cascata de exteriorização da busca pelo conhecimento que torna uma sociedade ainda mais independente e rica, levando a múltiplos benefícios para toda ela.

REFERÊNCIAS

DELIZOICOV, D.; ZANETIC, J. **A proposta de interdisciplinaridade e seu impacto no ensino municipal de 1° grau.** In: PONTUSCHKA, N. N. Ousadia no diálogo: interdisciplinaridade na escola pública. 3. ed. São Paulo: Loyola, 2001.

KLEIMAN, A. B.; MORAES; S. E. **Leitura e interdisciplinaridade:** tecendo redes nos projetos da escola. Campinas: Mercado das Letras,1999.

LÜCK, H. **Pedagogia interdisciplinar:** fundamentos teórico-metodológicos. 14. ed.Rio de Janeiro: Vozes, 2007.

MENDONÇA, S. G. L.; SILVA, P.S. **Extensão Universitária:** Uma nova relação com a administração pública. Extensão Universitária: ação comunitária em universidades brasileiras. São Paulo, v. 3, p. 29-44, 2002.

Capítulo 18
Objetivos e Justificativa do Pic Ortotanásia

Sabrina Maria Brandi Tinoco
Estudante-pesquisadora do PIC Ortotanásia do 5º Período de Direito
Conciliadora do Juizado Especial Criminal da Comarca de Itaperuna.

Todo o conhecimento que não leva a novas perguntas rapidamente morre: não consegue manter a temperatura necessária para a manutenção da vida (Wislawa Szymborska - The Poet and the World).

18.1 Caracterizações do Projeto

O PIC é um projeto de iniciação científica e multidisciplinar. É realizado entre os acadêmicos do Curso de Medicina e do Curso de Direito, sob orientação da Professora Hildeliza Lacerda Tinoco Boechat Cabral. Aborda temas polêmicos e atuais, visando ampliar o conhecimento dos integrantes e transmiti-los à sociedade, de maneira informal e instrutiva. O tema abordado para este PIC foi a Ortotanásia, tema novo e que traz muitas discussões no âmbito jurídico e médico.

O projeto que teve início em setembro de 2013, conta com treze integrantes, sendo quatro professores e nove acadêmicos. A Professora Hildeliza Boechat é a Coordenadora do Projeto e conta com o apoio dos Professores assistentes, Marlene Germano, Artur Cabral e Leo Chiarelli. Dentre os acadêmicos, temos a participação de Amanda Figueiredo, Ari Neto e Sabrina Tinoco (Curso de Direito), Amauri Chaves, Leandro Machado, Matheus Rodrigues, Rodrigo Pereira e Ulisses Ramos (Curso de Medicina).

A Ortotanásia significa morte digna ou morte na hora certa. Tratase de evitar procedimentos inúteis, que só prolongariam o sofrimento do paciente terminal, fornecendo-lhe apenas os cuidados paliativos necessários para lhe garantir uma morte digna, de forma natural, sem ser adiantada ou adiada (SANTORO, 2012, p. 133).

O trabalho realizado é de suma importância para o desenvolvimento acadêmico e social, pois desperta o conhecimento no pesquisador e visa esclarecer novos temas, contribuindo para a formação de um profissional e cidadão mais crítico.

18.2 Objetivos do PIC Ortotanásia

O PIC Ortotanásia visa informar às pessoas sobre o tema, termo atual, e esclarecer questões ainda controversas, envolvendo Ortotanásia, Eutanásia e Distanásia, cujas distinções geram dúvidas para muitos, que por vezes são provenientes da falta de notícias sobre o assunto. Destarte, o estudo buscou despertar, não só o interesse dos participantes, mas também, o interesse social. Assunto este, delicado, colocando-nos suscetíveis a enfrentar, em algum momento de nossa vida, acompanhados ou não de familiares ou amigos. Dado que a própria Constituição Federal Brasileira assegura a todos os indivíduos, como princípio basilar, uma vida digna, procura-se sensibilizar a sociedade a, antes de criticar, procurar entender os motivos de quem opta pela Ortotanásia, como uma garantia de morte digna, tranquila e que se dá no momento certo.

A proposta é desenvolver o saber e impulsionar a pesquisa. Através do projeto científico, o indivíduo tem a possibilidade de ampliar seu conhecimento, jornadeando por diversas áreas para obter resultados e novas perspectivas. Eis então, a suma importância da interdisciplinaridade. O contato com outras áreas distintas de sua atuação desafia o pesquisador a buscar novas informações, a fim de obter um conhecimento pleno e aplicá-lo ao seu meio. Em um mundo globalizado, onde estamos todos conectados uns com os outros através da tecnologia, não se espera que seja diferente com a ciência, que cada vez mais interliga suas diversas áreas do saber.

Impulsionar o estudante a ser um pesquisador, contribui para sua formação acadêmica e social. O estudante envolvido em projeto de pesquisa adquire maior experiência teórica, habilidade e domínio, se destacando dos demais e tendo vantagem no mercado de trabalho. No que tange ao crescimento social, aquele que se envolve com a pesquisa torna-se um cidadão mais consciente das questões que lhe cercam, mais responsável pelo desenvolvimento da sociedade que compõe e mais sensível a pensar menos como indivíduo e mais como coletividade.

18.3 Atividades Desenvolvidas pelo PIC

O PIC Ortotanásia desenvolveu durante seus dois anos de produção diversas atividades, a fim de divulgar o projeto e ampliar a gama de conhecimento dos acadêmicos envolvidos. Foram realizados seminários, produção e exposição de artigos científicos (dentro da semana acadêmica da universidade), pesquisa de campo, entre outros.

O IV Seminário Interdisciplinar de Direito e de Medicina, com o tema "Distanásia - O que você pensa sobre o excesso terapêutico?" foi um evento organizado e promovido pela Professora Hildeliza Boechat, apresentado pela Profª Marlene Germano, e ocorreu nos dias 4, 5 e 6 de novembro de 2014. Houve um circuito de palestras, que contou com a participação da comunidade acadêmica da Universidade Iguaçu e com a presença de convidados ilustres, expondo assuntos que envolviam o tema. A Prof.ª Hildeliza iniciou os trabalhos fazendo uma breve reflexão sobre a Distanásia e a dignidade do paciente. Dr. Leandro Dutra Peres, Médico Cirurgião Geral do Hospital São José do Avaí, tratou sobre a adoção de cuidados paliativos e a qualidade de vida do paciente terminal. Dr. Filipe Santos Magalhães, Médico Neurologista concursado da Prefeitura Municipal de Campos dos Goytacazes/RJ, abordou a Importância da Neurologia na Consciente Manifestação de Vontade do Paciente Terminal. Na oportunidade foram apresentados os estudantes-pesquisadores e os professores do PIC Ortotanásia.

No segundo círculo de palestras, a Professora Dulce Diniz evidenciou uma breve distinção entre a Distanásia e a Ortotanásia. As agruras do Paciente Terminal em Sucessivas Internações foi o tema da palestra de Marina Sodré Braga, Biomédica que atua no laboratório de análises clínicas da Fundação Cristiano Varella. Abordando o aspecto jurídico sobre o tema, o Promotor Vinícius Bigonha Cancela de Moraes explicitou sobre a Distanásia e a Vedação Constitucional à Tortura.

Finalizando o evento, o momento acadêmico expôs artigos científicos escritos pelos estudantes da universidade.

Ainda em novembro de 2014, foi desenvolvida uma pesquisa de campo nas cidades de Itaperuna, Santo Antônio de Pádua, Laje do Muriaé, Miracema, Bom Jesus do Itabapoana, São José de Ubá, Italva, Natividade, Porciúncula, Varre-Sai, Itaocara, Cambuci e Aperibé. Foram entrevistados 1700 populares, 91 profissionais de Medicina e 143 operadores do Direito, totalizando 1934 (Mil novecentos e setenta) entrevistados. Tal pesquisa teve o objetivo de apurar o nível de conhecimento sobre o tema ortotanásia das pessoas e a opinião das mesmas. Os resultados foram surpreendentes e a participação no trabalho de campo contribuiu, em muito, para o desenvolvimento do estudante como pesquisador e como cidadão, pois a oportunidade de conversar com outros sobre o tema, que muitas vezes é desconhecido, premiou-lhes com uma outra ótica sobre o conhecimento científico e seu envolvimento com as relações sociais.

No dia 14 de março de 2015, os estudantes-pesquisadores, juntamente com os professores colaboradores do PIC, foram à feira de hortifruti granjeiros da cidade de Itaperuna, onde se reuniram para prestar informações e esclarecimentos sobre o tema Ortotanásia. No local foi realizada a pesquisa de campo, como também a aferição da pressão arterial das pessoas que ali se faziam presentes, realizada pelos acadêmicos de Medicina envolvidos no projeto.

Durante a semana acadêmica da UNIG, realizada entre os dias 23 e 27 de março de 2015, os pesquisadores tiveram a oportunidade de apresentar artigos científicos produzidos por eles, abordando a Ortotanásia e temas a ela relacionados, como: A Distanásia, o princípio da dignidade da pessoa humana e da autonomia da vontade e outros.

Figura 1 – Estudantes-pesquisadores e professora Hildeliza na feira de horti-fruti granjeiros

Figura 2 - O acadêmico de Medicina, Leandro, afere a pressão arterial de um popular enquanto dois estudantes-pesquisadores entrevistam uma senhora sobre o tema ortotanásia.

Figura 3 – Estudantes-pesquisadores do PIC Ortotanásia junto com a prof.ª Marlene Germano, prof. Ricardo Peixoto, prof.ª Hildeliza Boechat e o prof. e coordenador do curso de Direito, Leandro Costa, na Semana Acadêmica da UNIG – 2015

Figura 4 - Exposição de artigo científico na Semana Acadêmica da UNIG pelo acadêmico de Direito, Ari Gonçalves.

REFERÊNCIAS

SANTORO, Luciano de Freitas. **Morte digna**: o direito do paciente terminal. Curitiba: Juruá Editora, 2012.

Capítulo 19
Metodologia

João Romário Gomes da Silva
Acadêmico do 7º Período do Curso de Medicina
Atuou como monitor de Anatomia Humana II no curso de medicina de 2013 à 2014
Atuou como monitor de Mecanismos de Agressão das Doenças I no curso de medicina de 2014 à 2015
Atua como monitor de Hematologia no curso de medicina de 2015 à 2016
Membro titular da LIGA acadêmica de Pediatria
Membro titular da LIGA acadêmica de Endocrinologia

E bem pode ser que as pessoas descubram no fascínio do conhecimento uma boa razão para viver, se elas forem sábias o bastante para isto, e puderem suportar a convivência com o erro, o não saber e, sobretudo, se não morrer nelas o permanente encanto com o mistério do universo. Rubem Alves

19.1 Pesquisa Bibliográfica

A busca incessante pelo conhecimento é cada vez mais inerente aos estudantes e profissionais da atualidade. A necessidade do aprimoramento de conhecimentos pré-estabelecidos, juntamente com a atualização de informações que com a tecnologia se faz cada vez mais rápida e prática, torna o estudante-pesquisador e o professor um pesquisador. Neste contexto, Lima (p. 38, 2007) diz: "O conhecimento como elemento fundamental na construção dos destinos da humanidade tem sido cada vez mais evidenciado e propagado no contexto da sociedade atual, na qual o saber encontra-se engendrado pelos processos de globalização e de mercantilização".

A realização da pesquisa inclui o objetivo, o método empregado, a obtenção dos dados, o trabalho de campo e aspectos relevantes ao estudo proposto, embasada na necessidade de obtenção de informações em um viés interdisciplinar, tratando de um tema de profunda relevância para as diversas áreas da ciência.

A metodologia pode ser vista como uma forma de discurso que apresenta o método escolhido como parâmetro para a fomentação da pesquisa. O passo inicial é caracterizado pela escolha de âmbito teórico que será o vinculo de tema e de perspectiva responsável pela forma como o pesquisador irá apreender as condições de interação possíveis entre o tema e a realidade. Significa que existem diferentes modos de entender a perspectiva, como também há diferentes posições metodológicas que direcionam a construção do objeto de estudo, a postura e a dinâmica que envolvem a pesquisa, dando direcionamento aos movimentos empreendidos pelo pesquisador nessa direção (MINAYO,1994). Com embasamentos teóricos sobre metodologia de pesquisa, este estudo toma uma abordagem qualitativa e quantitativa, através do estudo de campo e da realização de questionários aplicado a população de diferentes municípios da região noroeste fluminense e também à profissionais de Direito e de Medicina, e pela analise deste material e de diversos outros, tais como posição dos participantes diante ao tema tratado, para a obtenção dos dados.

A pesquisa emerge de um objetivo. O objetivo traz a tona o problema, possibilitando o pesquisador a busca por informações tornando-o cada vez mais apto a discorrer sobre tal. Portanto, a pesquisa sobre a ortotanásia e reflexões sobre o direito à morte digna buscou, por meio de levantamento de dados em 13 municípios do noroeste fluminense, o conhecimento da população sobre o tema. Evidencia-se, ainda, a importância da realização desse tipo de trabalho para a comunidade acadêmica e a sociedade, bem como do pensamento da classe médica e dos operadores do direito sobre o direito a morte digna.

No caso desta pesquisa, a abordagem qualitativa e quantitativa caminham juntas, por se fazer através de um estudo de campo que envolveu um público leigo no assunto, juntamente com um público que se presume ter um conhecimento prévio sobre tal, traduzindo em número que são minuciosamente descriminados e analisadas em gráficos, como também descritos em toda a obra. Sendo assim, uma vez que os métodos qualitativos e quantitativos envolvem diferentes normas e técnicas, eles são estratégias de pesquisa alternativas, mas não mutuamente excludentes. Sendo possível a coleta de dados qualitativos como quantitativos em um mesmo estudo científico (CABRAL, 2013).

Ressaltando Cabral (p. 79, 2013):

> A principal vantagem da pesquisa bibliográfica reside no fato de permitir ao investigador a cobertura de uma gama de fenômenos muito mais ampla do que aquela que poderia pesquisar diretamente. Que se torna particularmente importante quando o problema de pesquisa requer dados muito dispersos pelo espaço e passo fundamental para o estudo de campo a posteriori.

19.2 Pesquisa de Campo

Ao término da revisão dos estudos bibliográficos, os pesquisadores, acadêmicos de Medicina e de Direito, direcionaram-se para o objeto desta pesquisa, enfatizando o trabalho de campo que se tornaram mais decisivos, caracterizando-se pelas investigações e se realiza pela coleta de dados junto aos profissionais do direito e aos da medicina e aos leigos, que são a população em geral daquela determinada região, com diversos recursos de diferentes tipos de pesquisa e de instrumentos que possam garantir a coleta real e a fidelidade dos dados, tais como questionários, entrevista e observação (FONSECA, 2002).

Em busca do conhecimento sobre a realidade da Ortotanásia, os pesquisadores foram ao encontro do público alvo, a população em geral, os profissionais de Medicina e do Direito, dos treze municípios da Região noroeste Fluminense, Bom Jesus do Itabapoana, Cambuci, Cardoso Moreira, Itaperuna, Santo Antônio de Pádua, Miracema, Itaocara, Porciúncula, Natividade, Italva, Varre-Sai, Laje do Muriaé e São José de Ubá selecionados para a realização da coleta de informações valiosas não só para a comunidade acadêmica, mas da sociedade em geral.

Para a obtenção dos dados, os acadêmicos foram divididos em grupos, sendo cada grupo responsável por determinados municípios, cabendo a cada equipe esclarecer aos pesquisados sobre o tema e a sua importância no meio médico, jurídico e para a sociedade, uma vez que a ortotanásia passa, sobretudo, pela conscientização das pessoas, sem, contudo, tirar a liberdade dos grupos pesquisados, inibir ou orientá-los a optar por qualquer resposta, além de garantir o sigilo e o anonimato de suas posições.

Em evidência ficou a preocupação dos pesquisadores em manter a imparcialidade durante os trabalhos de coleta de dados e externar os agradecimentos aos que estavam contribuindo para a realização da pesquisa no ato de participar oferecendo seu tempo e conhecimento, afinal as ciências sobrevivem com a solidariedade e conscientização entre as pessoas, as que as fazem e as que delas se alimentam, enfim a todas as pessoas.

É de extrema relevância salientar que a pesquisa praticada sem o rigor científico, tem trazido grandes prejuízos para a população em geral, em benefício de uma minoria insensata, o que pode ser constatada com os gráficos apresentados no Capítulo 16 e a objetividade e clareza dos capítulos 17 e 18 com os resultados da pesquisa expressa no tratamento dos dados. Também é imprescindível expor, ainda, que a pesquisa tomada como paradigma da sociedade contemporânea, necessita de caminhos éticos e morais, evidentemente que todo pesquisador se utiliza do conhecimento, porém não deve utilizar-se do mesmo para forjar falsos resultados, nem tão pouco para beneficiar-se dele, mas sim para trazer o bem a todos. A ambição, a falta de apresso para com os princípios morais, a justiça e a equidade são, sem dúvida os desafios da ciência (CABRAL, 2013).

REFERÊNCIAS

LIMA, T. C. S de. Procedimentos metodológicos na construção do conhecimento cientifico: a pesquisa bibliográfica. **Rev. Katál. Florianópolis** v. 10 n. esp. p. 37-45, 2007.

MINAYO, M. C. **Ciência, técnica e arte:** o desafio da Pesquisa Social. Pesquisa social: teoria, método e criatividade. Petrópolis: Vozes, 2001.

CABRAL, H. L. T. B. *et al.* **Breves reflexões no Brasil e o PIC transplantes**. Itaperuna: Damadá, 2013.

FONSECA, J.J. S. **Metodologia da Pesquisa Científica**. Fortaleza: UEC, 2002. Apostila.

Capítulo 20
Apresentação dos Gráficos

Matheus Paulo Rodrigues Dias
Acadêmico do 9º Período de Medicina
Coautor do livro: breves reflexões sobre transplantes no Brasil e o PIC transplantes
Palestrante do III Seminário Interdisciplinar Direito e Medicina

"Pesquisa é curiosidade formalizada. Estar mexendo e estar procurando com um propósito." (Zora Neale Hurston)

Aperibé

Populares:

1. Você sabe o que é ortotanásia?

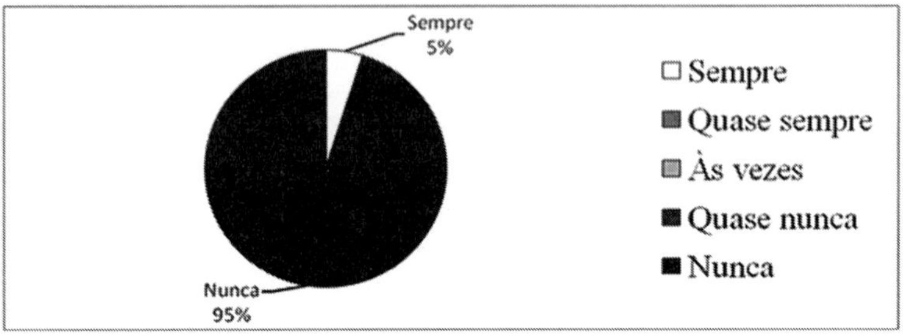

2. Você concorda com a prática da ortotanásia?

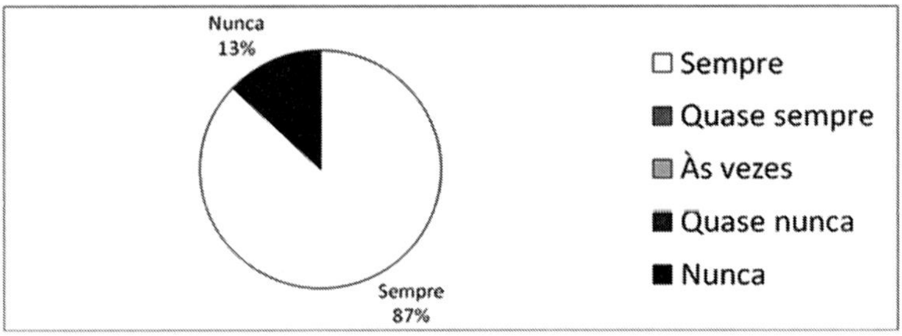

3. Se você se encontrasse em estado terminal e sem chance de cura, você optaria pela ortotanásia?

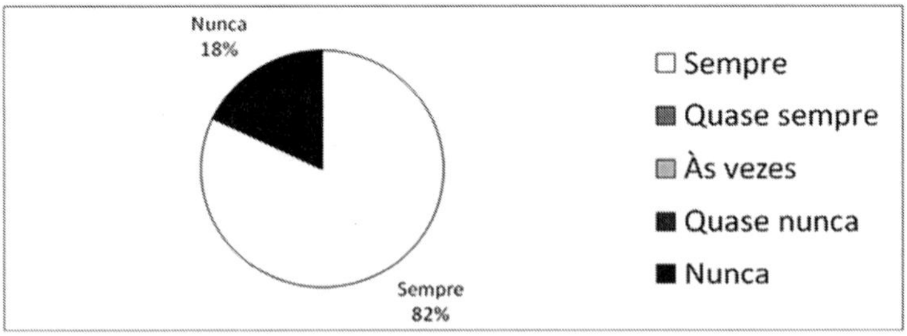

4. Se o paciente terminal não puder manifestar sua vontade, você acha correto que a família da pessoa decida sobre sua morte?

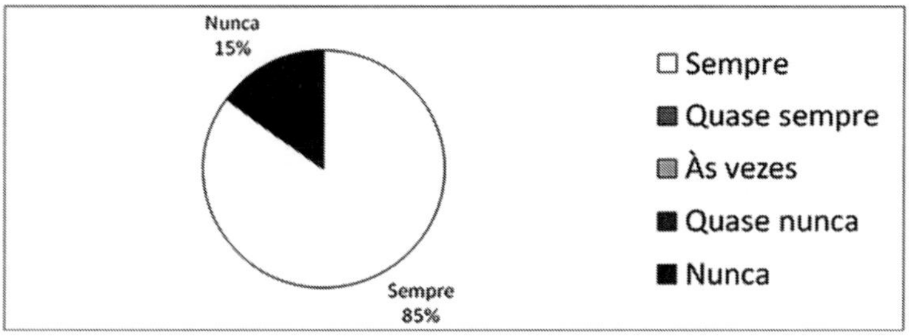

Classe Jurídica:

5. Há conhecimento teórico sobre a ortotanásia?

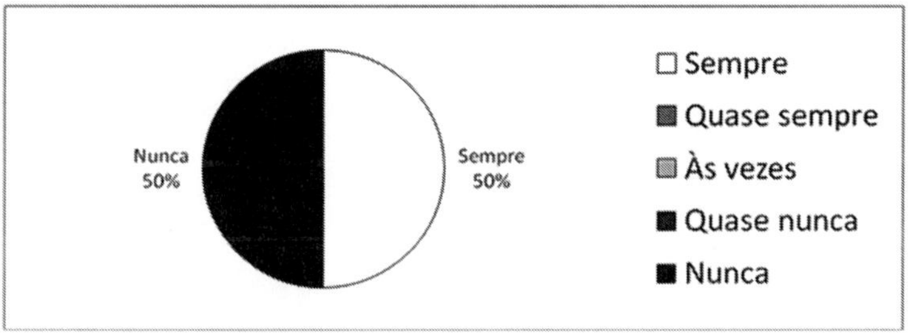

6. Você concorda com a prática da ortotanásia?

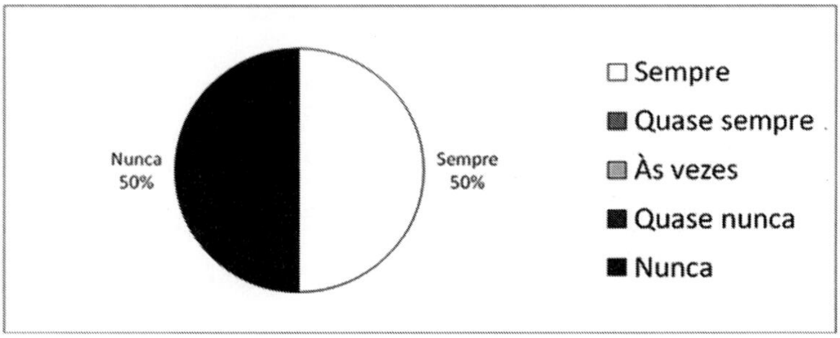

7. A legalização da ortotanásia contribuiria para a efetivação do princípio fundamental da dignidade da pessoa humana?

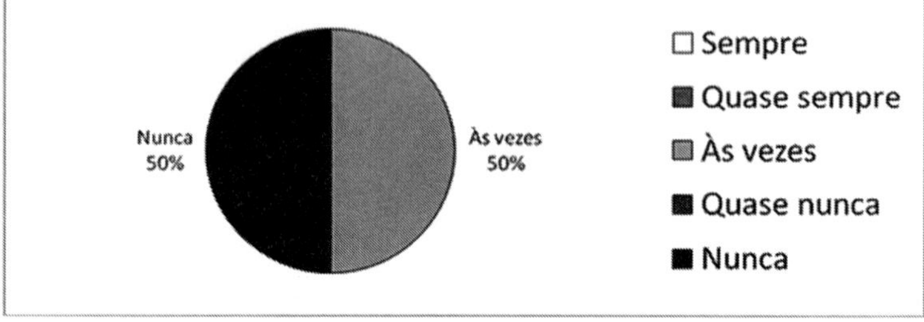

8. Você, como operador do direito, já se deparou com alguma situação em que clientes/jurisdicionados ou seus familiares pretendiam tutelas infinitas somente para retardar a morte? Você acha essa postura correta?

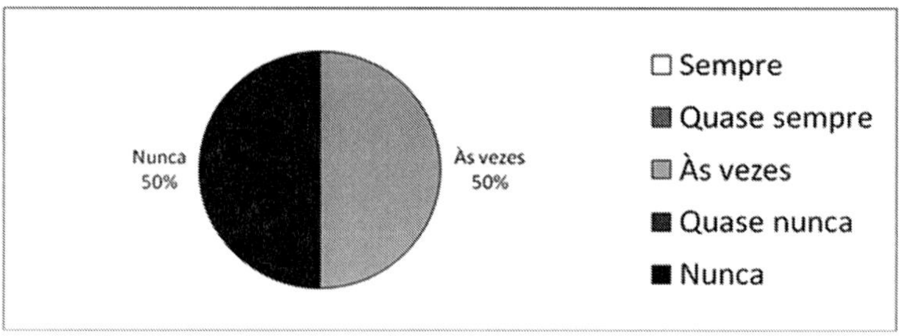

Classe Médica:

9. Há conhecimento teórico sobre a ortotanásia?

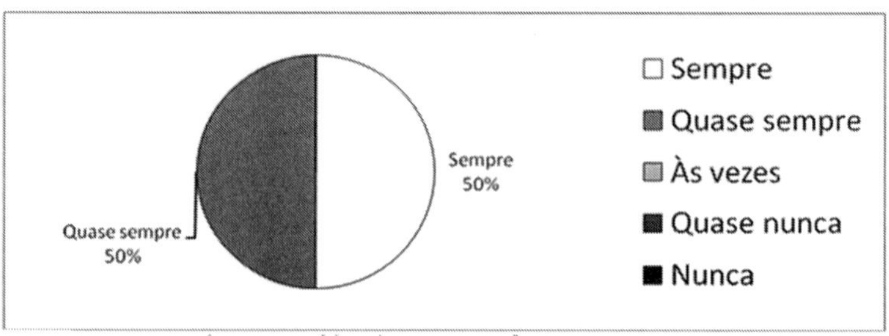

10. Você concorda com a prática da ortotanásia?

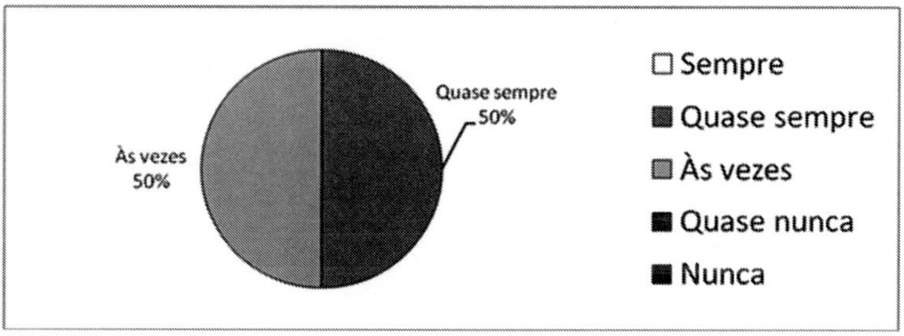

11. A saúde física do paciente é mais importante que sua saúde mental?

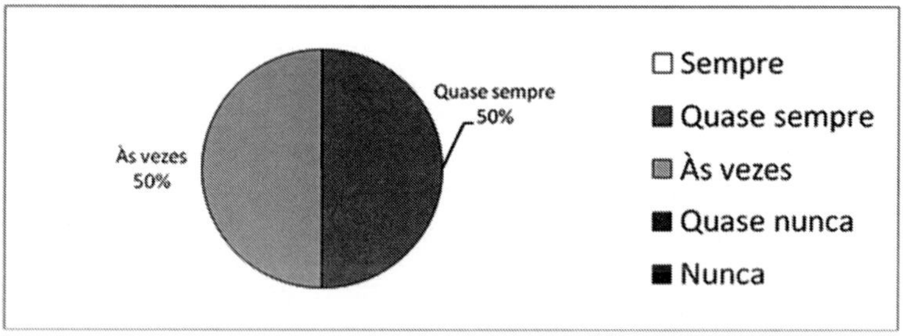

12. Você sugeriria a ortotanásia a um paciente terminal?

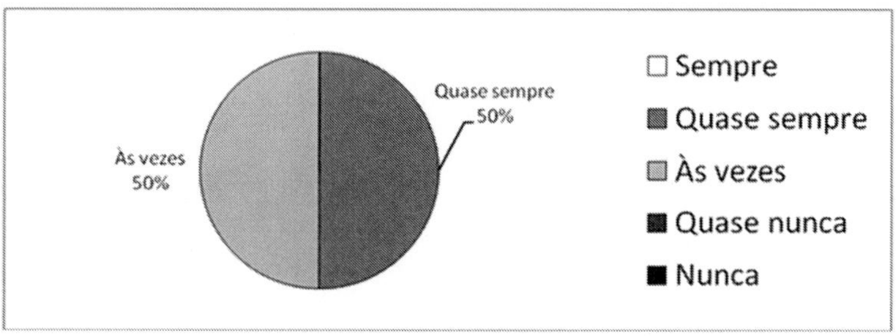

Bom Jesus do Itabapoana

Populares:

13. Você sabe o que é ortotanásia?

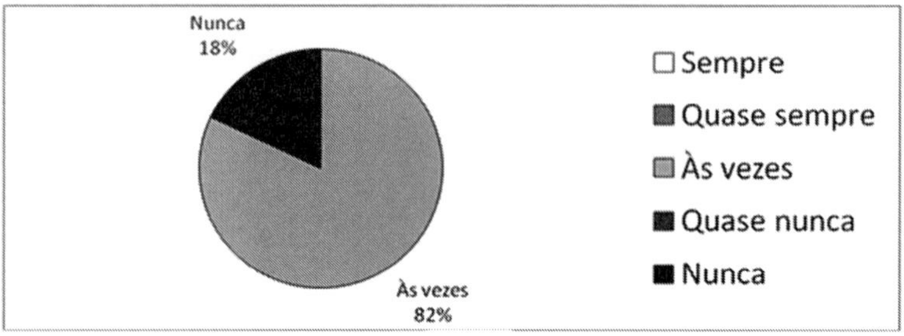

14. Você concorda com a prática da ortotanásia?

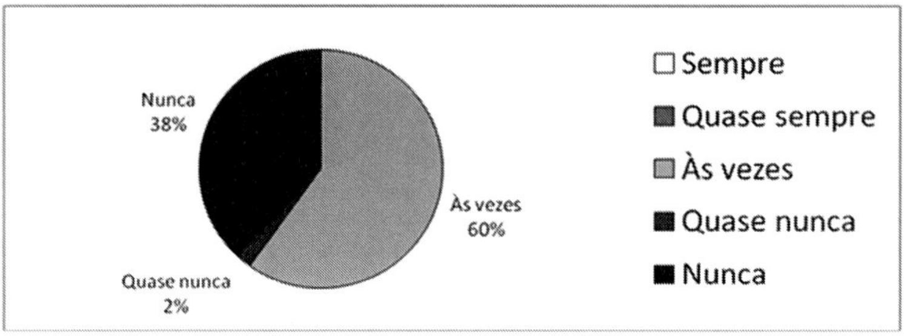

15. Se você se encontrasse em estado terminal e sem chance de cura, você optaria pela ortotanásia?

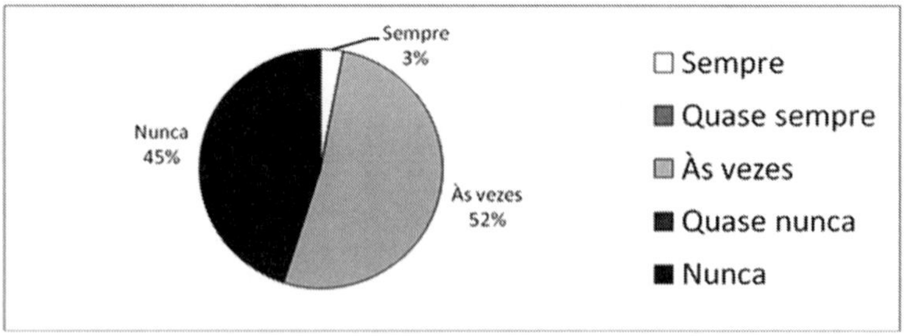

16. Se o paciente terminal não puder manifestar sua vontade, você acha correto que a família da pessoa decida sobre sua morte?

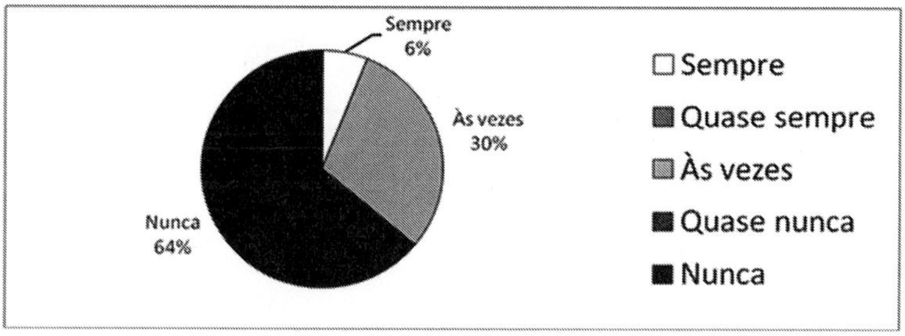

Classe Jurídica:

17. Há conhecimento teórico sobre a ortotanásia?

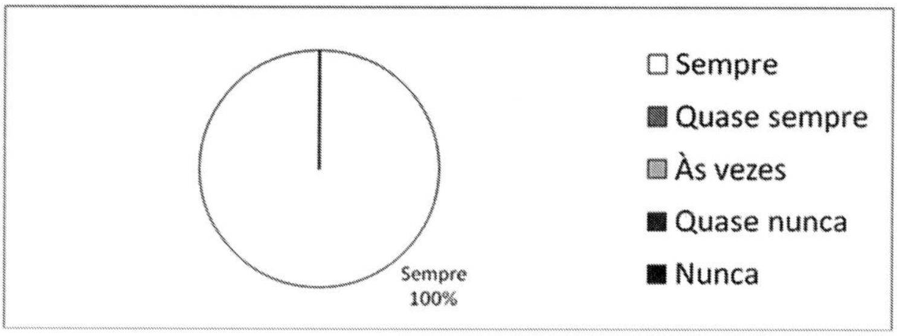

18. Você concorda com a prática da ortotanásia?

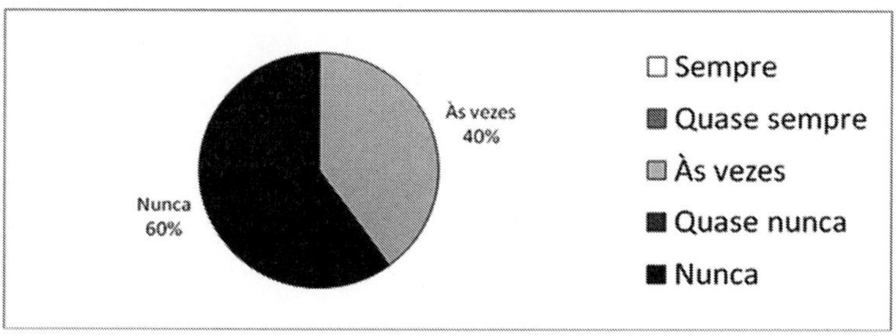

19. A legalização da ortotanásia contribuiria para a efetivação do princípio fundamental da dignidade da pessoa humana?

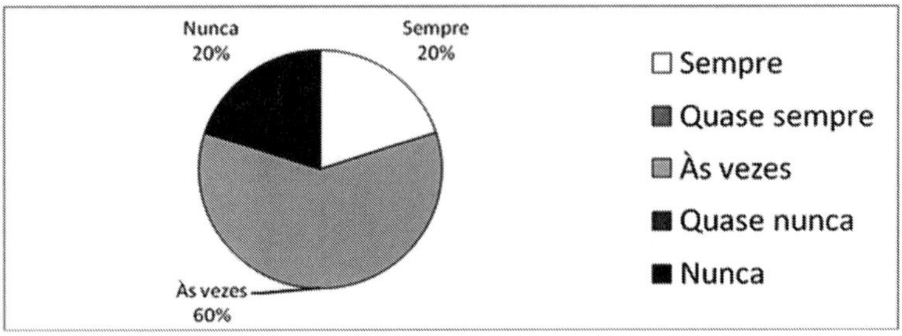

20. Você, como operador do direito, já se deparou com alguma situação em que clientes/jurisdicionados ou seus familiares pretendiam tutelas infinitas somente para retardar a morte? Você acha essa postura correta?

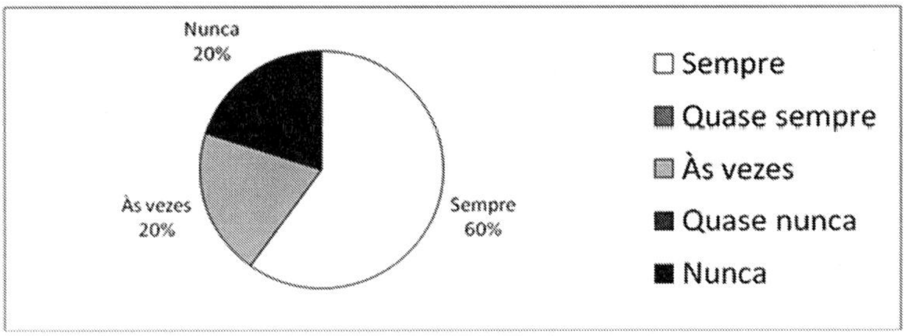

Classe Médica:

21. Há conhecimento teórico sobre a ortotanásia?

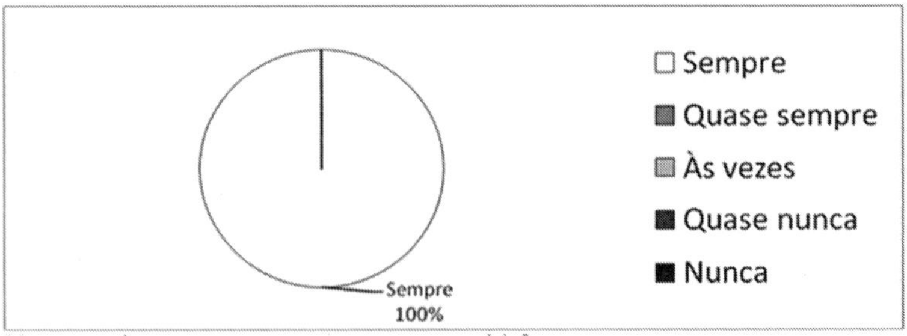

22. Você concorda com a prática da ortotanásia?

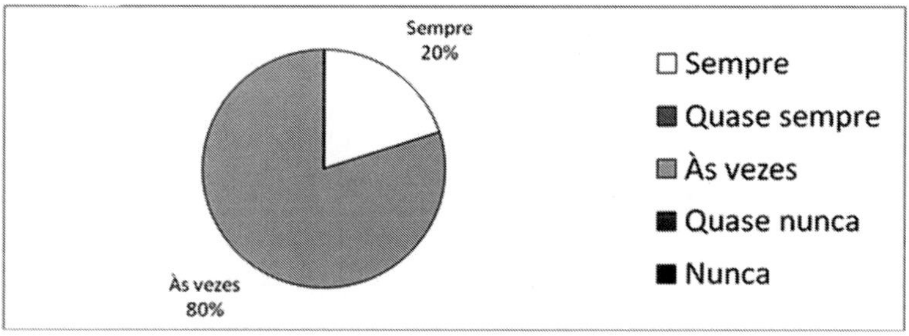

23. A saúde física do paciente é mais importante que sua saúde mental?

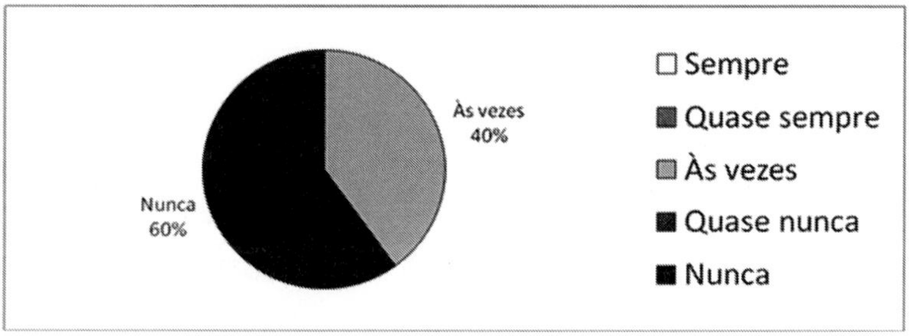

24. Você sugeriria a ortotanásia a um paciente terminal?

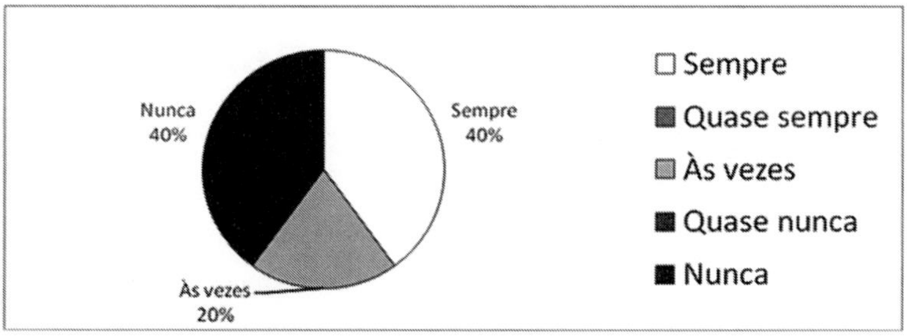

Cambuci

Populares:

25. Você sabe o que é ortotanásia?

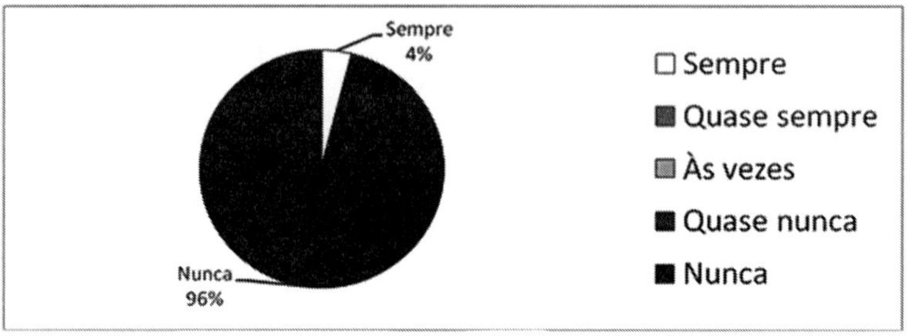

26. Você concorda com a prática da ortotanásia?

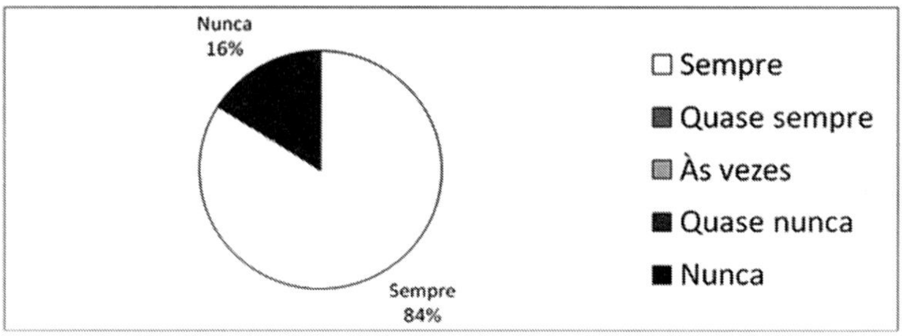

27. Se você se encontrasse em estado terminal e sem chance de cura, você optaria pela ortotanásia?

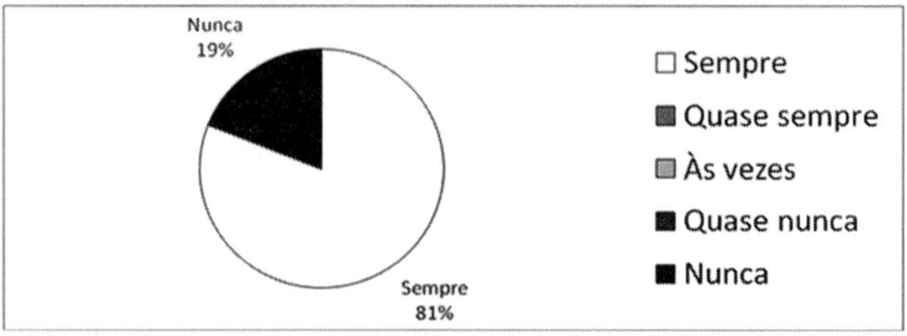

28. Se o paciente terminal não puder manifestar sua vontade, você acha correto que a família da pessoa decida sobre sua morte?

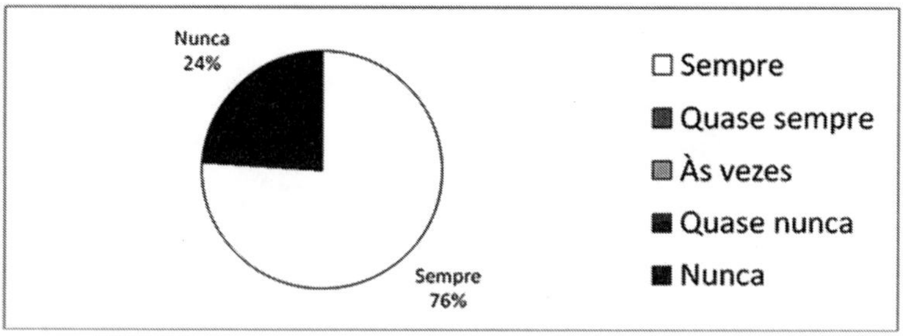

Classe Jurídica:

29. Há conhecimento teórico sobre a ortotanásia?

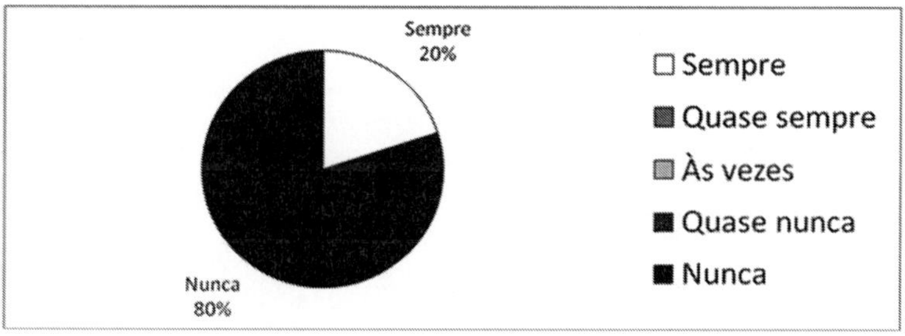

30. Você concorda com a prática da ortotanásia?

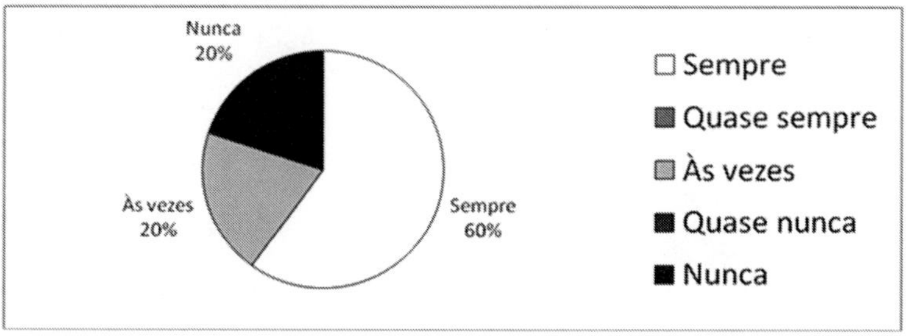

31. A legalização da ortotanásia contribuiria para a efetivação do princípio fundamental da dignidade da pessoa humana?

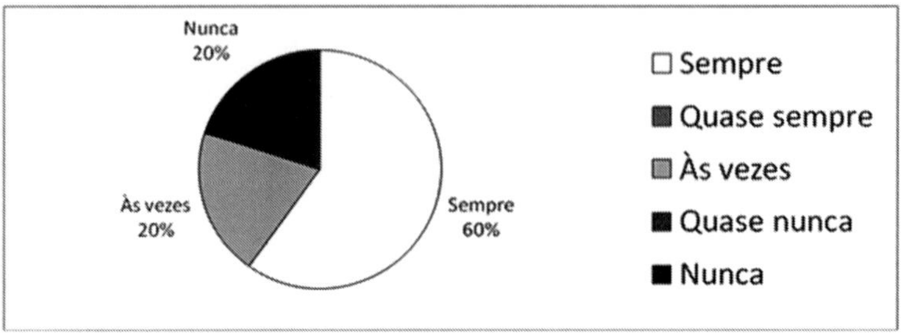

32. Você, como operador do direito, já se deparou com alguma situação em que clientes/jurisdicionados ou seus familiares pretendiam tutelas infinitas somente para retardar a morte? Você acha essa postura correta?

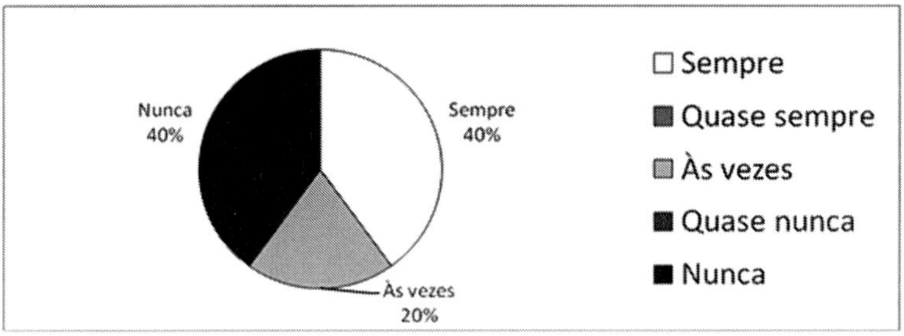

Classe Médica:

33. Há conhecimento teórico sobre a ortotanásia?

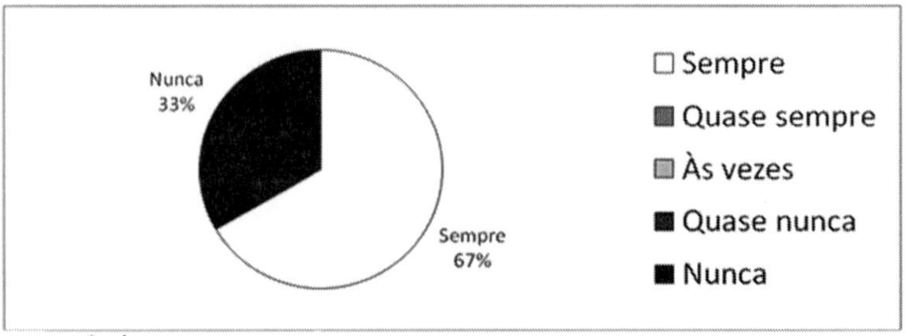

34. Você concorda com a prática da ortotanásia?

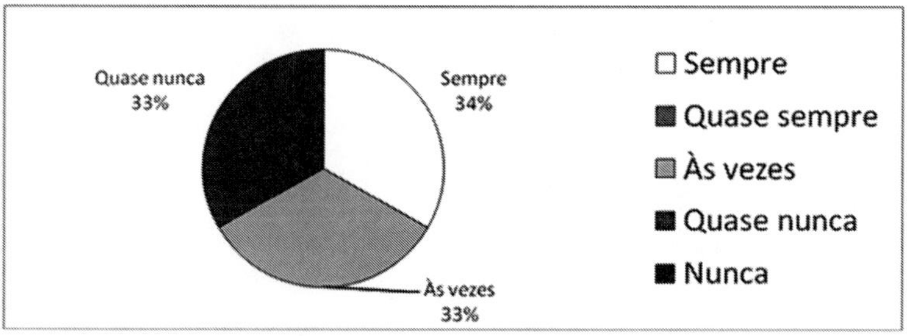

35. A saúde física do paciente é mais importante que sua saúde mental?

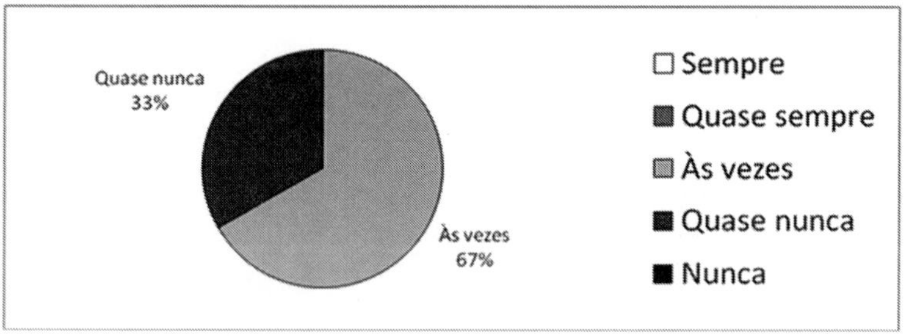

36. Você sugeriria a ortotanásia a um paciente terminal?

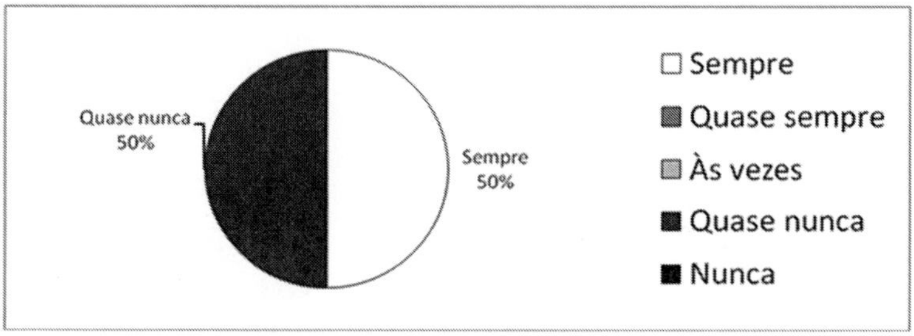

Italva

Populares:

37. Você sabe o que é ortotanásia?

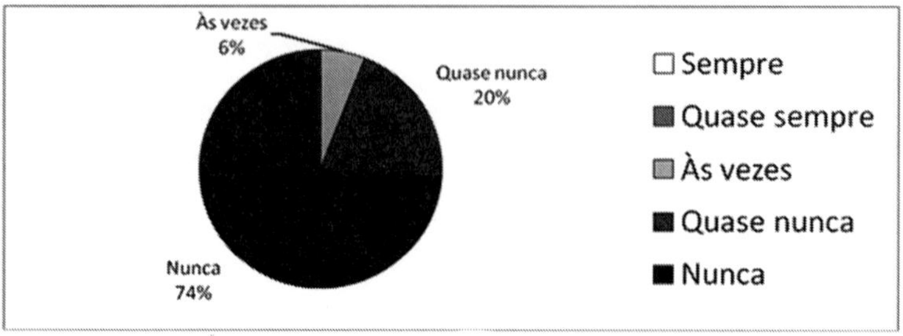

38. Você concorda com a prática da ortotanásia?

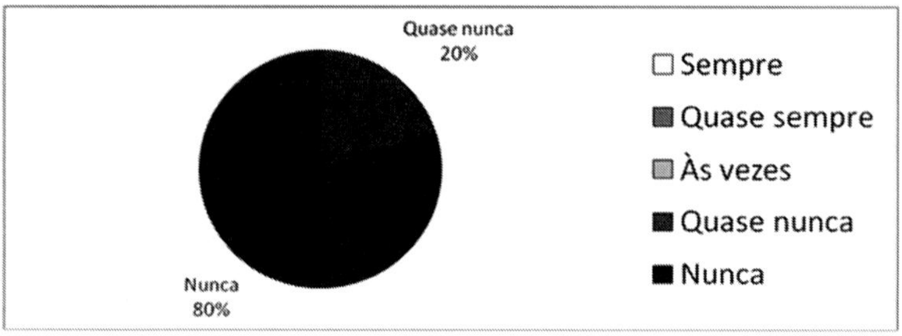

39. Se você se encontrasse em estado terminal e sem chance de cura, você optaria pela ortotanásia?

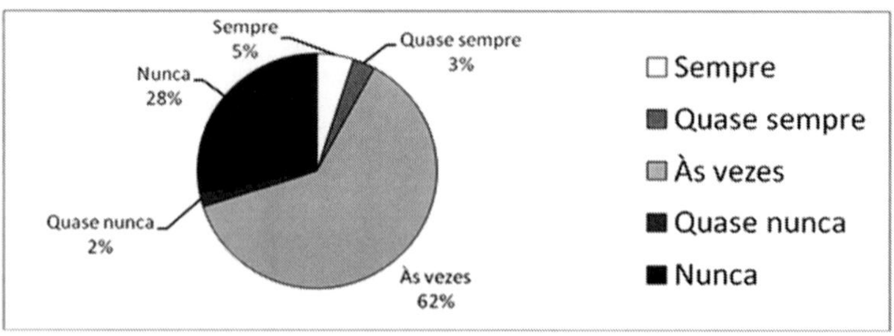

40. Se o paciente terminal não puder manifestar sua vontade, você acha correto que a família da pessoa decida sobre sua morte?

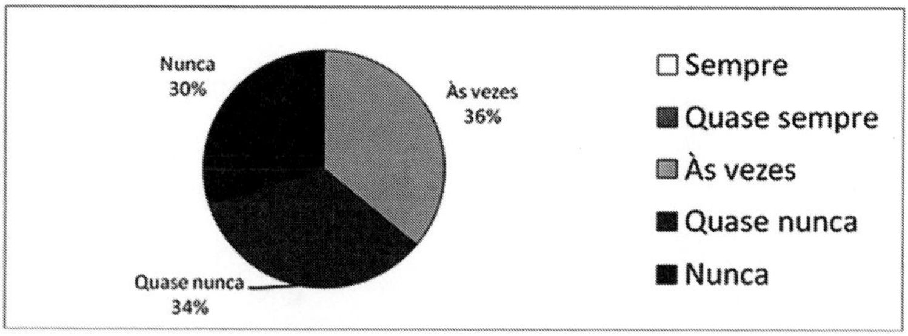

Classe Jurídica:

41. Há conhecimento teórico sobre a ortotanásia?

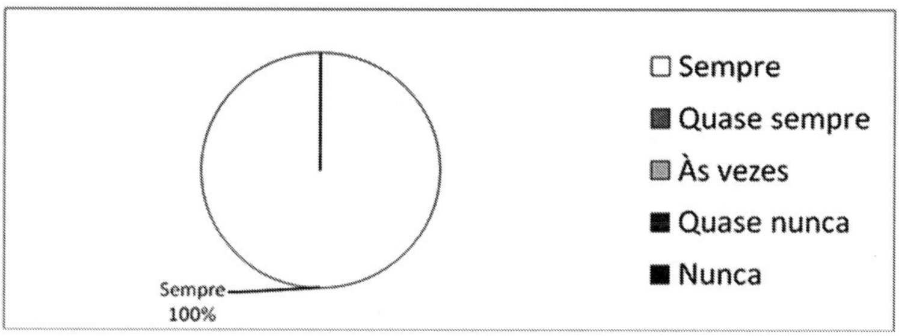

42. Você concorda com a prática da ortotanásia?

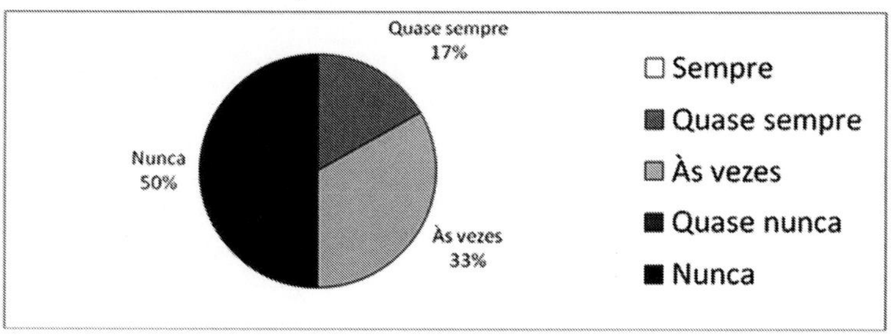

43. A legalização da ortotanásia contribuiria para a efetivação do princípio fundamental da dignidade da pessoa humana?

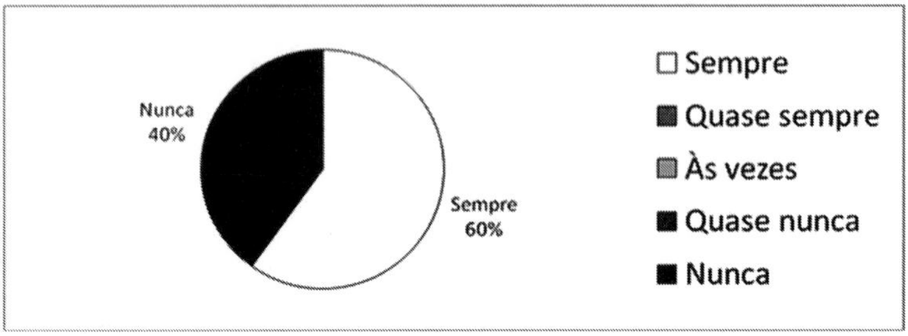

44. Você, como operador do direito, já se deparou com alguma situação em que clientes/jurisdicionados ou seus familiares pretendiam tutelas infinitas somente para retardar a morte? Você acha essa postura correta?

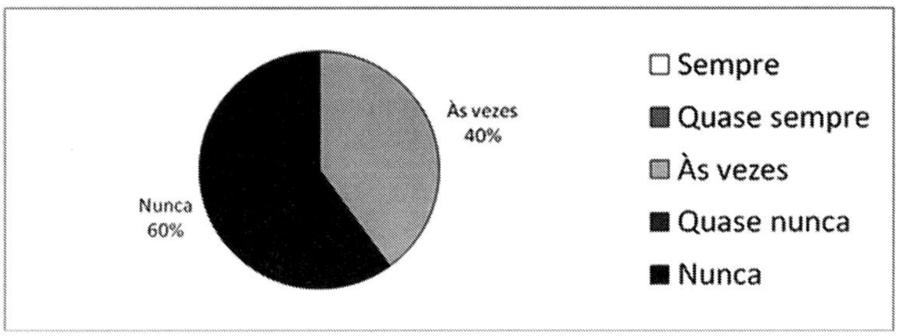

Classe Médica:

45. Há conhecimento teórico sobre a ortotanásia?

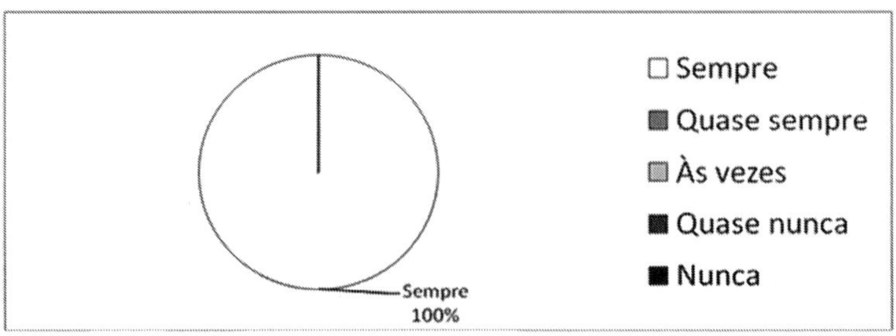

46. Você concorda com a prática da ortotanásia?

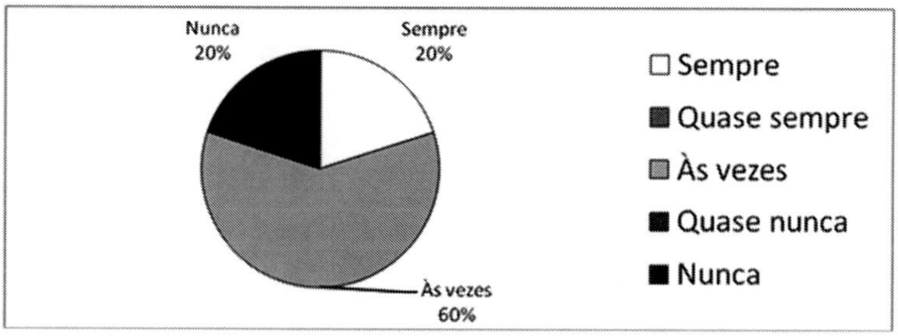

47. A saúde física do paciente é mais importante que sua saúde mental?

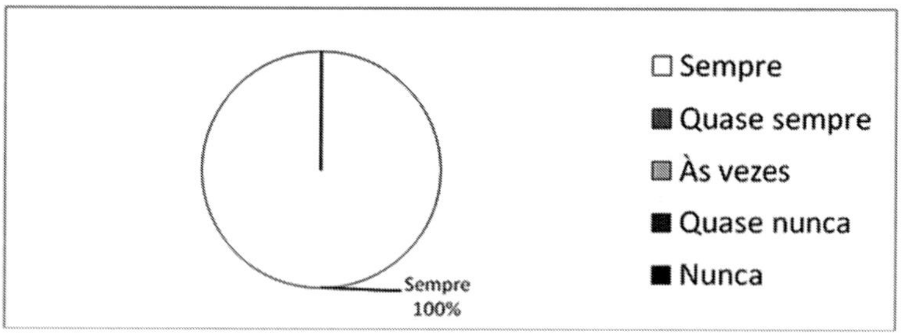

48. Você sugeriria a ortotanásia a um paciente terminal?

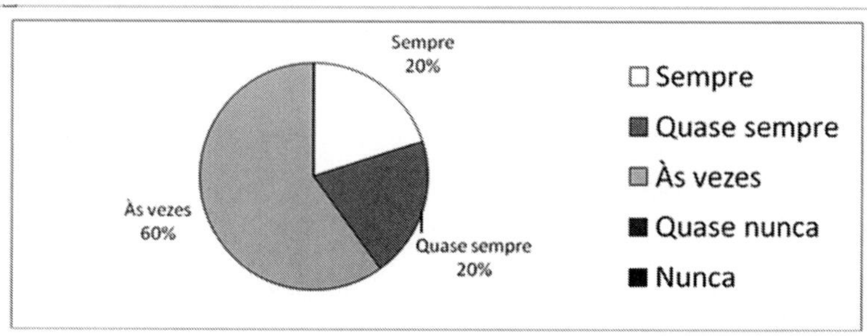

Itaocara

Populares:

49. Você sabe o que é ortotanásia?

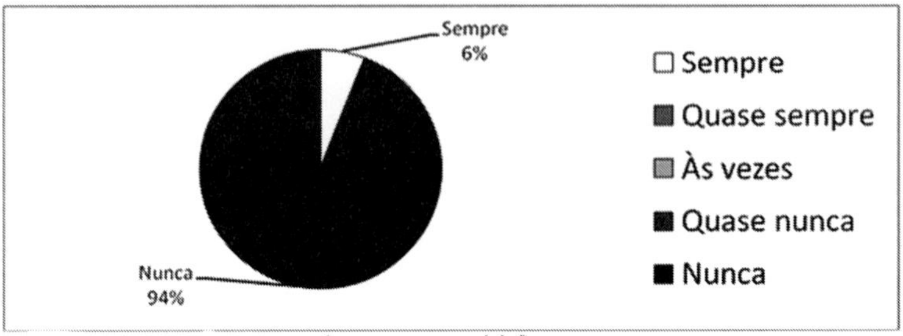

50. Você concorda com a prática da ortotanásia?

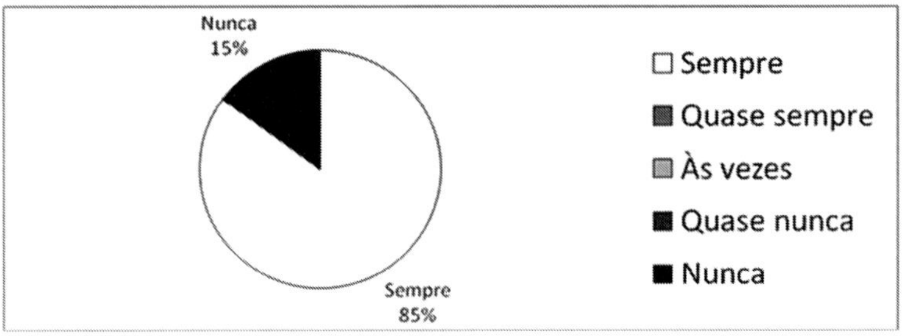

51. Se você se encontrasse em estado terminal e sem chance de cura, você optaria pela ortotanásia?

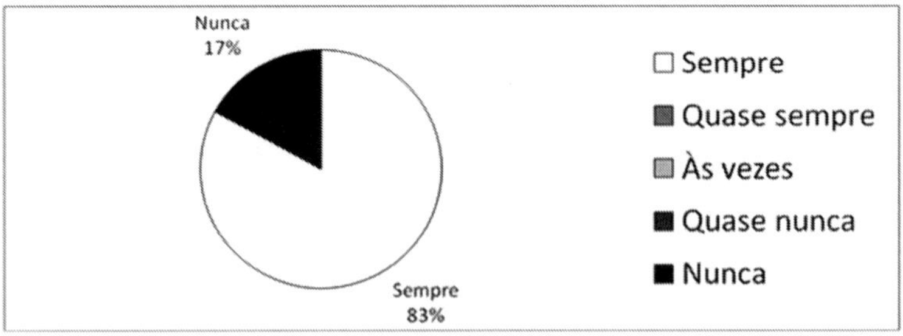

52. Se o paciente terminal não puder manifestar sua vontade, você acha correto que a família da pessoa decida sobre sua morte?

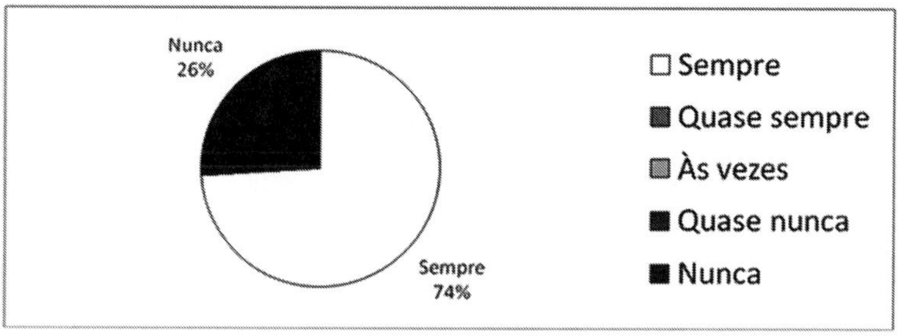

Classe Jurídica:

53. Há conhecimento teórico sobre a ortotanásia?

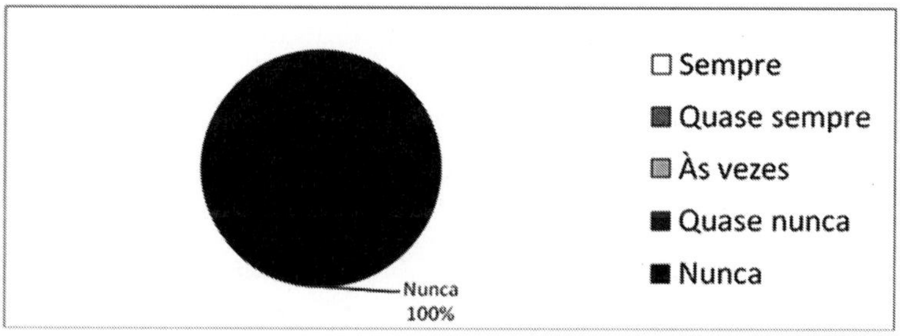

54. Você concorda com a prática da ortotanásia?

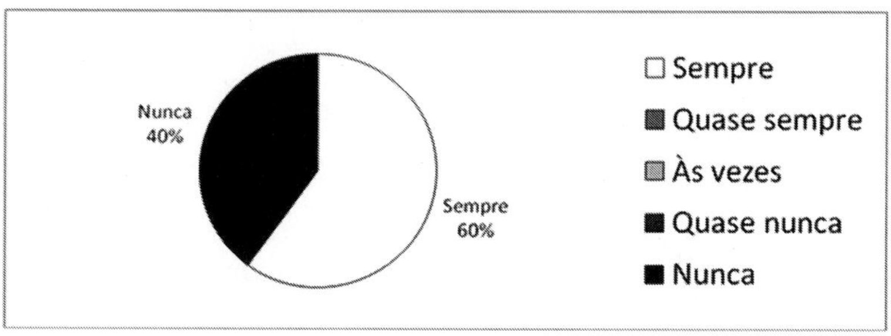

55. A legalização da ortotanásia contribuiria para a efetivação do princípio fundamental da dignidade da pessoa humana?

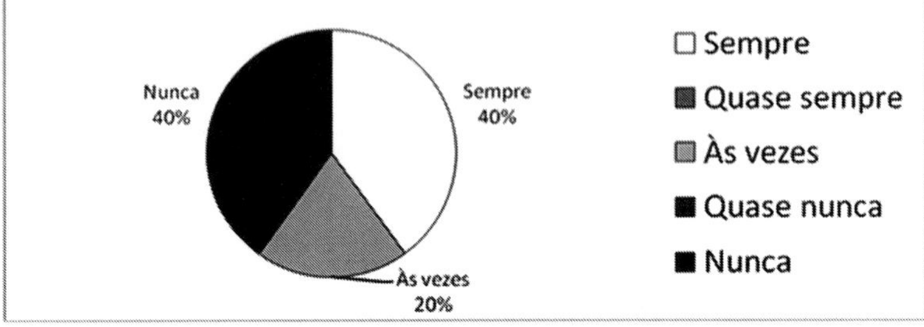

56. Você, como operador do direito, já se deparou com alguma situação em que clientes/jurisdicionados ou seus familiares pretendiam tutelas infinitas somente para retardar a morte? Você acha essa postura correta?

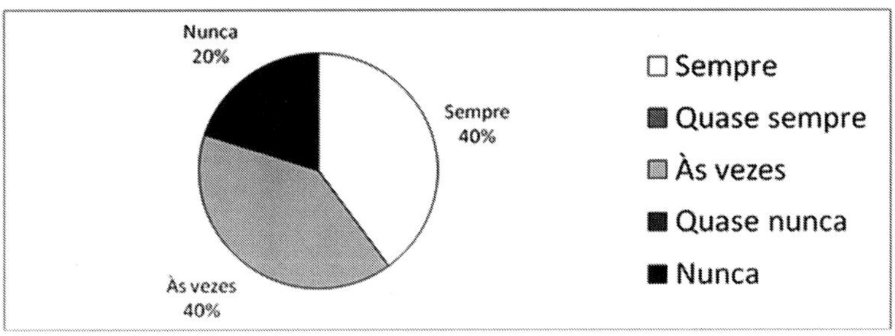

Classe Médica:

57. Há conhecimento teórico sobre a ortotanásia?

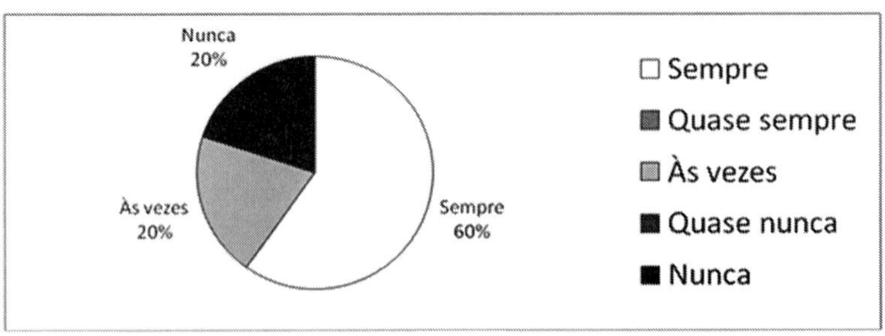

58. Você concorda com a prática da ortotanásia?

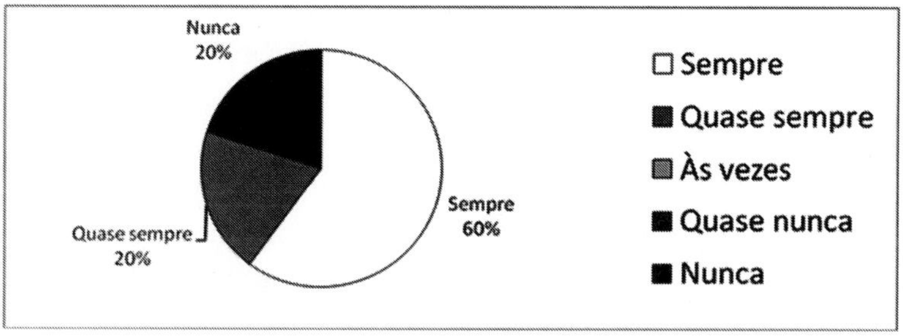

59. A saúde física do paciente é mais importante que sua saúde mental?

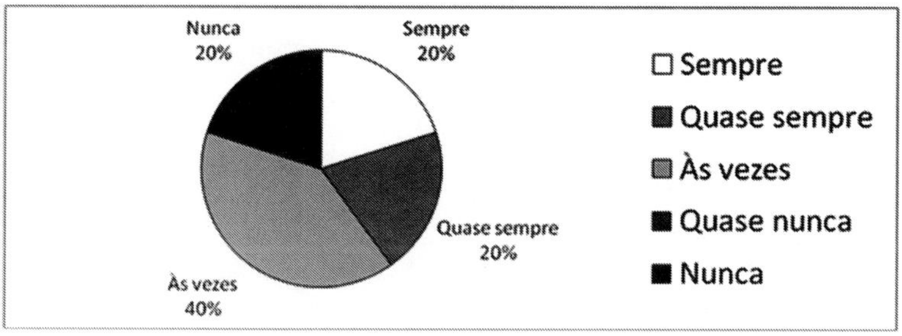

60. Você sugeriria a ortotanásia a um paciente terminal?

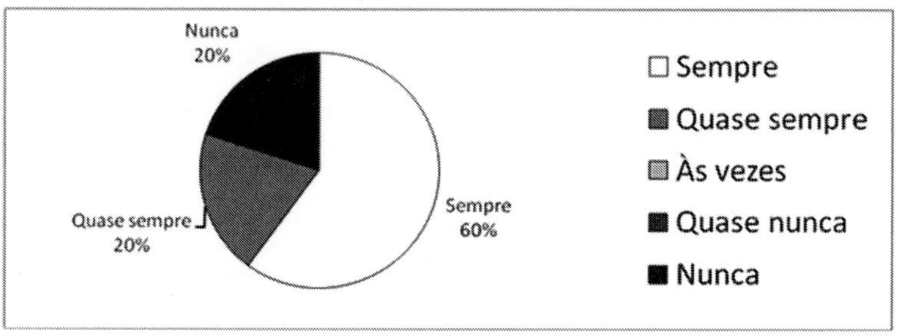

Itaperuna

Populares:

61. Você sabe o que é ortotanásia?

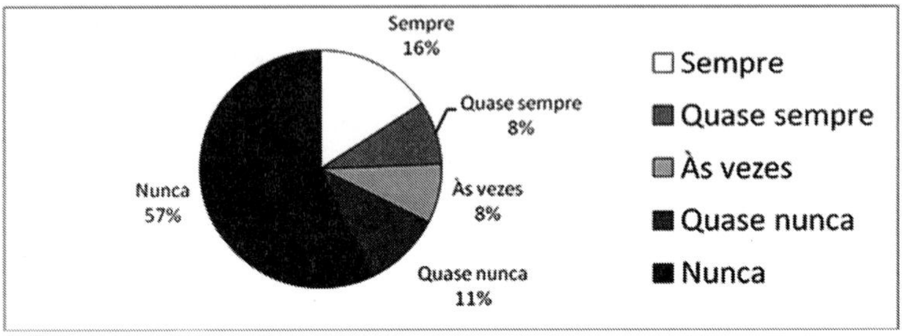

62. Você concorda com a prática da ortotanásia?

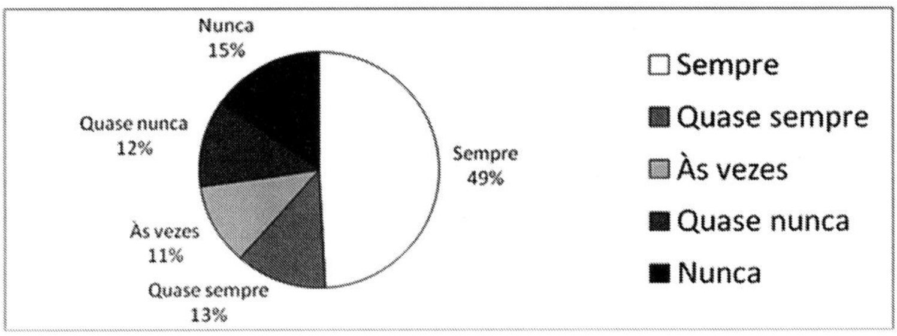

63. Se você se encontrasse em estado terminal e sem chance de cura, você optaria pela ortotanásia?

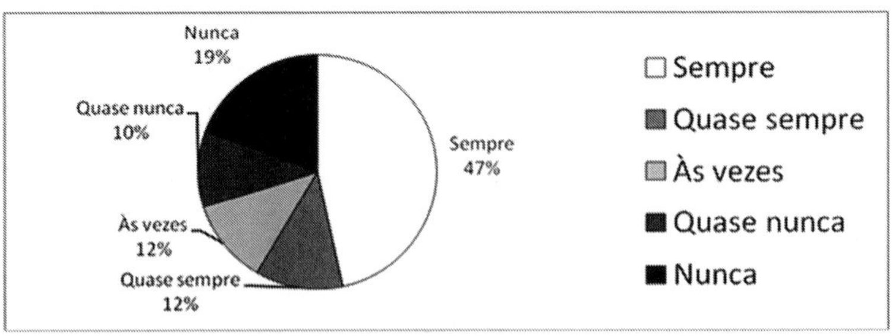

64. Se o paciente terminal não puder manifestar sua vontade, você acha correto que a família da pessoa decida sobre sua morte?

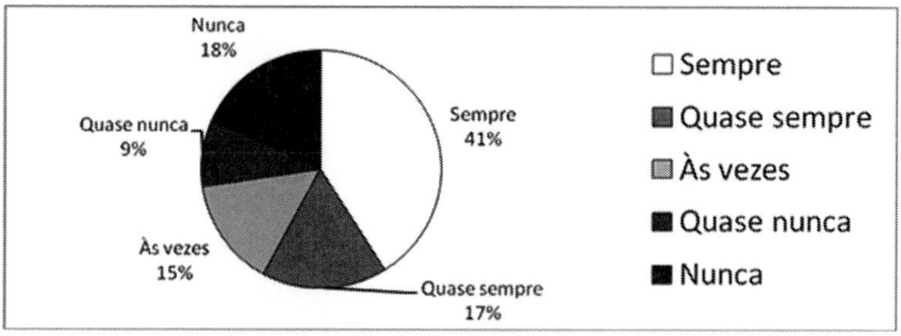

Classe Jurídica:

65. Há conhecimento teórico sobre a ortotanásia?

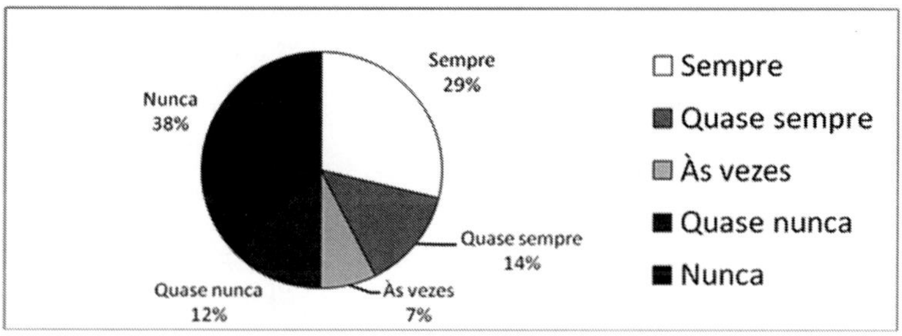

66. Você concorda com a prática da ortotanásia?

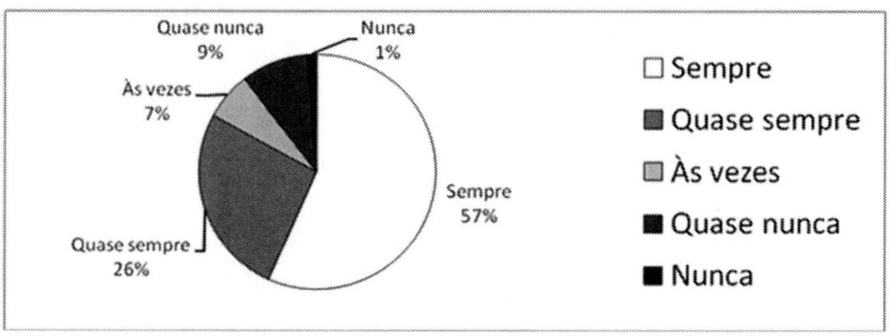

67. A legalização da ortotanásia contribuiria para a efetivação do princípio fundamental da dignidade da pessoa humana?

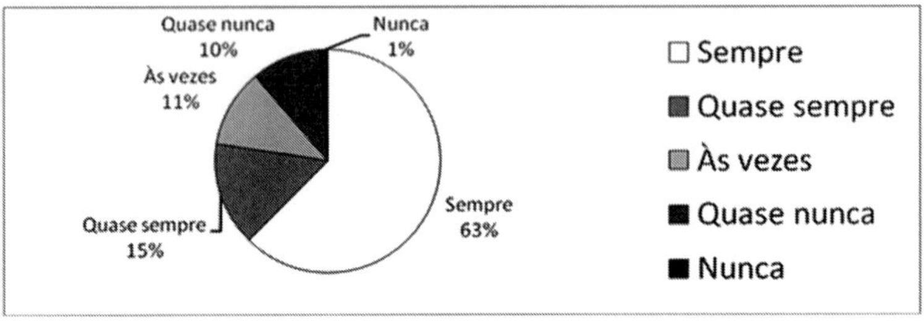

68. Você, como operador do direito, já se deparou com alguma situação em que clientes/jurisdicionados ou seus familiares pretendiam tutelas infinitas somente para retardar a morte? Você acha essa postura correta?

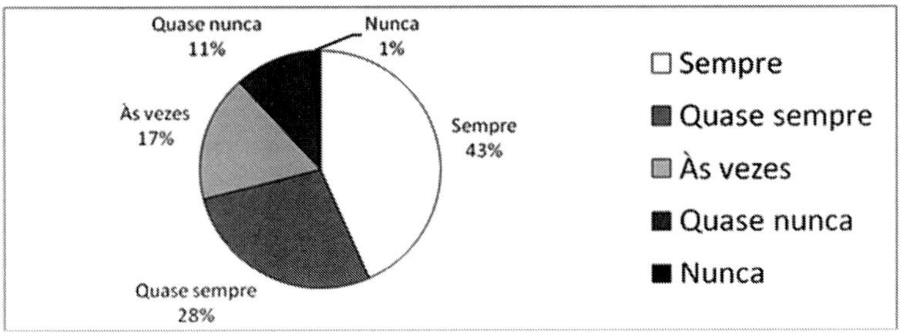

Classe Médica:

69. Há conhecimento teórico sobre a ortotanásia?

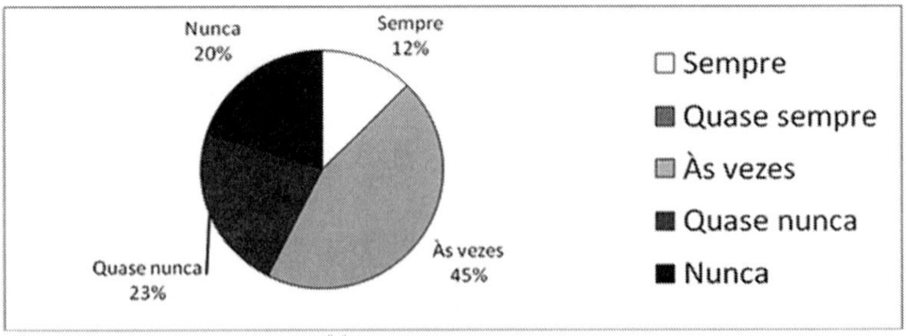

70. Você concorda com a prática da ortotanásia?

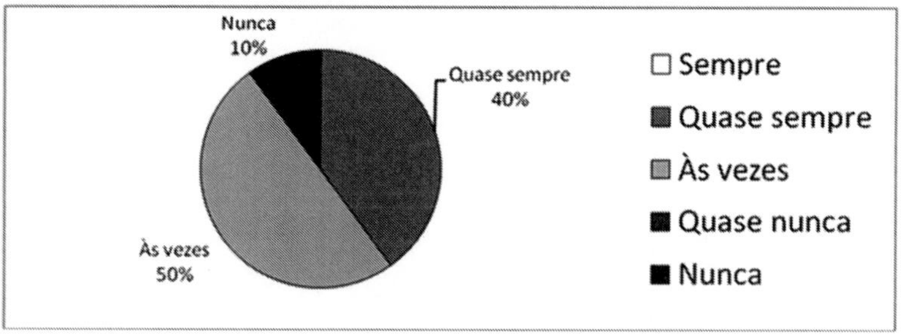

71. A saúde física do paciente é mais importante que sua saúde mental?

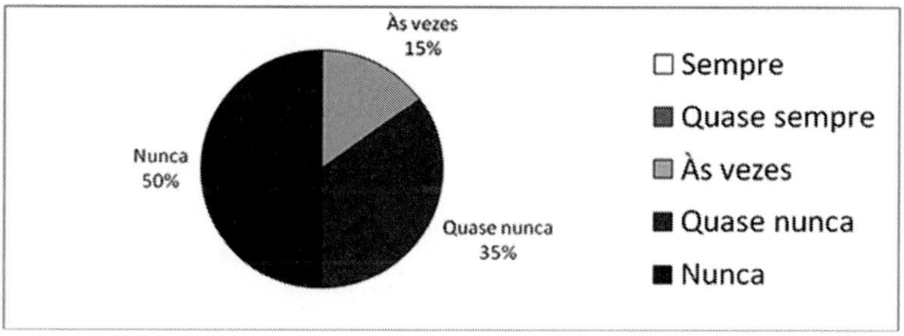

72. Você sugeriria a ortotanásia a um paciente terminal?

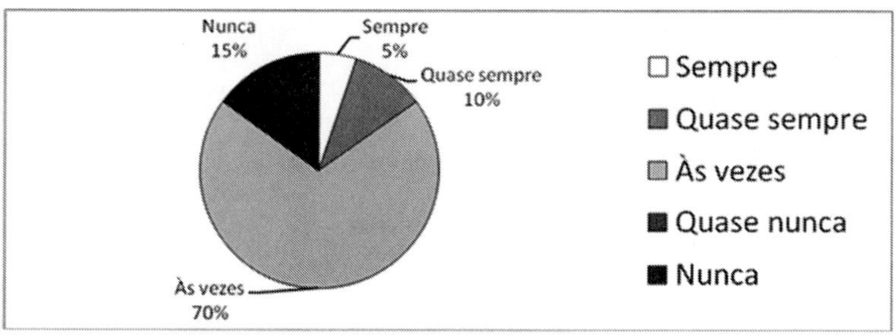

Laje do Muriaé

Populares:

73. Você sabe o que é ortotanásia?

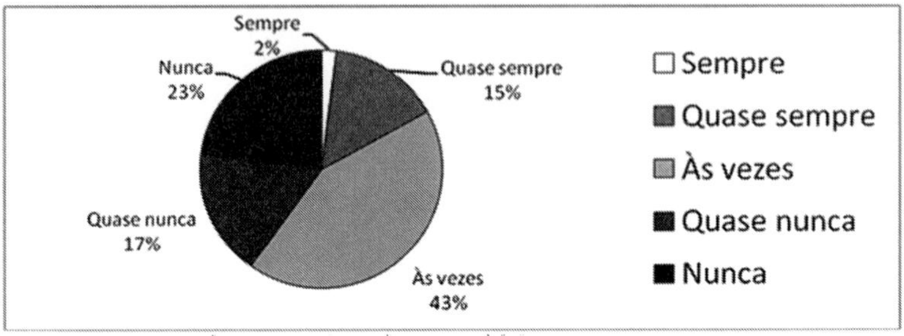

74. Você concorda com a prática da ortotanásia?

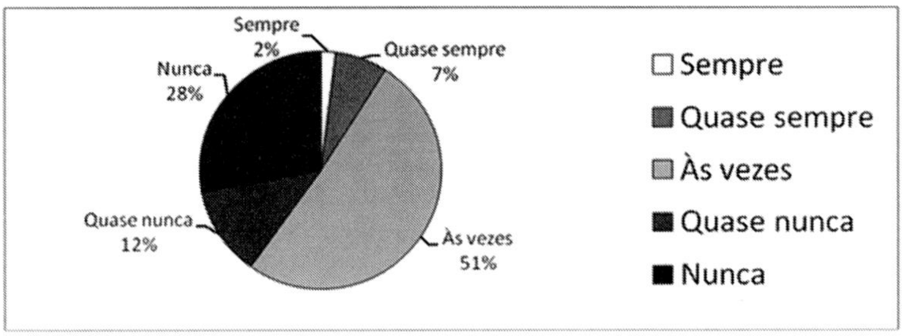

75. Se você se encontrasse em estado terminal e sem chance de cura, você optaria pela ortotanásia?

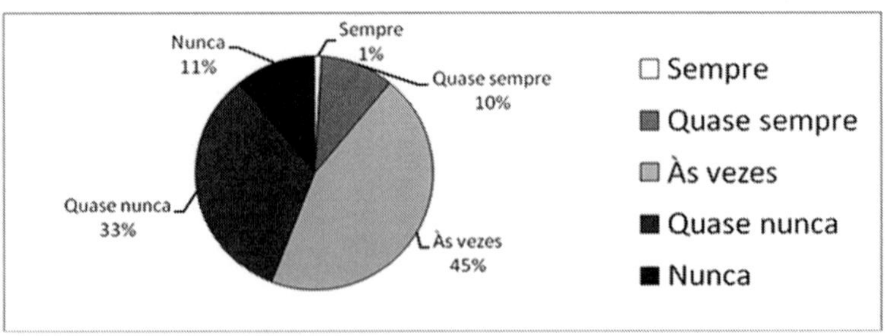

76. Se o paciente terminal não puder manifestar sua vontade, você acha correto que a família da pessoa decida sobre sua morte?

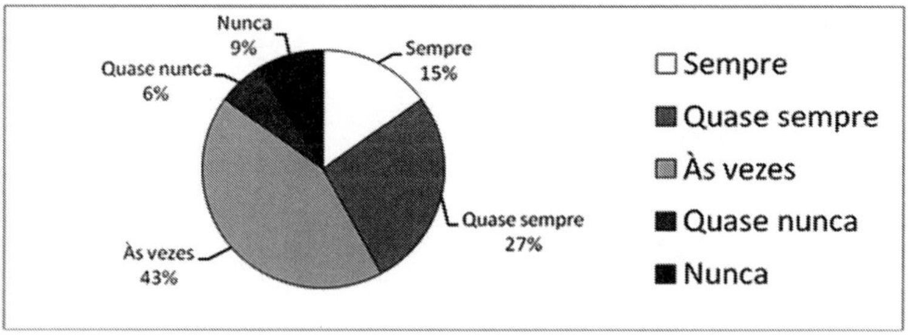

Classe Jurídica:

77. Há conhecimento teórico sobre a ortotanásia?

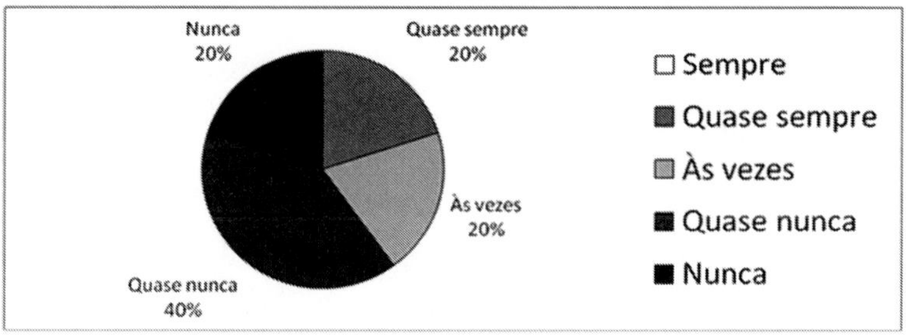

78. Você concorda com a prática da ortotanásia?

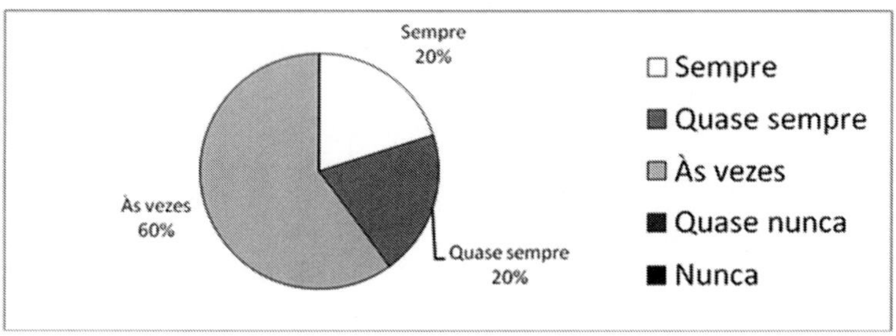

79. A legalização da ortotanásia contribuiria para a efetivação do princípio fundamental da dignidade da pessoa humana?

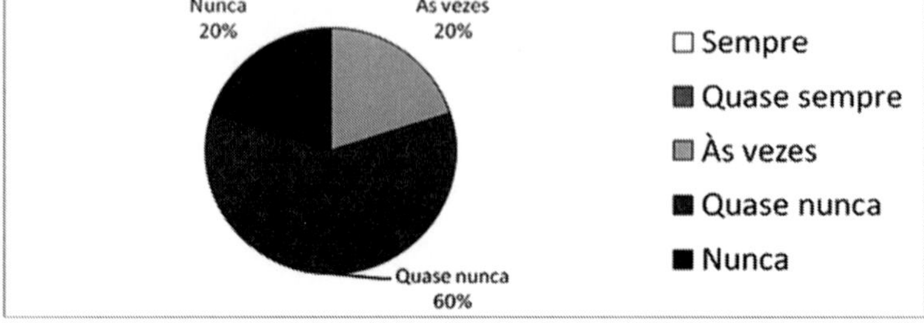

80. Você, como operador do direito, já se deparou com alguma situação em que clientes/jurisdicionados ou seus familiares pretendiam tutelas infinitas somente para retardar a morte? Você acha essa postura correta?

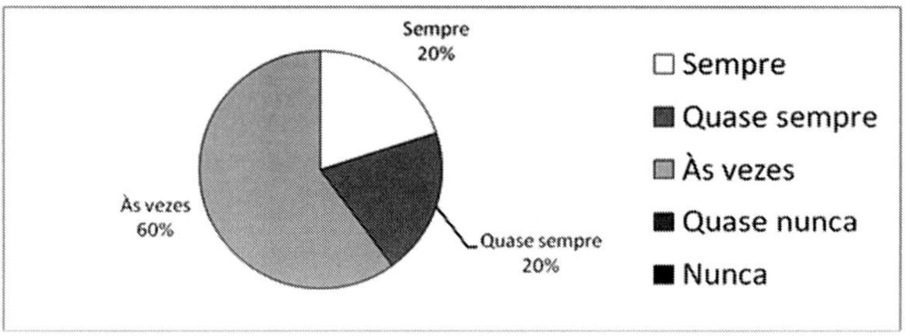

Classe Médica:

81. Há conhecimento teórico sobre a ortotanásia?

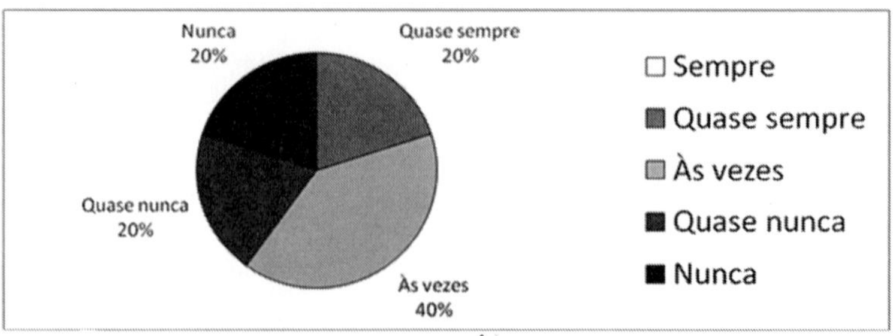

82. Você concorda com a prática da ortotanásia?

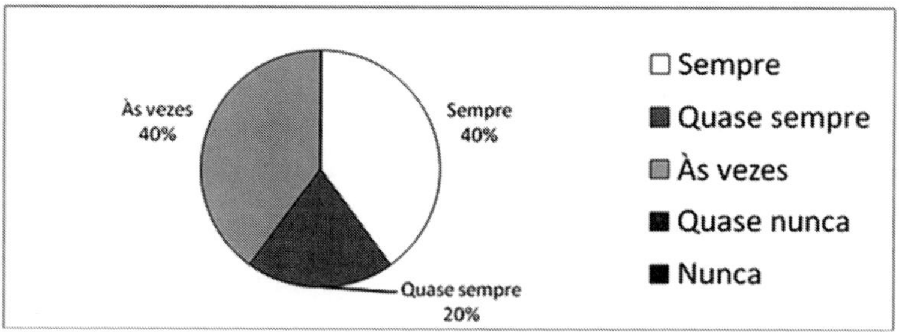

83. A saúde física do paciente é mais importante que sua saúde mental?

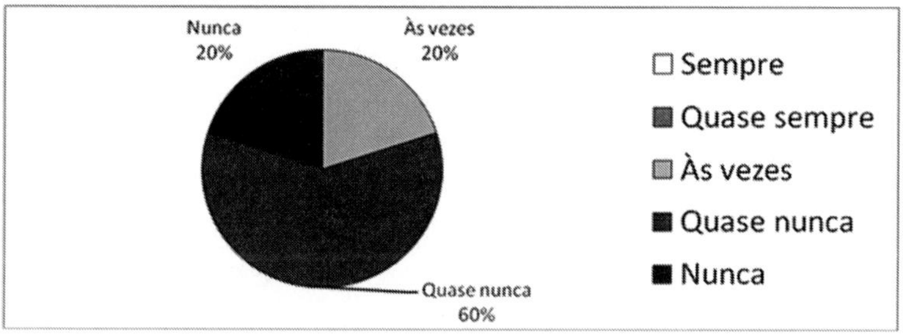

84. Você sugeriria a ortotanásia a um paciente terminal?

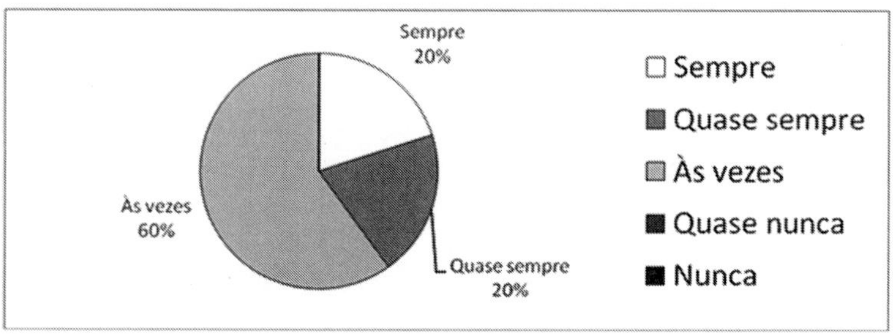

Miracema

Populares:

85. Você sabe o que é ortotanásia?

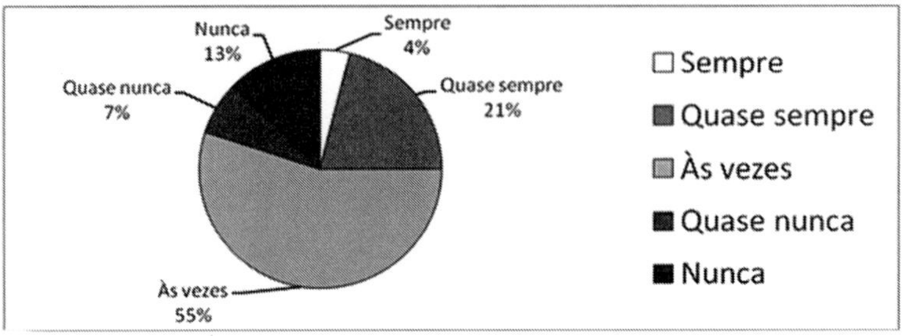

86. Você concorda com a prática da ortotanásia?

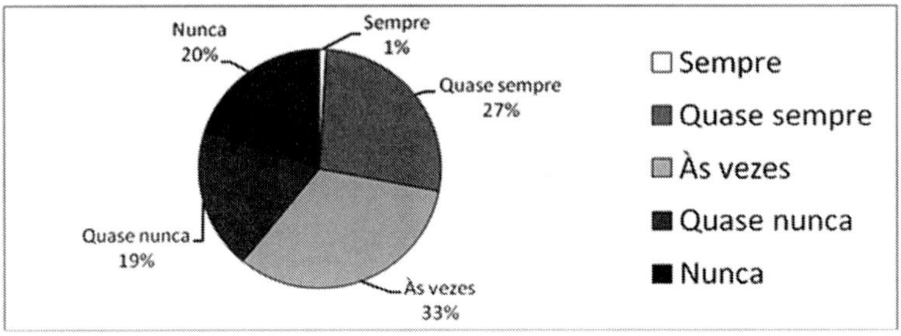

87. Se você se encontrasse em estado terminal e sem chance de cura, você optaria pela ortotanásia?

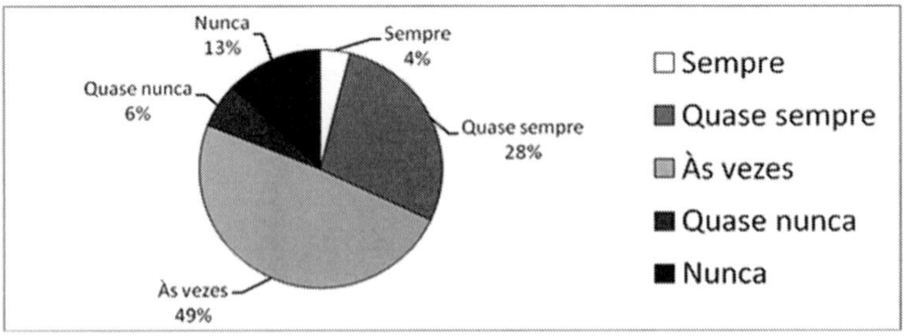

88. Se o paciente terminal não puder manifestar sua vontade, você acha correto que a família da pessoa decida sobre sua morte?

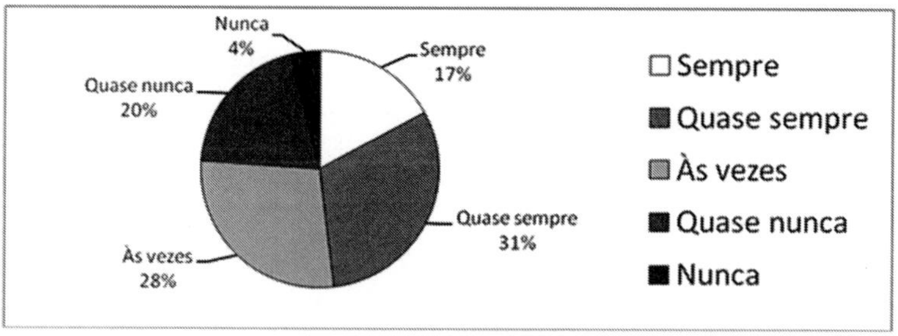

Classe Jurídica:

89. Há conhecimento teórico sobre a ortotanásia?

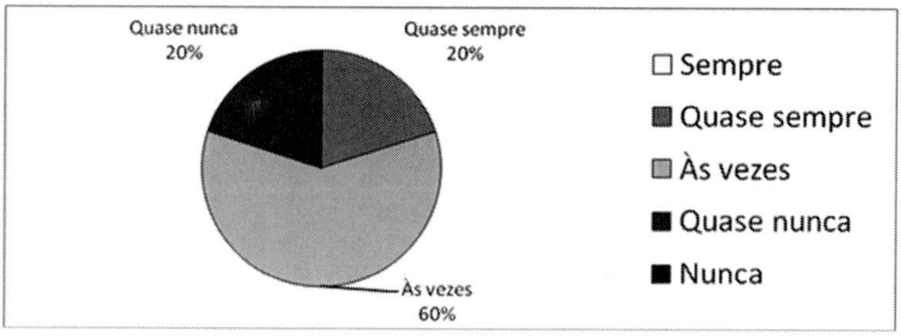

90. Você concorda com a prática da ortotanásia?

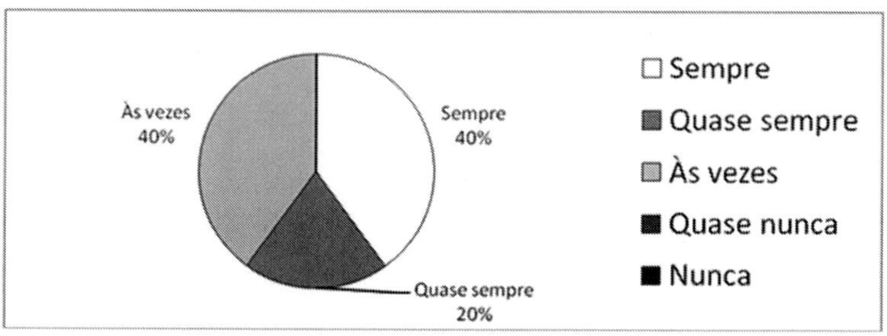

91. A legalização da ortotanásia contribuiria para a efetivação do princípio fundamental da dignidade da pessoa humana?

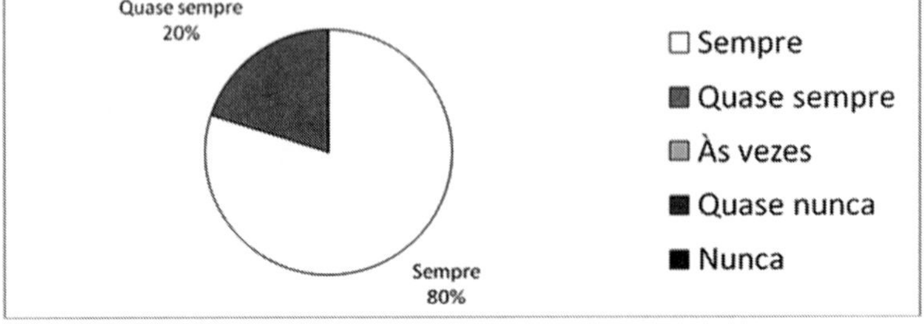

92. Você, como operador do direito, já se deparou com alguma situação em que clientes/jurisdicionados ou seus familiares pretendiam tutelas infinitas somente para retardar a morte? Você acha essa postura correta?

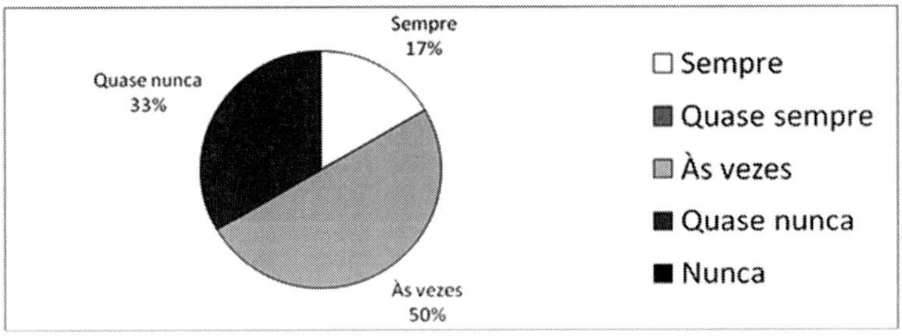

Classe Médica:

93. Há conhecimento teórico sobre a ortotanásia?

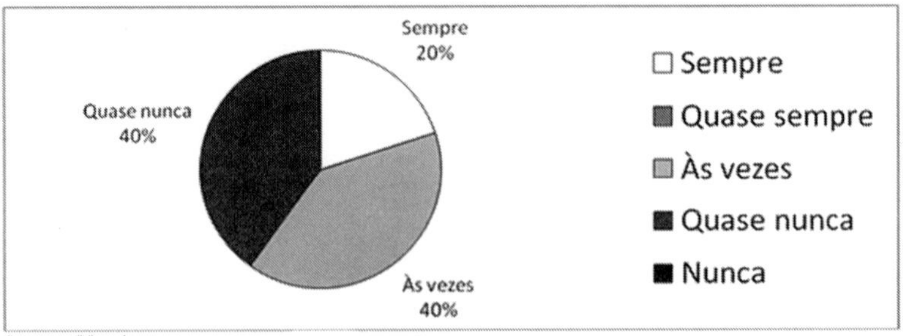

94. Você concorda com a prática da ortotanásia?

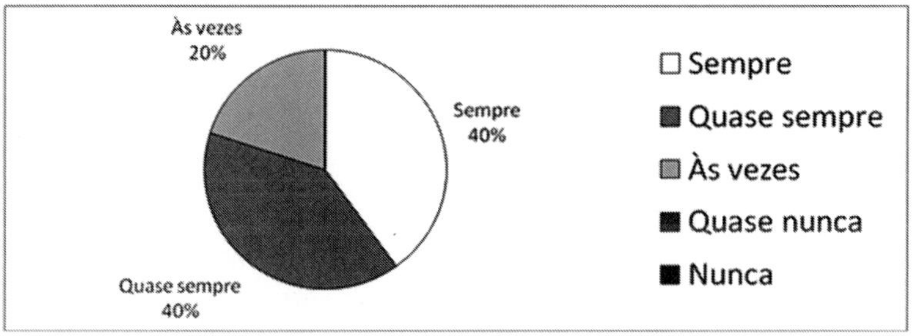

95. A saúde física do paciente é mais importante que sua saúde mental?

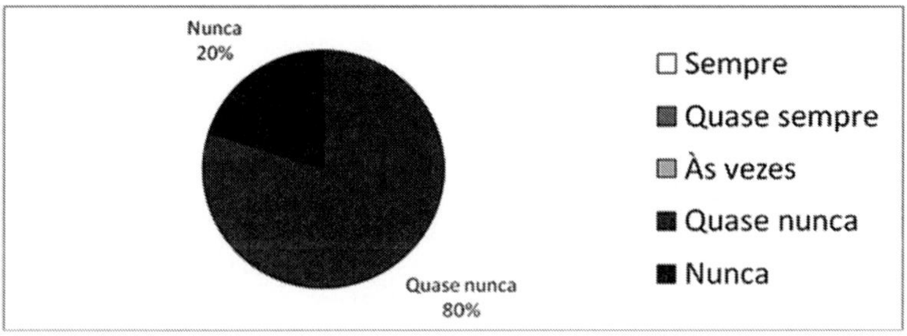

96. Você sugeriria a ortotanásia a um paciente terminal?

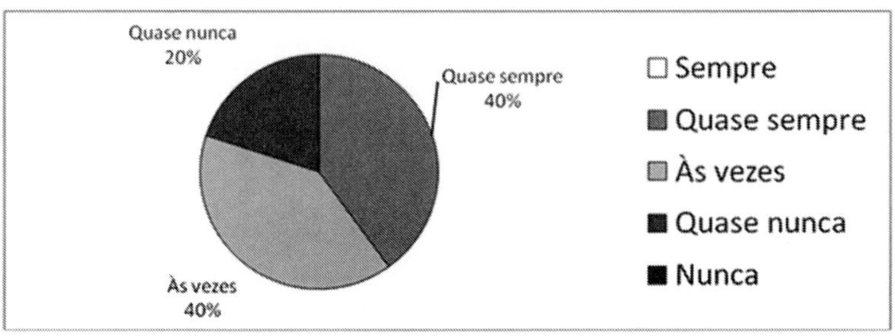

Natividade

Populares:

97. Você sabe o que é ortotanásia?

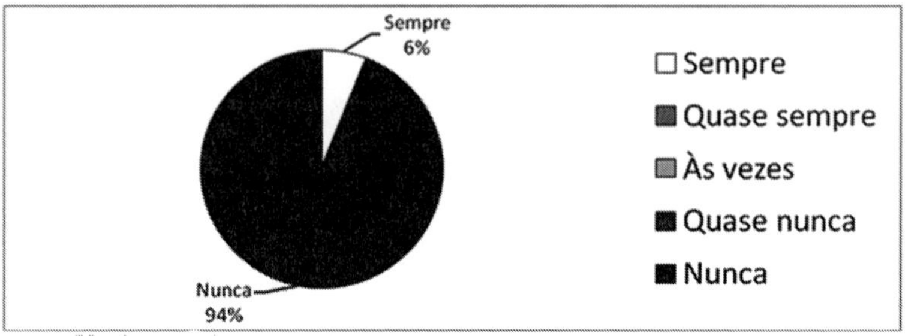

98. Você concorda com a prática da ortotanásia?

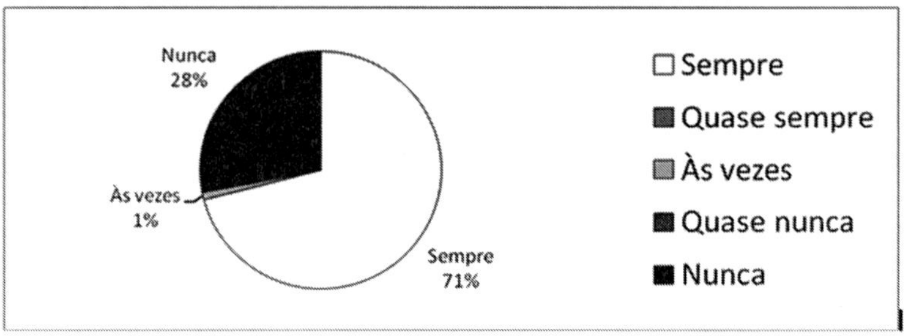

99. Se você se encontrasse em estado terminal e sem chance de cura, você optaria pela ortotanásia?

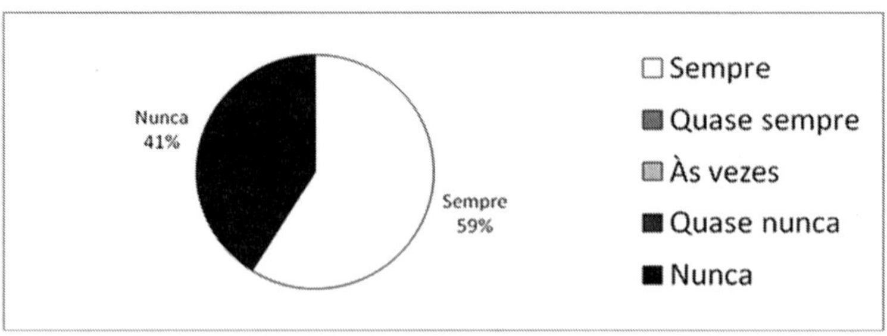

100. Se o paciente terminal não puder manifestar sua vontade, você acha correto que a família da pessoa decida sobre sua morte?

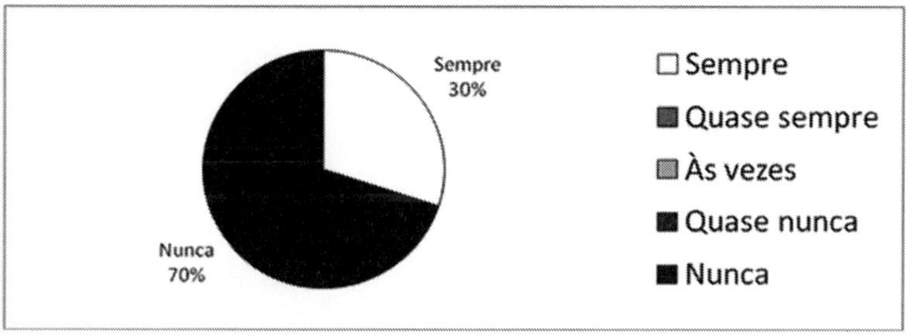

Classe Jurídica:

101. Há conhecimento teórico sobre a ortotanásia?

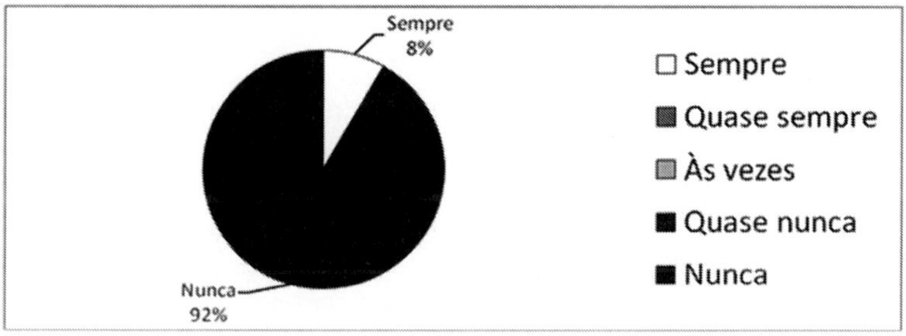

102. Você concorda com a prática da ortotanásia?

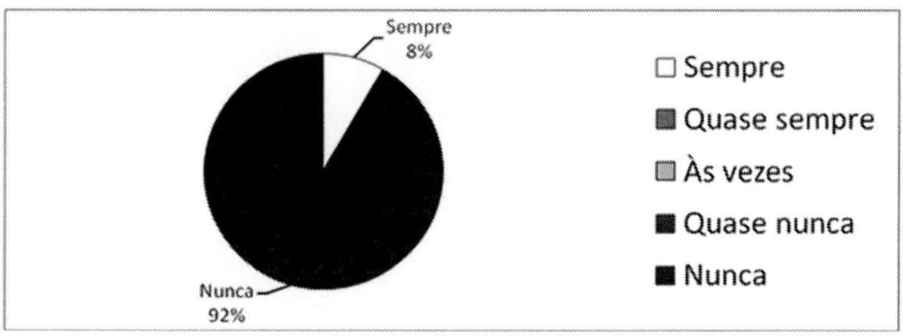

103. A legalização da ortotanásia contribuiria para a efetivação do princípio fundamental da dignidade da pessoa humana?

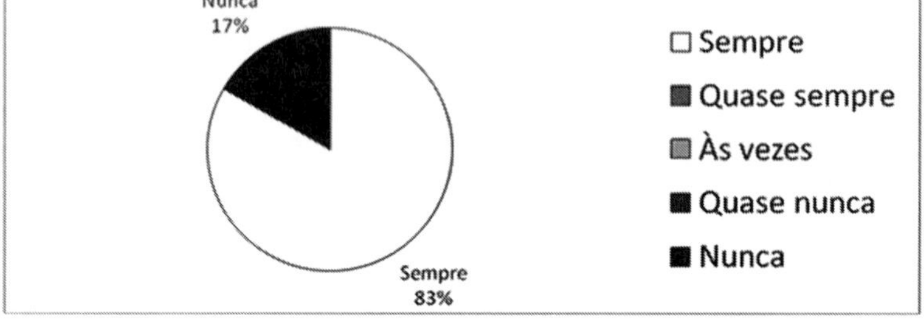

104. Você, como operador do direito, já se deparou com alguma situação em que clientes/jurisdicionados ou seus familiares pretendiam tutelas infinitas somente para retardar a morte? Você acha essa postura correta?

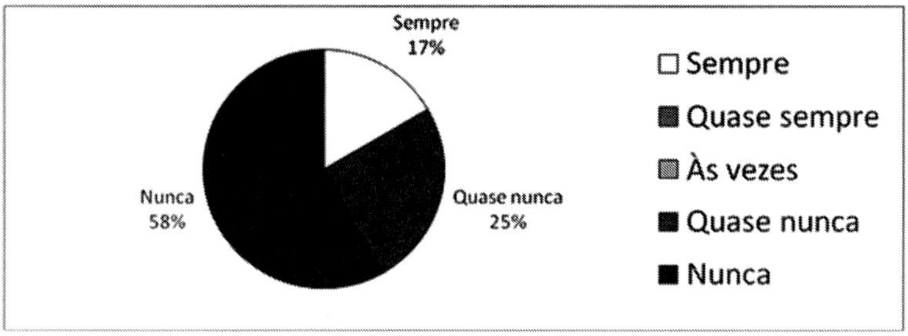

Classe Médica:

105. Há conhecimento teórico sobre a ortotanásia?

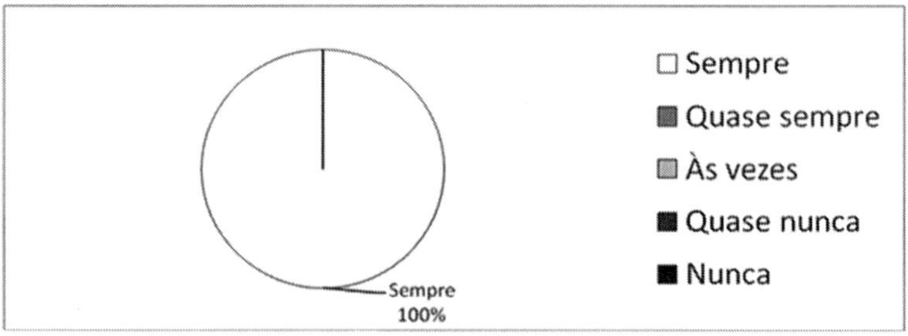

106. Você concorda com a prática da ortotanásia?

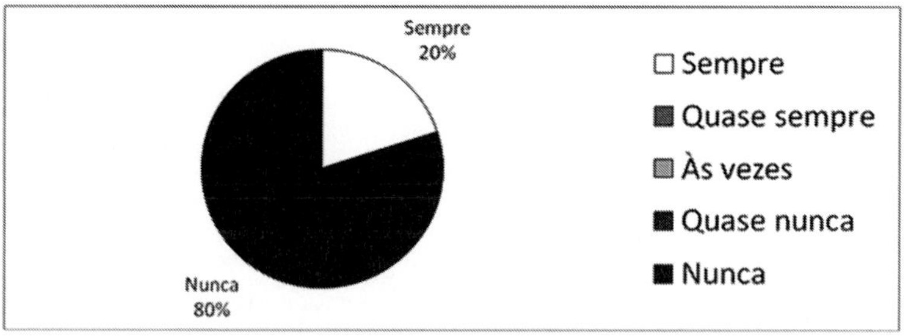

107. A saúde física do paciente é mais importante que sua saúde mental?

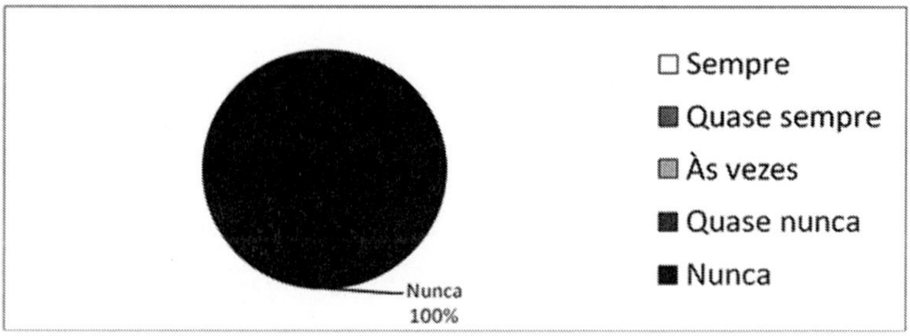

108. Você sugeriria a ortotanásia a um paciente terminal?

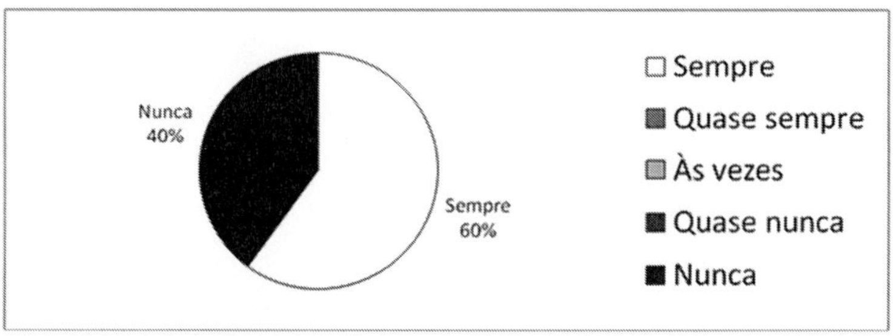

Porciúncula

Populares:

109. Você sabe o que é ortotanásia?

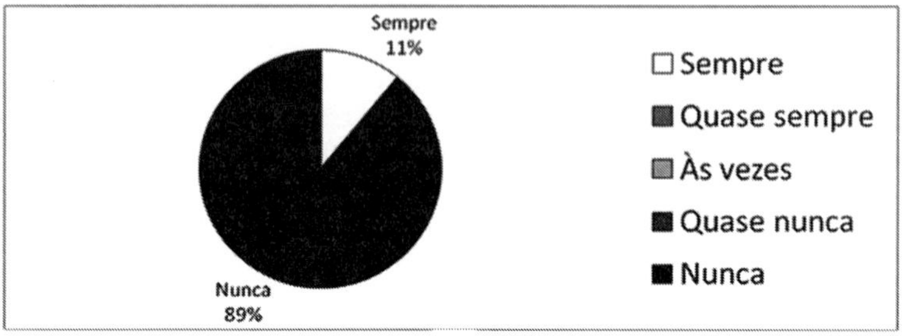

110. Você concorda com a prática da ortotanásia?

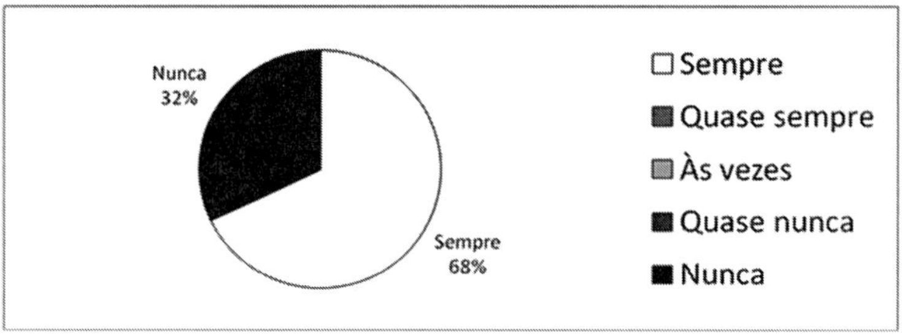

111. Se você se encontrasse em estado terminal e sem chance de cura, você optaria pela ortotanásia?

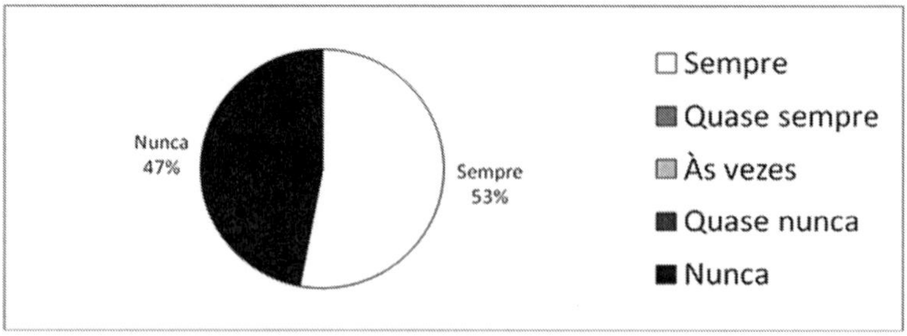

112. Se o paciente terminal não puder manifestar sua vontade, você acha correto que a família da pessoa decida sobre sua morte?

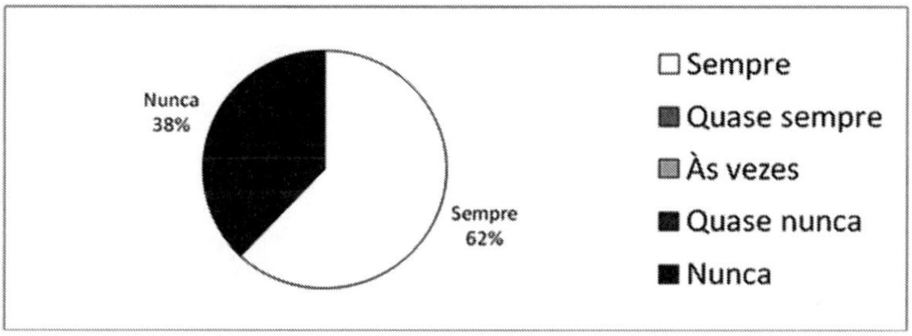

Classe Jurídica:

113. Há conhecimento teórico sobre a ortotanásia?

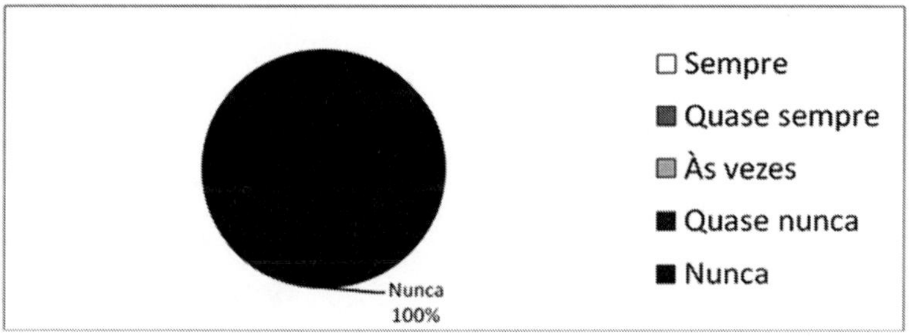

114. Você concorda com a prática da ortotanásia?

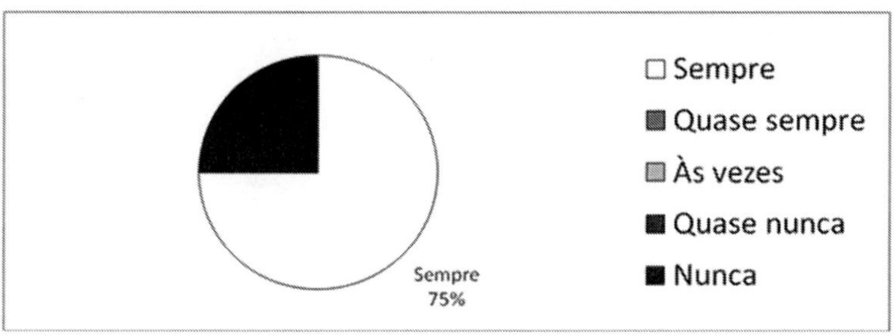

115. A legalização da ortotanásia contribuiria para a efetivação do princípio fundamental da dignidade da pessoa humana?

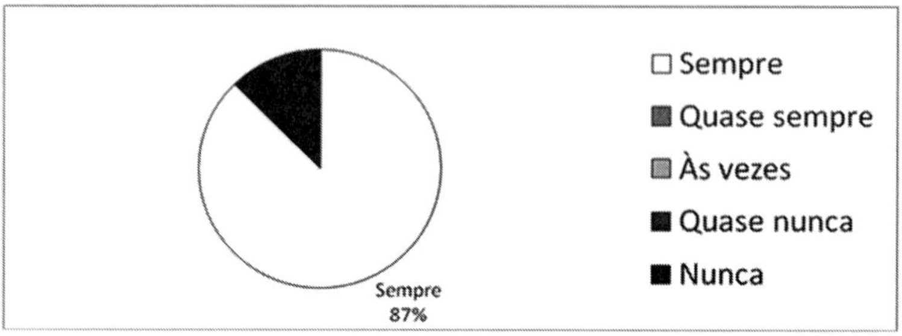

116. Você, como operador do direito, já se deparou com alguma situação em que clientes/jurisdicionados ou seus familiares pretendiam tutelas infinitas somente para retardar a morte? Você acha essa postura correta?

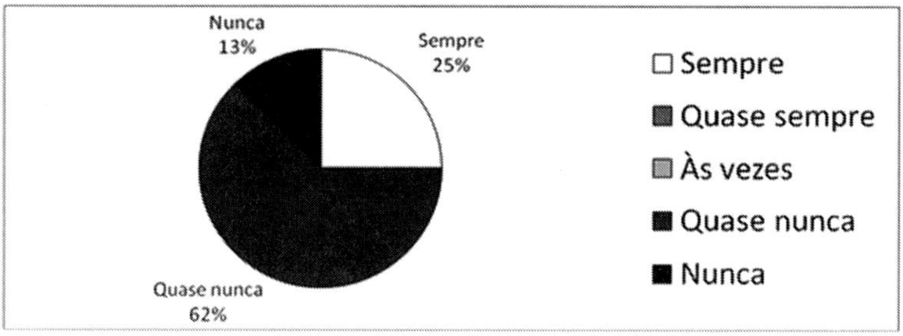

Classe Médica:

117. Há conhecimento teórico sobre a ortotanásia?

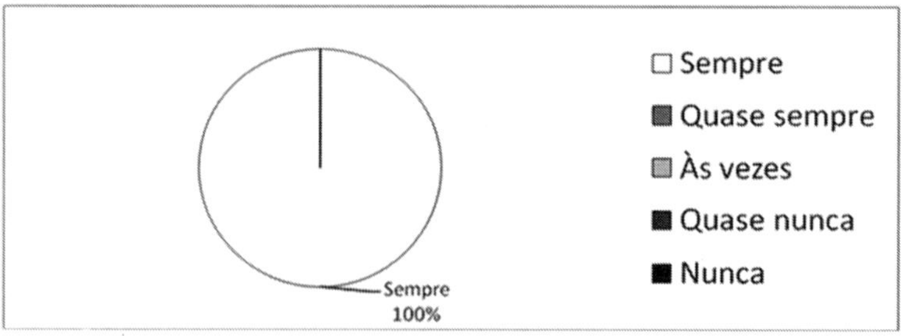

118. Você concorda com a prática da ortotanásia?

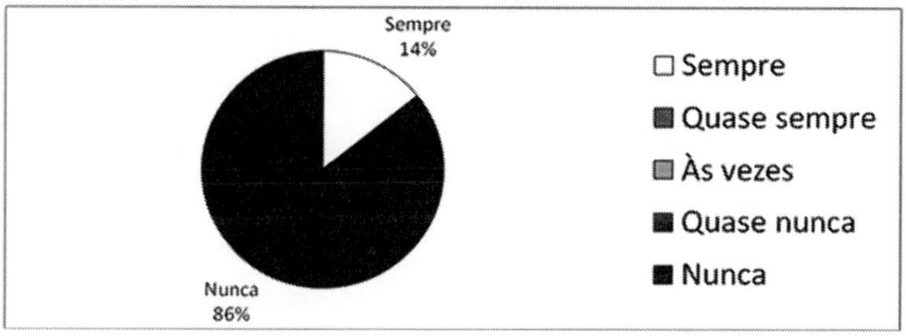

119. A saúde física do paciente é mais importante que sua saúde mental?

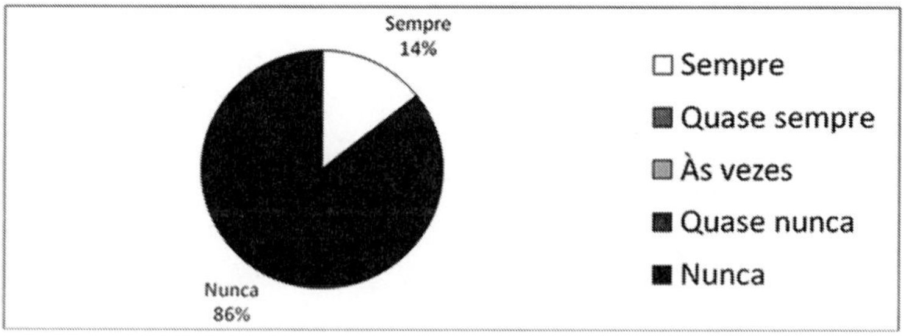

120. Você sugeriria a ortotanásia a um paciente terminal?

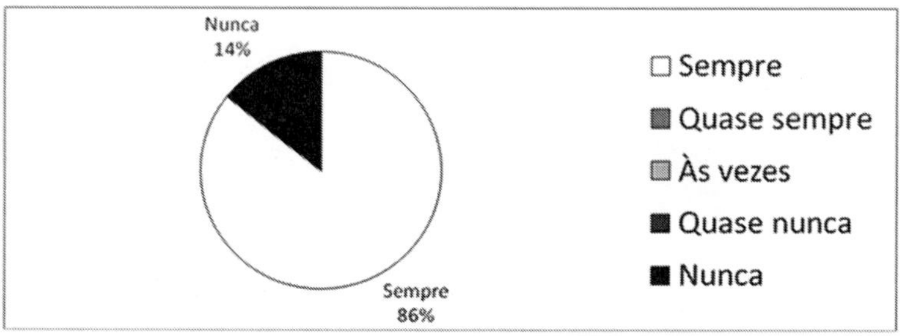

Santo Antônio de Pádua

Populares:

121. Você sabe o que é ortotanásia?

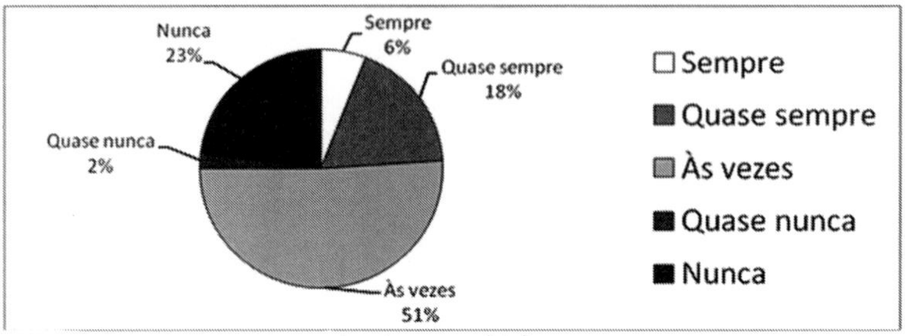

122. Você concorda com a prática da ortotanásia?

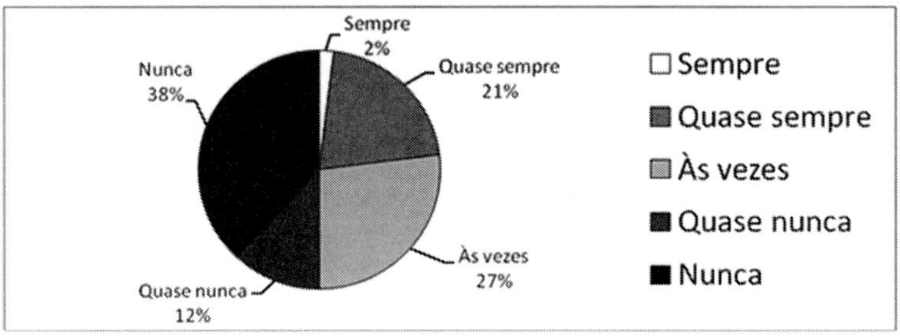

123. Se você se encontrasse em estado terminal e sem chance de cura, você optaria pela ortotanásia?

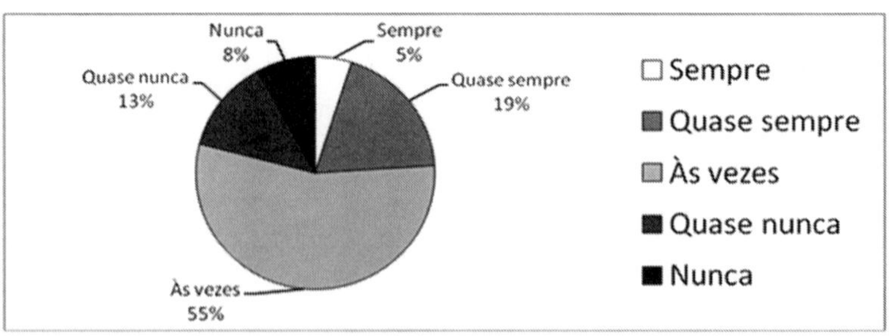

124. Se o paciente terminal não puder manifestar sua vontade, você acha correto que a família da pessoa decida sobre sua morte?

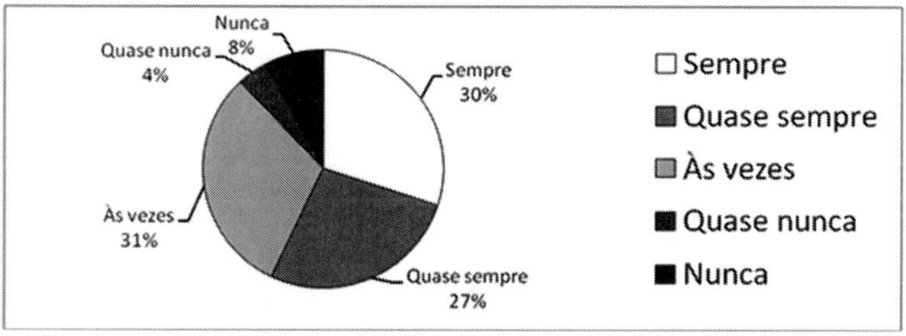

Classe Jurídica:

125. Há conhecimento teórico sobre a ortotanásia?

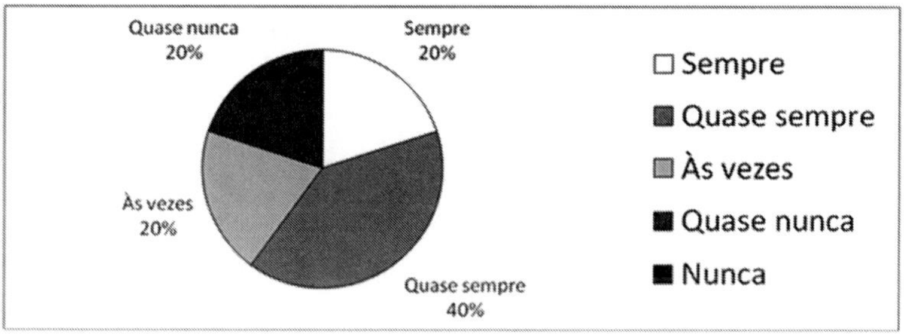

126. Você concorda com a prática da ortotanásia?

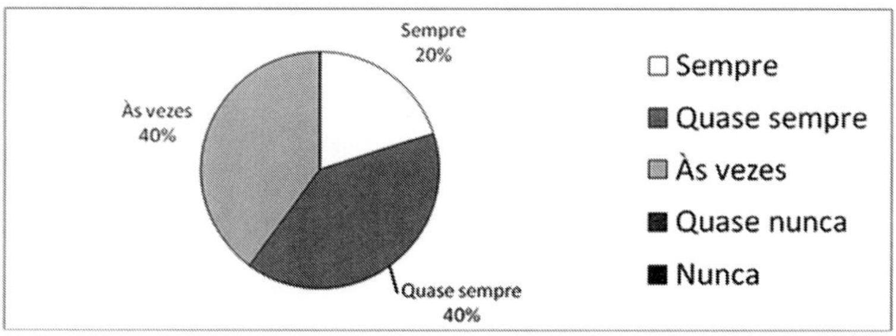

127. A legalização da ortotanásia contribuiria para a efetivação do princípio fundamental da dignidade da pessoa humana?

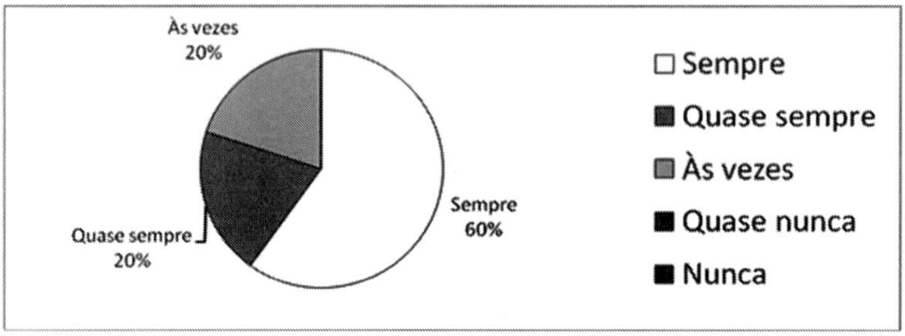

128. Você, como operador do direito, já se deparou com alguma situação em que clientes/jurisdicionados ou seus familiares pretendiam tutelas infinitas somente para retardar a morte? Você acha essa postura correta?

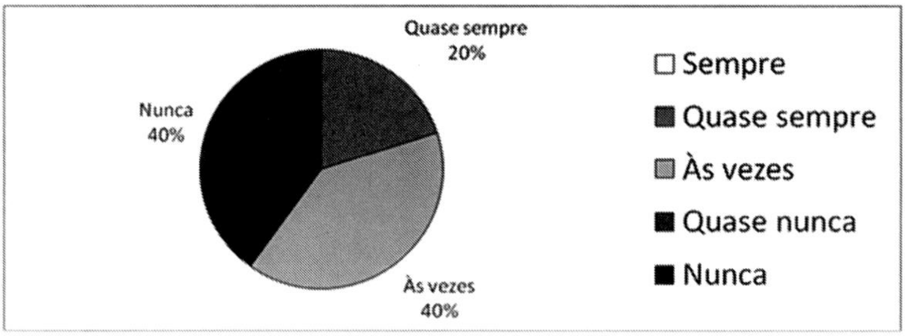

Classe Médica:

129. Há conhecimento teórico sobre a ortotanásia?

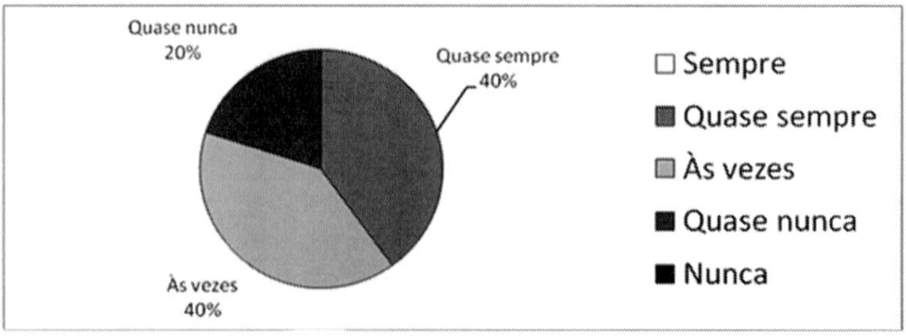

130. Você concorda com a prática da ortotanásia?

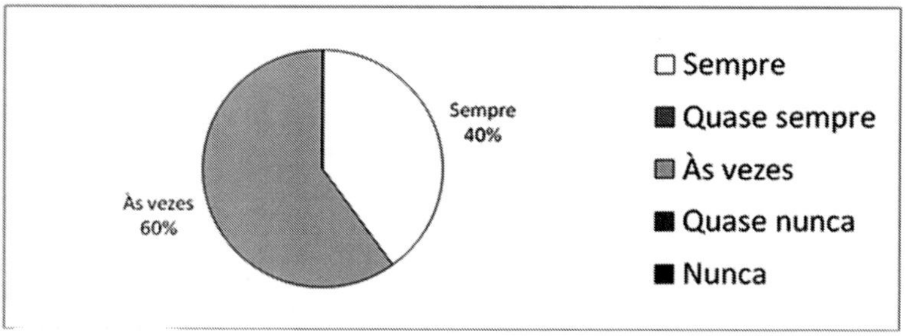

131. A saúde física do paciente é mais importante que sua saúde mental?

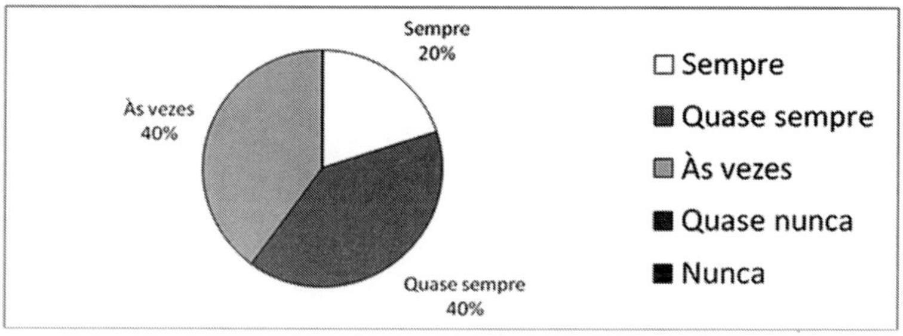

132. Você sugeriria a ortotanásia a um paciente terminal?

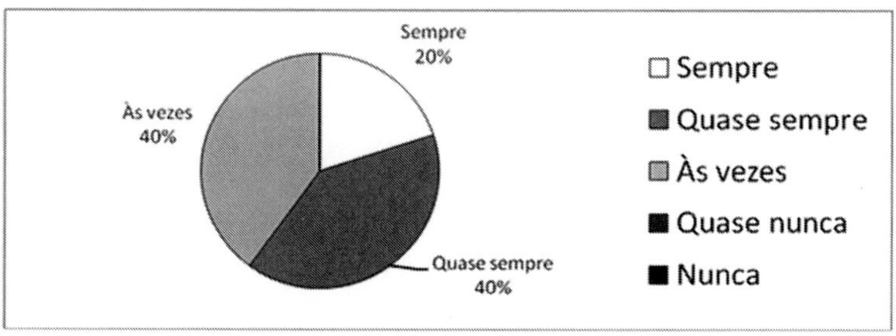

São José de Ubá

Populares:

133. Você sabe o que é ortotanásia?

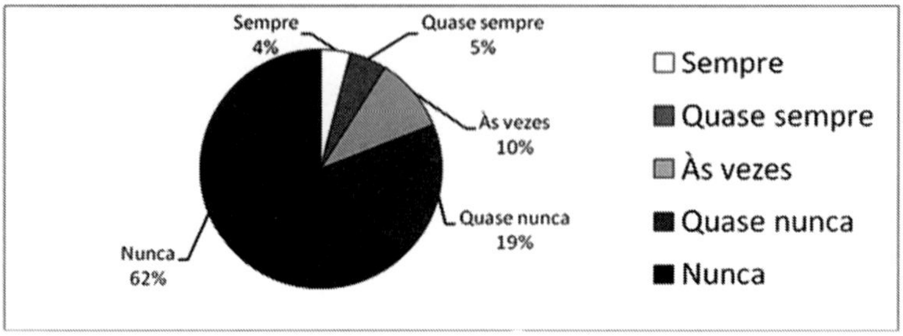

134. Você concorda com a prática da ortotanásia?

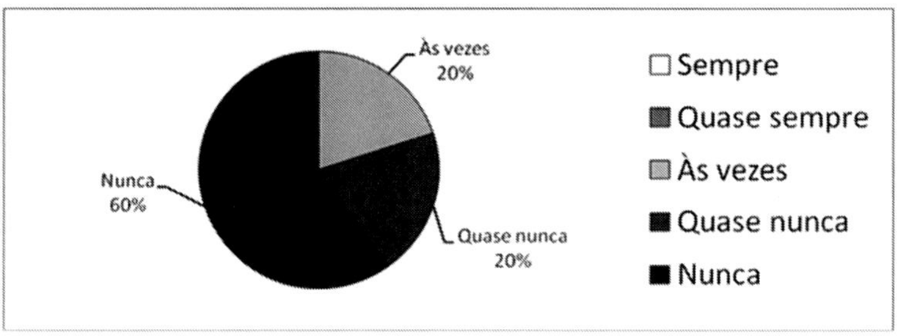

135. Se você se encontrasse em estado terminal e sem chance de cura, você optaria pela ortotanásia?

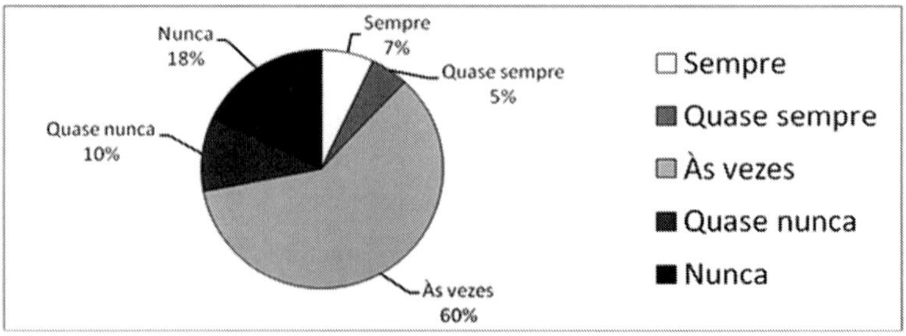

136. Se o paciente terminal não puder manifestar sua vontade, você acha correto que a família da pessoa decida sobre sua morte?

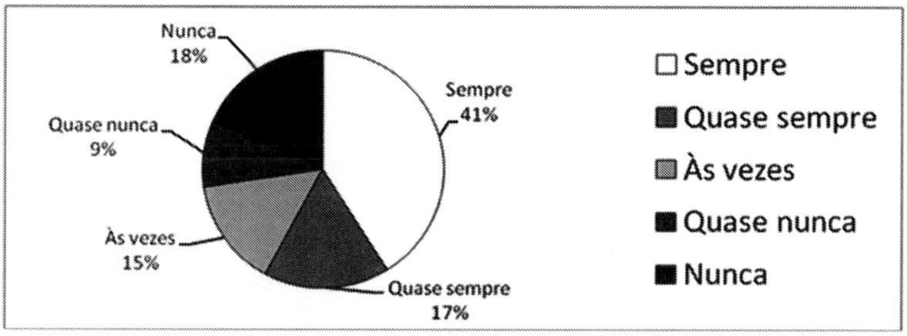

Classe Jurídica:

137. Há conhecimento teórico sobre a ortotanásia?

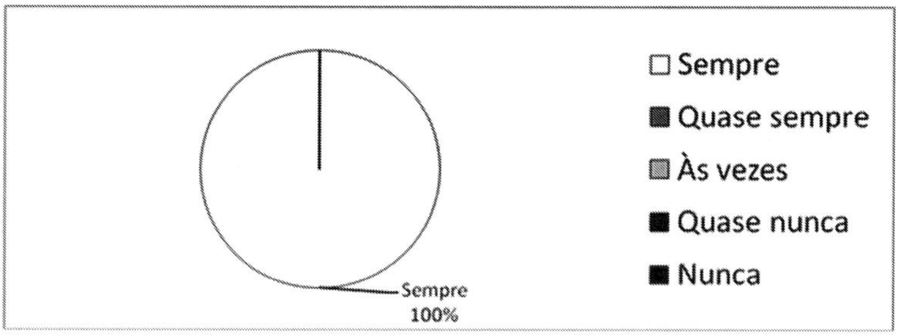

138. Você concorda com a prática da ortotanásia?

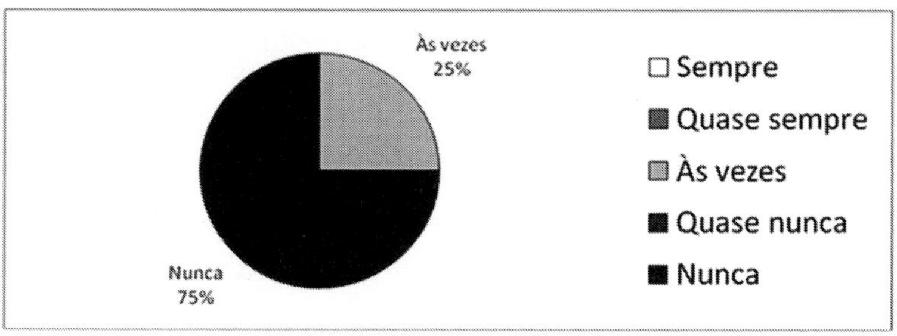

139. A legalização da ortotanásia contribuiria para a efetivação do princípio fundamental da dignidade da pessoa humana?

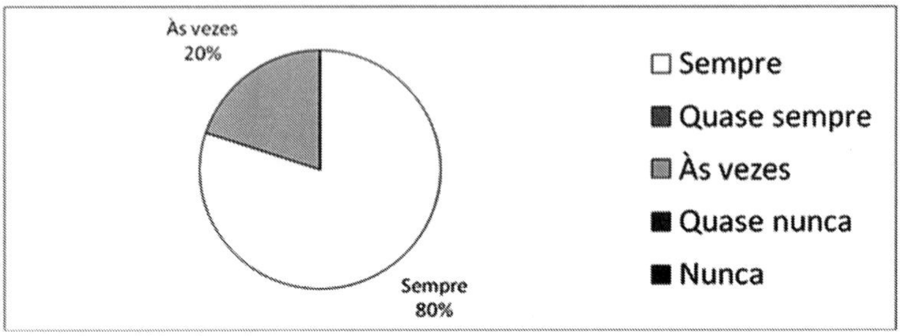

140. Você, como operador do direito, já se deparou com alguma situação em que clientes/jurisdicionados ou seus familiares pretendiam tutelas infinitas somente para retardar a morte? Você acha essa postura correta?

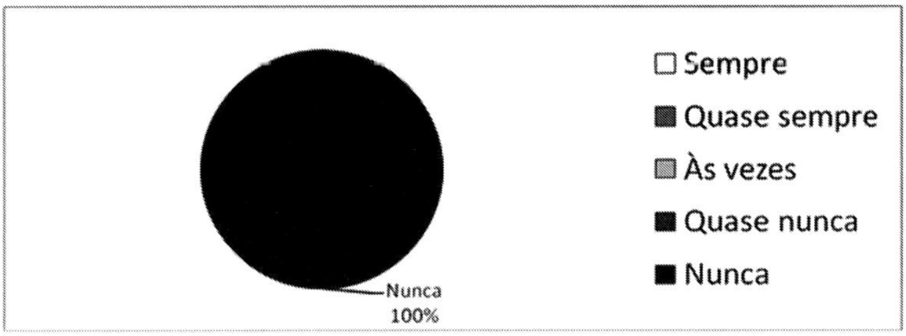

Classe Médica:

141. Há conhecimento teórico sobre a ortotanásia?

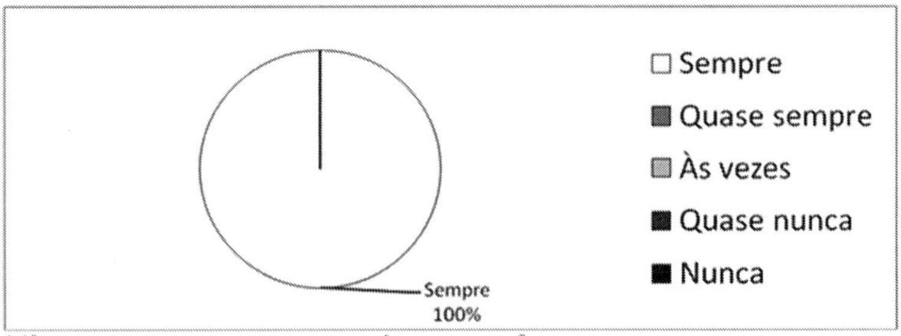

142. Você concorda com a prática da ortotanásia?

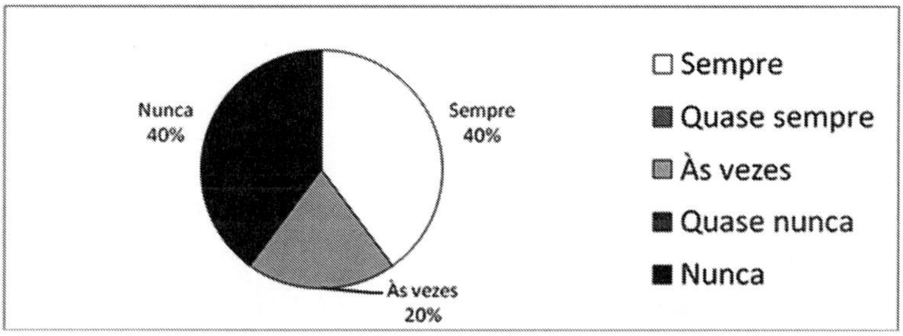

143. A saúde física do paciente é mais importante que sua saúde mental?

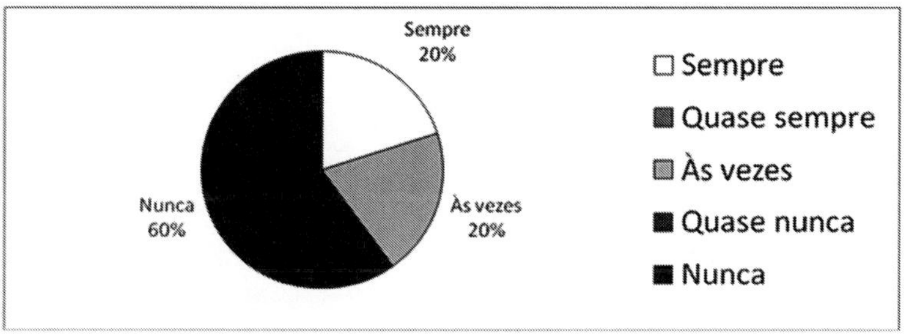

144. Você sugeriria a ortotanásia a um paciente terminal?

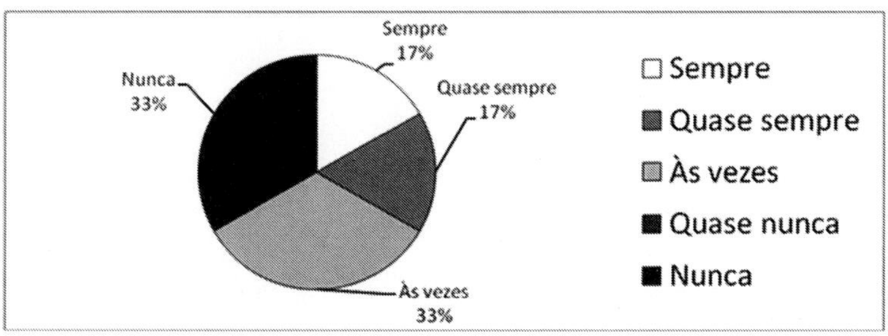

Varre-Sai

Populares:

145. Você sabe o que é ortotanásia?

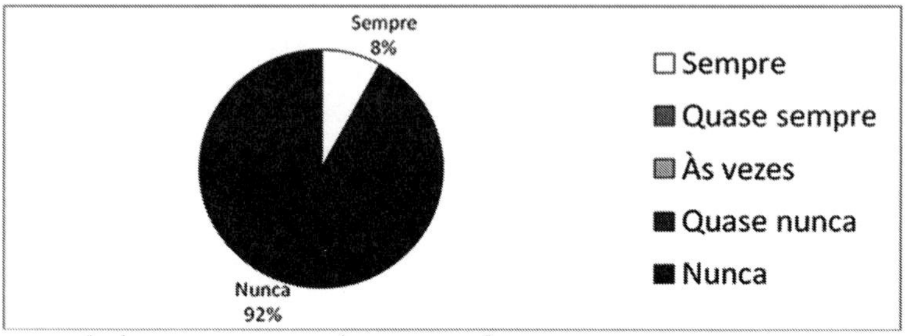

146. Você concorda com a prática da ortotanásia?

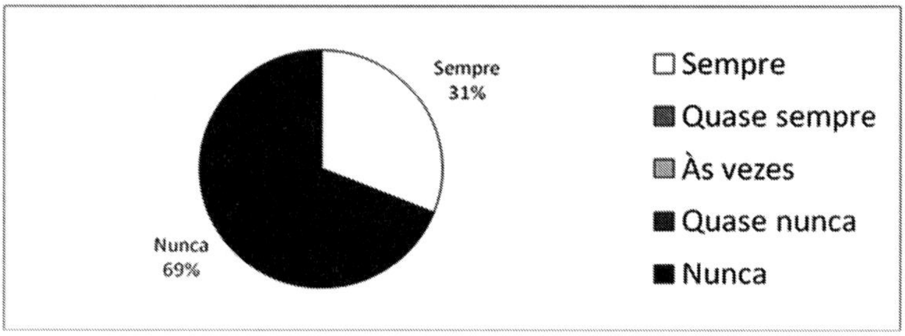

147. Se você se encontrasse em estado terminal e sem chance de cura, você optaria pela ortotanásia?

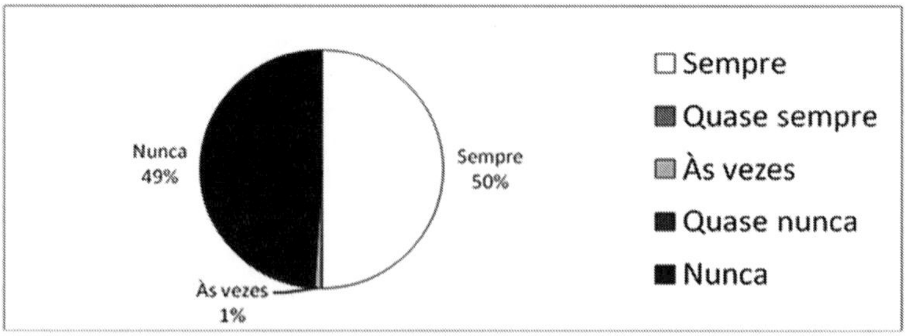

148. Se o paciente terminal não puder manifestar sua vontade, você acha correto que a família da pessoa decida sobre sua morte?

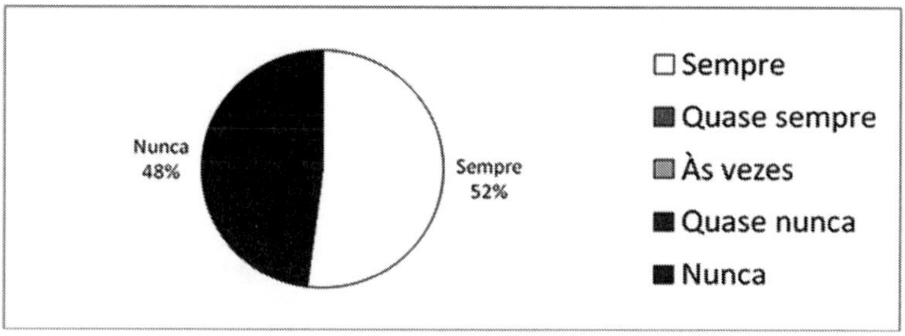

Classe Jurídica:

149. Há conhecimento teórico sobre a ortotanásia?

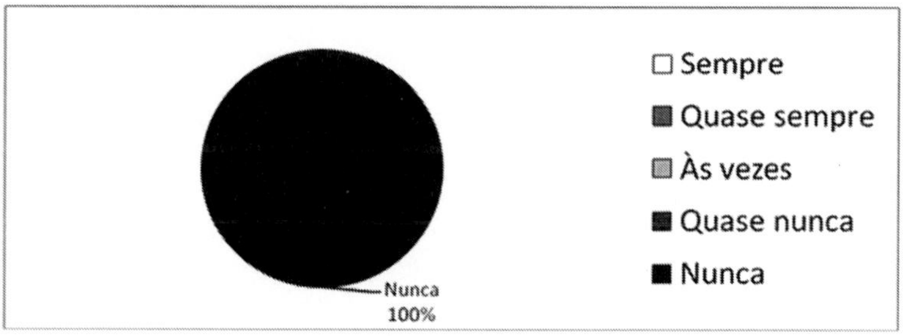

150. Você concorda com a prática da ortotanásia?

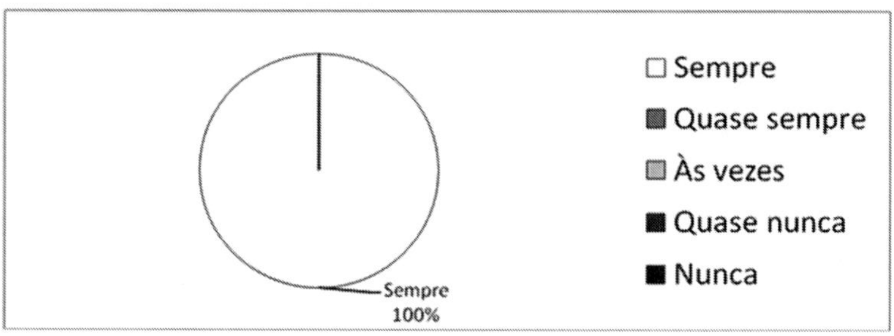

151. A legalização da ortotanásia contribuiria para a efetivação do princípio fundamental da dignidade da pessoa humana?

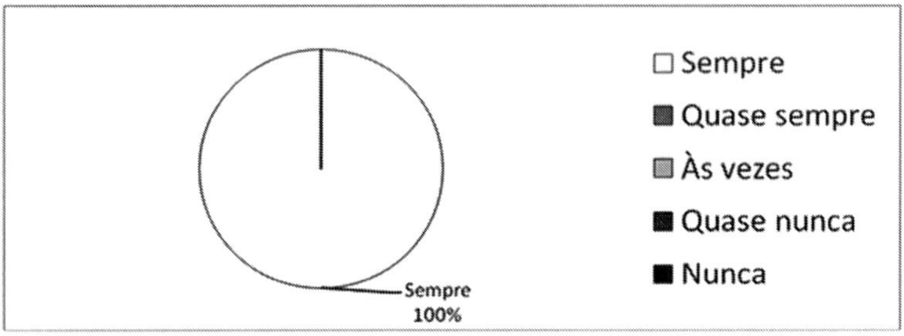

152. Você, como operador do direito, já se deparou com alguma situação em que clientes/jurisdicionados ou seus familiares pretendiam tutelas infinitas somente para retardar a morte? Você acha essa postura correta?

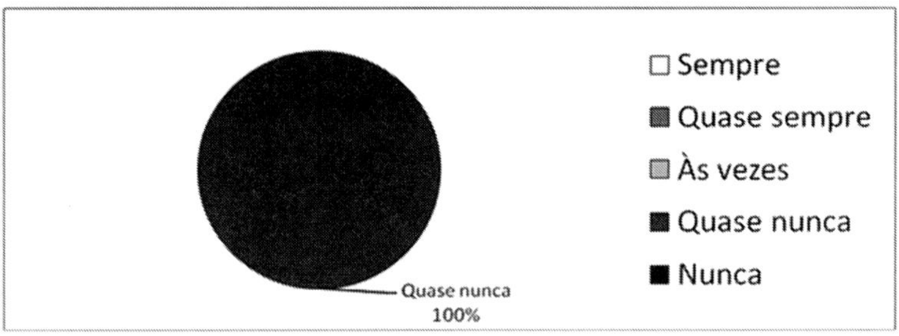

Capítulo 21
Relatório dos Resultados Obtidos

Matheus Paulo Rodrigues Dias
Acadêmico do 9º Período de Medicina
Coautor do livro: breves reflexões sobre transplantes no Brasil e o PIC transplantes
Palestrante do III Seminário Interdisciplinar Direito e Medicina

"Existem muitas hipóteses em ciência que estão erradas. Isso é perfeitamente aceitável, elas são a abertura para achar as que estão certas." (Carl Sagan)

Os resultados da pesquisa de campo foram obtidos a partir de formulários respondidos por indivíduos escolhidos de forma aleatória nas áreas pesquisadas. Foram questionados populares, operadores do direito e profissionais da medicina.

Em Aperibé, 95% dos populares afirmaram não saber o que é ortotanásia e apenas 5% disseram ter conhecimento sobre o assunto. Quando questionados se concordam com a prática da ortotanásia 87% dos habitantes responderam positivamente. 82% dos entrevistados optariam pela ortotanásia caso se encontrassem em estado terminal sem chances de cura. Para 85% das pessoas a família deve decidir sobre a morte do paciente, caso ele não possa manifestar sua vontade.

Quando questionados, 50% dos operadores do direito de Aperibé afirmaram que há conhecimento teórico sobre a ortotanásia. Também 50% disseram concordar com a prática da ortotanásia. 50% optaram pela resposta "às vezes" em relação ao questionamento se a legalização da ortotanásia contribuiria para a efetivação do princípio fundamental da dignidade da pessoa humana. Para 50% dos entrevistados não é correta a postura de clientes/jurisdicionados ou seus familiares que pretendem a tutela infinita apenas para retardar a morte.

Os profissionais da medicina de Aperibé, em 50% dos casos, responderam que quase sempre há conhecimento teórico sobre a ortotanásia. 50% dos entrevistados responderam quase sempre concordam com a prática da ortotanásia. 50% dos médicos responderam "às vezes" quando questionados se a saúde física do paciente é mais importante que a saúde mental. 50% dos entrevistados afirmaram que quase sempre sugeririam a ortotanásia a um paciente terminal.

Em Bom Jesus do Itabapoana, 82% dos populares afirmaram às vezes saber o que é ortotanásia. Quando questionados se concordam com a prática da ortotanásia 60% dos habitantes responderam "às vezes". 52% dos entrevistados ás vezes optariam pela ortotanásia caso se encontrassem em estado terminal sem chances de cura. Para 64% das pessoas a família não deve decidir sobre a morte do paciente, caso ele não possa manifestar sua vontade.

Quando questionados, 100% dos operadores do direito de Bom Jesus do Itabapoana afirmaram que há conhecimento teórico sobre a ortotanásia. 60% disseram não concordar com a prática da ortotanásia. 60% optaram pela resposta "às vezes" em relação ao questionamento se a legalização da ortotanásia contribuiria para a efetivação do princípio fundamental da dignidade da pessoa humana. Para 60% dos entrevistados é correta a postura de clientes/jurisdicionados ou seus familiares que pretendem a tutela infinita apenas para retardar a morte.

Os profissionais da medicina de Bom Jesus do Itabapoana, em 100% dos casos, responderam que há conhecimento teórico sobre a ortotanásia. 80% dos entrevistados responderam às vezes concordam com a prática da ortotanásia. 60% dos médicos responderam "nunca" quando questionados se a saúde física do paciente é mais importante que a saúde mental. 40% dos entrevistados afirmaram que sempre sugeririam a ortotanásia a um paciente terminal.

Em Cambuci, 96% dos populares afirmaram não saber o que é ortotanásia e apenas 4% disseram ter conhecimento sobre o assunto. Quando questionados se concordam com a prática da ortotanásia 84% dos habitantes responderam positivamente. 81% dos entrevistados optariam pela ortotanásia caso se encontrassem em estado terminal sem chances de cura. Para 76% das pessoas a família deve decidir sobre a morte do paciente, caso ele não possa manifestar sua vontade.

Quando questionados, 80% dos operadores do direito de Cambuci afirmaram que não há conhecimento teórico sobre a ortotanásia. 60% disseram concordar com a prática da ortotanásia. 60% optaram pela resposta "sempre" em relação ao questionamento se a legalização da ortotanásia contribuiria para a efetivação do princípio fundamental da dignidade da pessoa humana. Para 40% dos entrevistados não é correta a postura de clientes/jurisdicionados ou seus familiares que pretendem a tutela infinita apenas para retardar a morte.

Os profissionais da medicina de Cambuci, em 67% dos casos, responderam que há conhecimento teórico sobre a ortotanásia. 34% dos entrevistados responderam concordam com a prática da ortotanásia. 67% dos médicos responderam "às vezes" quando questionados se a saúde física do paciente é mais importante que a saúde mental. 50% dos entrevistados afirmaram que sugeririam a ortotanásia a um paciente terminal.

Em Italva, 74% dos populares afirmaram não saber o que é ortotanásia. Quando questionados se concordam com a prática da ortotanásia 80% dos habitantes responderam negativamente. 62% dos entrevistados ás vezes optariam pela ortotanásia caso se encontrassem em estado terminal sem chances de cura. Para 36% das pessoas às vezes a família deve decidir sobre a morte do paciente, caso ele não possa manifestar sua vontade.

Quando questionados, 100% dos operadores do direito de Italva afirmaram que há conhecimento teórico sobre a ortotanásia. 50% disseram não concordar com a prática da ortotanásia. 60% optaram pela resposta "sempre" em relação ao questionamento se a legalização da ortotanásia contribuiria para a efetivação do princípio fundamental da dignidade da pessoa humana. Para 60% dos entrevistados não é correta a postura de clientes/jurisdicionados ou seus familiares que pretendem a tutela infinita apenas para retardar a morte.

Os profissionais da medicina de Italva, em 100% dos casos, responderam que há conhecimento teórico sobre a ortotanásia. 60% dos entrevistados responderam às vezes concordam com a prática da ortotanásia. 100% dos médicos responderam "sempre" quando questionados se a saúde física do paciente é mais importante que a saúde mental. 60% dos entrevistados afirmaram que às vezes sugeririam a ortotanásia a um paciente terminal.

Em Itaocara, 94% dos populares afirmaram não saber o que é ortotanásia. Quando questionados se concordam com a prática da ortotanásia 85% dos habitantes responderam positivamente. 83% dos entrevistados optariam pela ortotanásia caso se encontrassem em estado terminal sem chances de cura. Para 74% das pessoas a família deve decidir sobre a morte do paciente, caso ele não possa manifestar sua vontade.

Quando questionados, 100% dos operadores do direito de Itaocara afirmaram que não há conhecimento teórico sobre a ortotanásia. 60% disseram concordar com a prática da ortotanásia. 40% optaram pela resposta "sempre" em relação ao questionamento se a legalização da ortotanásia contribuiria para a efetivação do princípio fundamental da dignidade da pessoa humana. Para 40% dos entrevistados é correta a postura de clientes/jurisdicionados ou seus familiares que pretendem a tutela infinita apenas para retardar a morte.

Os profissionais da medicina de Itaocara, em 60% dos casos, responderam que há conhecimento teórico sobre a ortotanásia. 60% dos entrevistados responderam concordam com a prática da ortotanásia. 40% dos médicos responderam "às vezes" quando questionados se a saúde física do paciente é mais importante que a saúde mental. 60% dos entrevistados afirmaram que sugeririam a ortotanásia a um paciente terminal.

Em Itaperuna, 57% dos populares afirmaram não saber o que é ortotanásia. Quando questionados se concordam com a prática da ortotanásia. 49% dos habitantes responderam positivamente. 47% dos entrevistados optariam pela ortotanásia caso se encontrassem em estado terminal sem chances de cura. Para 41% das pessoas a família deve decidir sobre a morte do paciente, caso ele não possa manifestar sua vontade.

Quando questionados, 38% dos operadores do direito de Itaperuna afirmaram que não há conhecimento teórico sobre a ortotanásia. 57% disseram concordar com a prática da ortotanásia. 63% optaram pela resposta "sempre" em relação ao questionamento se a legalização da ortotanásia contribuiria para a efetivação do princípio fundamental da dignidade da pessoa humana. Para 43% dos entrevistados é correta a postura de clientes/jurisdicionados ou seus familiares que pretendem a tutela infinita apenas para retardar a morte.

Os profissionais da medicina de Itaperuna, em 55% dos casos, responderam que às vezes há conhecimento teórico sobre a ortotanásia. 50% dos entrevistados responderam que às vezes concordam com a prática da ortotanásia. 50% dos médicos responderam "nunca" quando questionados se a saúde física do paciente é mais importante que a saúde mental. 70% dos entrevistados afirmaram que às vezes sugeririam a ortotanásia a um paciente terminal.

Em Laje do Muriaé, 43% dos populares afirmaram às vezes saber o que é ortotanásia. Quando questionados se concordam com a prática da ortotanásia 51% dos habitantes responderam "às vezes". 45% dos entrevistados às vezes optariam pela ortotanásia caso se encontrassem em estado terminal sem chances de cura. Para 43% () das pessoas às vezes a família deve decidir sobre a morte do paciente, caso ele não possa manifestar sua vontade.

Quando questionados, 40% dos operadores do direito de Laje do Muriaé afirmaram que quase nunca há conhecimento teórico sobre a ortotanásia. 60% disseram às vezes concordar com a prática da ortotanásia. 60% optaram pela resposta "quase nunca" em relação ao questionamento se a legalização da ortotanásia contribuiria para a efetivação do princípio fundamental da dignidade da pessoa humana. Para 60% dos entrevistados às vezes é correta a postura de clientes/jurisdicionados ou seus familiares que pretendem a tutela infinita apenas para retardar a morte.

Os profissionais da medicina de Laje do Muriaé, em 40% dos casos, responderam que às vezes há conhecimento teórico sobre a ortotanásia. 40% dos entrevistados responderam que concordam com a prática da ortotanásia. 60% dos médicos responderam "quase nunca" quando questionados se a saúde física do paciente é mais importante que a saúde mental. 60% dos entrevistados afirmaram que às vezes sugeririam a ortotanásia a um paciente terminal.

Em Miracema, 55% dos populares afirmaram às vezes saber o que é ortotanásia. Quando questionados se concordam com a prática da ortotanásia 33% dos habitantes responderam "às vezes". 49% dos entrevistados às vezes optariam pela ortotanásia caso se encontrassem em estado terminal sem chances de cura. Para 31% das pessoas quase sempre a família deve decidir sobre a morte do paciente, caso ele não possa manifestar sua vontade.

Quando questionados, 60% dos operadores do direito de Miracema afirmaram que às vezes há conhecimento teórico sobre a ortotanásia. 40% disseram concordar com a prática da ortotanásia. 80% optaram pela resposta "sempre" em relação ao questionamento se a legalização da ortotanásia contribuiria para a efetivação do princípio fundamental da dignidade da pessoa humana. Para 50% dos entrevistados às vezes é correta a postura de clientes/jurisdicionados ou seus familiares que pretendem a tutela infinita apenas para retardar a morte.

Os profissionais da medicina de Miracema, em 40% dos casos, responderam que às vezes há conhecimento teórico sobre a ortotanásia. 40% dos entrevistados responderam que concordam com a prática da ortotanásia. 80% dos médicos responderam "quase nunca" quando questionados se a saúde física do paciente é mais importante que a saúde mental. 40% dos entrevistados afirmaram que às vezes sugeririam a ortotanásia a um paciente terminal.

Em Natividade, 94% dos populares afirmaram não saber o que é ortotanásia e apenas 6% disseram ter conhecimento sobre o assunto. Quando questionados se concordam com a prática da ortotanásia 71% dos habitantes responderam positivamente. 59% dos entrevistados optariam pela ortotanásia caso se encontrassem em estado terminal sem chances de cura. Para 70% das pessoas a família não deve decidir sobre a morte do paciente, caso ele não possa manifestar sua vontade.

Quando questionados, 92% dos operadores do direito de Natividade afirmaram que não há conhecimento teórico sobre a ortotanásia. Também 92% disseram não concordar com a prática da ortotanásia. 83% optaram pela resposta "sempre" em relação ao questionamento se a legalização da ortotanásia contribuiria para a efetivação do princípio fundamental da dignidade da pessoa humana. Para 58% dos entrevistados não é correta a postura de clientes/jurisdicionados ou seus familiares que pretendem a tutela infinita apenas para retardar a morte.

Os profissionais da medicina de Natividade, em 100% dos casos, responderam que há conhecimento teórico sobre a ortotanásia. 80% dos entrevistados responderam não concordam com a prática da ortotanásia. 100% dos médicos responderam "nunca" quando questionados se a saúde física do paciente é mais importante que a saúde mental. 60% dos entrevistados afirmaram que sugeririam a ortotanásia a um paciente terminal.

Em Porciúncula, 89% dos populares afirmaram não saber o que é ortotanásia e apenas 11% disseram ter conhecimento sobre o assunto. Quando questionados se concordam com a prática da ortotanásia 68% dos habitantes responderam positivamente. 53% dos entrevistados optariam pela ortotanásia caso se encontrassem em estado terminal sem chances de cura. Para 62% das pessoas a família deve decidir sobre a morte do paciente, caso ele não possa manifestar sua vontade.

Quando questionados, 100% dos operadores do direito de Porciúncula afirmaram que não há conhecimento teórico sobre a ortotanásia. 75% disseram concordar com a prática da ortotanásia. 87% optaram pela resposta "sempre" em relação ao questionamento se a legalização da ortotanásia contribuiria para a efetivação do princípio fundamental da dignidade da pessoa humana. Para 62% dos entrevistados quase nunca é correta a postura de clientes/jurisdicionados ou seus familiares que pretendem a tutela infinita apenas para retardar a morte.

Os profissionais da medicina de Porciúncula, em 100% dos casos, responderam que há conhecimento teórico sobre a ortotanásia. 86% dos entrevistados responderam não concordam com a prática da ortotanásia. 86% dos médicos responderam "nunca" quando questionados se a saúde física do paciente é mais importante que a saúde mental. 86% dos entrevistados afirmaram que sugeririam a ortotanásia a um paciente terminal.

Em Santo Antônio de Pádua, 51% dos populares afirmaram às vezes saber o que é ortotanásia. Quando questionados se concordam com a prática da ortotanásia 38% dos habitantes responderam "nunca". 55% dos entrevistados às vezes optariam pela ortotanásia caso se encontrassem em estado terminal sem chances de cura. Para 31% das pessoas às vezes a família deve decidir sobre a morte do paciente, caso ele não possa manifestar sua vontade.

Quando questionados, 40% dos operadores do direito de Santo Antônio de Pádua afirmaram que quase sempre há conhecimento teórico sobre a ortotanásia. 40% disseram quase sempre concordar com a prática da ortotanásia. 60% optaram pela resposta "sempre" em relação ao questionamento se a legalização da ortotanásia contribuiria para a efetivação do princípio fundamental da dignidade da pessoa humana. Para 40% dos entrevistados não é correta a postura de clientes/jurisdicionados ou seus familiares que pretendem a tutela infinita apenas para retardar a morte.

Os profissionais da medicina de Santo Antônio de Pádua, em 40% dos casos, responderam que às vezes há conhecimento teórico sobre a ortotanásia. 60% dos entrevistados responderam que às vezes concordam com a prática da ortotanásia. 40% dos médicos responderam "quase sempre" quando questionados se a saúde física do paciente é mais importante que a saúde mental. 40% dos entrevistados afirmaram que quase sempre sugeririam a ortotanásia a um paciente terminal.

Em São José de Ubá, 62% dos populares afirmaram não saber o que é ortotanásia. Quando questionados se concordam com a prática da ortotanásia 60% dos habitantes responderam "nunca". 60% dos entrevistados às vezes optariam pela ortotanásia caso se encontrassem em estado terminal sem chances de cura. Para 41% das pessoas a família deve decidir sobre a morte do paciente, caso ele não possa manifestar sua vontade.

Quando questionados, 100% dos operadores do direito de São José de Ubá afirmaram que há conhecimento teórico sobre a ortotanásia. 75% disseram não concordar com a prática da ortotanásia. 80% optaram pela resposta "sempre" em relação ao questionamento se a legalização da ortotanásia contribuiria para a efetivação do princípio fundamental da dignidade da pessoa humana. Para 100% dos entrevistados não é correta a postura de clientes/jurisdicionados ou seus familiares que pretendem a tutela infinita apenas para retardar a morte.

Os profissionais da medicina de José de Ubá, em 100% dos casos, responderam que há conhecimento teórico sobre a ortotanásia. 40% dos entrevistados responderam que concordam com a prática da ortotanásia. 60% dos médicos responderam "nunca" quando questionados se a saúde física do paciente é mais importante que a saúde mental. 33% dos entrevistados afirmaram que ás vezes sugeririam a ortotanásia a um paciente terminal.

Em Varre-Sai, 92% dos populares afirmaram não saber o que é ortotanásia. Quando questionados se concordam com a prática da ortotanásia 69% dos habitantes responderam "nunca". 50% dos entrevistados optariam pela ortotanásia caso se encontrassem em estado terminal sem chances de cura. Para 52% das pessoas a família deve decidir sobre a morte do paciente, caso ele não possa manifestar sua vontade.

Quando questionados, 100% dos operadores do direito de Varre-Sai afirmaram que não há conhecimento teórico sobre a ortotanásia. 100% disseram concordar com a prática da ortotanásia. 100% optaram pela resposta "sempre" em relação ao questionamento se a legalização da ortotanásia contribuiria para a efetivação do princípio fundamental da dignidade da pessoa humana. Para 100% dos entrevistados quase nunca é correta a postura de clientes/jurisdicionados ou seus familiares que pretendem a tutela infinita apenas para retardar a morte.

Capítulo 22
Análise dos Resultados

Amauri Chaves Filho
Estudante-pesquisador do 9º período de Medicina
Foi estagiário da UTI-NEUROVASCAULAR do Hospital São Jose do Avaí.
Monitor de Anatomia Humana II e Doeças Infecto-parasitaria (DIP).

"O papel do pesquisador é o de servir como veículo inteligente e ativo"entre esse conhecimento acumulado na área e as novas evidências que serão estabelecidas a partir da pesquisa." (LÜDKE; ANDRÉ)

Na região Noroeste do estado do Rio de Janeiro, foi realizado um estudo de campo sobre o tema Ortotanásia com público alvo pertencente às seguintes classes: Médica, Operadores do Direito e a Popular. As cidades envolvidas nesta pesquisa foram: Aperibé, Bom Jesus do Itabapoana, Cambuci, Italva, Itaocara, Itaperuna, Laje do Muriaé, Miracema, Natividade, Porciúncula, Santo Antônio de Pádua, São José de Ubá e Varre-Saí.

Nesses 13 municípios foram entrevistadas 1934 pessoas no total, sendo que: 91 médicos, 143 operadores do direito e 1700 populares. Todos responderam um questionário com quatro perguntas, de acordo com a sua respectiva classe. Cada questionário possuía uma pergunta em comum, se "há conhecimento teórico sobre a ortotanásia?".

Pode-se observar que a classe médica, na maioria dos municípios, teve uma resposta favorável, apresentando conhecimento teórico sobre o tema, por se tratar de uma situação frequente do cotidiano médico. Já a classe dos operadores do direito analisaram a temática com uma outra ótica, sendo o referido assunto abordado com mais frequência nas hipóteses de ameaça e/ou violação ao direito à vida e à dignidade da pessoa humana, necessitando, por conseguinte, de ajuizamento de ações para garantir tais direitos. No que tange a classe popular verificou-se que muitos desconhecem a Ortotanásia, bem como confundem a mesma com a Eutanásia e a Distanásia, não sabendo diferenci-las e nem o seu real significado perante a sociedade pós-moderna.

A cidade com melhor índice de conhecimento sobre a Ortotanásia foi Bom Jesus do Itabapoana (82% da classe popular, 100% da classe médica e 100% de operadores do direito possuem conhecimento) e a com pior índice é Laje do Muriaé (43% Classe popular, 40% da Classe Médica e 40% da Classe dos operadores do direito possuem pouco conhecimento).

De acordo com a conscientização sobre a Ortotanásia, na classe popular e a medida que esta foi adquirindo conhecimento, realizou-se o seguinte questionamento: "Se você se encontrasse em estado terminal e sem chance de cura, você optaria pela ortotanásia?". Pode-se observar que a conscientização sobre a Ortotanásia tem significados expressivos, pois aquelas pessoas que não tinham nenhum ou pouco conhecimento sobre o assunto, conseguiram assimilar e optar pela Ortotanásia, caso encontrasse em estado terminal e sem chance de cura. Como exemplo: Na cidade de Aperibé- RJ, cerca de 94% da classe popular não tinha nenhum conhecimento sobre a ortotanásia, e a partir das atividades envolvendo a pesquisa foram adquirindo e aceitando a informação, 82% optariam pela morte natural, pela morte boa, ou seja, pela Ortotanásia. Foi visto isso também nas cidades de Cambuci- RJ e de Itaocara – RJ. Na cidade de Cambuci-RJ 96% não possuíam conhecimento e logo após a conscientização 81% afirmaram em optar pela ortotanásia. Na cidade de Itaocara –RJ 94% não possuíam conhecimento e após a explicação 81% optariam por esta. Já no município de Varre-Saí não se teve um resultado tão significativo como este acima. Foi observado que 92% dos entrevistados não tinham nenhum conhecimento sobre o assunto e, mesmo com a realização da conscientização, somente 50% optariam pela ortotanásia.

Por ser um assunto corriqueiro na classe médica, a ortotanásia submeteu-se a essa classe um questionamento importantíssimo e indispensável, que gerou certas discussões em que corroboraram com o estudo em questão, sendo: "Você sugeriria a ortotanásia a um paciente terminal?". Como descrito acima, esse tema foi muito discutido, porque o objetivo do médico é sempre lutar pela a vida do paciente independente em qual situação se apresente. Esse querer salvar as vidas vem desde a formação acadêmica. E ao se deparar com um paciente terminal é muito difícil realizar a escolha correta e decidir-se pela Ortotanásia. Sabe-se que esta escolha envolve uma série de fatores como a família do paciente, o paciente em si e o médico em questão. É um escolha muito pessoal e varia de médico para médico. Por este motivo, que os resultados foram divergentes, pois como foi visto, a classe médica tem conhecimento, autonomia e responsabilidade sobre a escolha da Ortotanásia, indiscutivelmente maior do que as outras duas classes entrevistadas, pelo motivo de lidar com essa situação dia-a-dia. Então, chegou-se aos seguintes resultados: No município de Bom Jesus do Itabapoana - RJ, Cambuci - RJ, Itaocara - RJ, Natividade - RJ e Porciúncula - RJ obteve-se os respectivos índices: 40%, 50%, 60%, 60% e 86% dos entrevistados afirmaram que sempre sugerem essa prática ao paciente terminal. Já nas cidades de Aperibé - RJ, Italva - RJ, Itaperuna - RJ, Laje do Muriaé - RJ, Miracema –RJ, Santo Antônio de Pádua-RJ e São José de Ubá – RJ apresentaram os respectivos resultados: 50%, 60%, 70%, 60%, 40%, 40% e 33% dos médicos optariam as vezes por esta prática, ou seja, dependeria muito da situação, caso em questão para se posicionarem, sugerindo ou não a ortotanásia a um paciente terminal. De acordo com esta análise, pode-se notar que na cidade de Natividade e Porciúncula apresentaram maiores índices quanto à esta pratica. Entretanto, o município de São Jose de Ubá teve o pior índice de realização desta pratica.

Quando se correlaciona os temas Ortotanásia e o princípio fundamental da dignidade da pessoa humana, há um novo tópico interessantíssimo a ser discutido, pois tem que se ponderar até que ponto irá perceber que a ortotanásia poderá ferir o princípio fundamental da dignidade da pessoa humana, ou em momento algum esta traz perda desse princípio.

A autora Roxana Borges elucida que:

> A concepção de dignidade humana que nós temos liga-se à possibilidade de a pessoa conduzir sua vida e realizar sua personalidade conforme sua própria consciência, desde que não sejam afetados direitos de terceiros. Esse poder de autonomia também alcança os momentos finais da vida da pessoa (BORGES, 2001).

Os momentos finais da vida em que a autora Roxana Borges expõe abrangem o processo de morte, que deveria ser certificada a autonomia daquele que procura ter um fim de vida digno, que é o chamado de o direito de morrer dignamente. Então, observa-se que o direito à morte honesta, a partir da ortotanásia, é permeado pela dignidade da pessoa humana, que se relaciona com outros direitos e princípios da Constituição da República Federativa do Brasil (BOMTEMPO, 2011).

De acordo com a pesquisa de campo realizada com a classe de operadores do direito, nas cidades envolvidas, observou-se que foi fidedigno o questionamento respondido pela maioria dos entrevistados com a literatura através da seguinte pergunta: "A legalização da ortotanásia contribuiria para a efetivação do princípio fundamental da dignidade da pessoa humana?". Das 13 cidades envolvidas na pesquisa, nove municípios concordaram sempre com a legalização da Ortotanásia com o objetivo de contribuir para a efetivação do princípio fundamental da dignidade da pessoa humana.

Os municípios são: Cambuci – RJ com 60% de aprovação; Italva - RJ com 60%; Itaocara – RJ com 40%; Itaperuna – RJ com 63%; Miracema - RJ com 80%; Natividade – RJ com 83%; Porciúncula – RJ com 87%; São José de Ubá – RJ com 80% e Varre- Saí com 100% dos entrevistados da classe dos operadores do direito. Já nas cidades de Bom Jesus do Itabapoana – RJ, Aperibé – RJ e Santo Antônio de Pádua – RJ, observou-se que quando os operadores do direito foram interrogados sobre essa conduta, não souberam afirmar com clareza sobre esta legalização, respondendo que concordam "as vezes" com esta medida. Sendo respectivamente os índices de 60%, 50% e 55% conforme as cidades citadas anteriormente. Notou-se também que no município de Laje do Muriaé 60% dos operadores do direito "quase nunca" concordaram com essa medida.

REFERÊNCIAS

BORGES, Roxana Cardoso Brasileiro. **Direito de morrer dignamente:** eutanásia, ortotanásia, consentimento informado, testamento vital, análise constitucional e penal e direito comparado. In:SANTOS, Maria Celeste Cordeiro Leite. Biodireito: ciência da vida, os novos desafios. São Paulo: Ed. Revista dos Tribunais, 2001, p. 283-305.

BOMTEMPO, Tiago Vieira. Análise constitucional da ortotanásia: O direito de morrer com dignidade. In: **Âmbito Jurídico**, Rio Grande, XIV, n. 93, out 2011.

Disponível em: <>. Acesso em abr 2015.

Sexta Seção
Conclusão

Capítulo 23
Conclusões do Projeto
Objetivos Alcançados com o Desenvolvimento do Projeto de Iniciação Científica

Marlene Soares Freire Germano
Mestre em Educação
Especialista em Planejamento e Educação
Professora do Cursos de Direito e Adminiatração
Professora Assistente do PIC Ortotanásia

Neste capítulo serão abordados os resultados do PIC, Projeto de iniciação científica, desenvolvido de forma Interdisciplinar com os Cursos de Direito e Medicina, sobre a Ortotanásia, tema de profunda relevância para os profissionais dessas áreas de conhecimento, bem como da população em geral. Para Borges (2007, p. 234): "A eutanásia verdadeira é a morte provocada em paciente vítima de forte sofrimento e doença incurável. Se a doença não for incurável, afasta-se a eutanásia [...]".

A Ortotanásia já mencionada em capítulos anteriores trata da morte digna, aquela que ocorre sem antecipar, nem postergar o momento final da existência humana em cumprimento aos princípios fundamentais tanto para a ciência médica quanto para a jurídica, quer sejam, da proteção à pessoa e a sua dignidade, tema que ainda suscita muitas controvérsias e por vezes é confundido com a Eutanásia e a Distanásia e, tratar deste tema de forma interdisciplinar só fez ampliar o entendimento sobre o mesmo, pela abordagem integradora com que foi tratado.

Como aponta Fazenda (2001), a interdisciplinaridade vem substituir a visão fragmentada do conhecimento - instalada pelo positivismo de Augusto Comte, cujas ideias valorizavam as ciências consideradas formas por excelência do conhecimento humano - para estabelecer uma integração das disciplinas, ou seja, todo conhecimento mantém um diálogo permanente com outros saberes, os quais podem ser de questionamento, de confirmação, de complementação, de negação ou de ampliação. E a autora chama atenção para o fato de que a interdisciplinaridade supõe um eixo integrador que pode ser objeto de conhecimento, num projeto de investigação.

Ademais a proposta de integrar os dois cursos no referido trabalho se realiza por despertar nos estudantes o interesse pela pesquisa, atividade fundamental para a vida acadêmica, pois, como alerta Demo (2001, 2002) - um dos estudiosos da educação brasileira que muito contribui para a questão da pesquisa -, ao conclamar a importância de se instituir práticas investigativas na vida escolar como sendo estratégia fundamental de aprendizagem reconstrutiva e de gestação da autonomia do sujeito na produção do conhecimento.

Com este olhar o PIC se propôs conhecer a prática da ortotanásia, sua licitude, o projeto de lei que visa disciplinar sua aplicação, bem como a posição do Conselho Federal de Medicina, aliada ao questionamento sobre as questões que envolvem o consentimento da pessoa para a consciente opção de se submeter ou não à referida prática, bem como conscientizar a comunidade acadêmica e a sociedade no âmbito do município de Itaperuna sobre a correta aplicação da ortotanásia. Nesse contexto, a pesquisa revela com clareza, por parte dos estudantes dos cursos de Direito e Medicina, como se dá a prática da Ortotanásia, ao afirmar que a referida prática se faz em cumprimento à proteção e à dignidade da pessoa, por permitir que em fase final de sua vida possa a pessoa enferma ter um final de vida mais humanizado e digno, uma vez que a Ortotanásia, se refere à morte "no tempo certo", sem antecipar, nem postergar o momento final da existência humana. Adotando-se uma reflexão sobre a reapropriação da morte pelo titular da vida, para compreender a finitude como uma importante fase da existência humana, e não mais como uma fase temida, indesejada e inimiga: a morte encarada de forma serena, sublime, em que a dignidade deve ser tão resguardada quanto em qualquer outra etapa da vida humana.

Alerta, ainda que na esfera jurídica, a medicina fica encarregada de determinar o momento da morte, que se constitui tradicionalmente na certeza da cessação total e permanente de todas as funções vitais do organismo como indicativo de morte real. É a partir desse momento que surge a suspensão dos direitos os quais englobam a vida civil. A preocupação jurídica surge no momento em que se deve estabelecer o vínculo entre o fato biológico e que consequências jurídicas irão resultar dele, porque ser humano, diferenciando-se das outras espécies, deve apresentar-se como alguém que seja detentor de uma dignidade inviolável.

Por inexistência de uma lei regulamentadora sobre a Ortotanásia, o Conselho Federal de Medicina já publicou a Resolução Nº 1805/2006 e Nº 1995/2012: a primeira dispondo sobre em quais situações poderá haver a suspensão ou limitação dos procedimentos médicos e a outra validando as diretivas antecipadas de vontade, respectivamente. Dispôs também as resoluções sobre as chamadas diretrizes antecipadas da vontade, ou seja, é o denominado testamento vital, documento onde a pessoa, desde que, juridicamente capaz e lúcida, declara o desejo de submeter-se ou não a tratamentos médicos caso inexista possibilidade de cura, ou mesmo quando encontrar-se em estado terminal.

Ao investigar sobre a opinião dos médicos e operados do direito sobre a prática da ortotanásia, pode-se observar que ambosos profissionais possuem informações precisas sobre a mesma, garantindo os médicos que hoje esta é a formamais segura de se garantir a não aplicação de uma terapêutica excessiva, seja em fármacos ou em tecnologias instrumentais. Por isso, o Conselho de Ética Médica desde 1988 vem abordando os direitos do paciente terminal, visando sempre protegê-lo de todo e qualquer ato antiético que lhe promova sofrimento físico ou moral, reforçado pelo de CE de 2010, mais enfático quanto à proibição da prorrogação do sofrimento do paciente terminal.

Os operadores do Direito explicam que a ortotanásia, por seu turno, embora sem o emprego do vocábulo que designa a sua conduta configuradora, tem seu conceito expressamente tratado no Projeto de Lei do Senado nº 236/2012 (artigo 122, § 2º, acima transcrito), em que está formalmente reconhecida como causa de exclusão de ilicitude do fato-crime, ante a indicação categórica da expressão literal que intitula o dispositivo.

Embora a discussão sobre o tema envolva questões éticas e filosóficas, para os juristas o projeto de lei, ao que parece, dá adequado tratamento ao tema ao inseri-lo no sistema penal como causa de exclusão da ilicitude do fato, evitando ampliar as controvérsias sobre o assunto. Assim, ambas as ciências, Direito e Medicina, dialogam sempre, traçando uma necessária interdisciplinaridade com o fito de garantir a tutela e assegurar a efetividade quanto aos bens jurídicos de maior relevância que o ordenamento tenta proteger: o direito fundamental à vida, à saúde, à liberdade e à dignidade da pessoa humana.

Kovács (2014) ressalta que:

> Para se ter dignidade é fundamental: ter conhecimento da aproximação da morte, controle; intimidade e privacidade; conforto para sintomas incapacitantes; escolha do local da morte; ter informação, esclarecimento, apoio emocional e espiritual; acesso a cuidados paliativos; pessoas com quem compartilhar; acesso às diretivas antecipadas de vontade, poder decisório e poder se despedir; partir sem impedimentos. É a possibilidade de recuperar aspectos da morte domada como evento natural e com pessoas significativas.

As informações da população em geral sobre a Ortotanásia, também objetivo desta pesquisa, demonstram em seus resultados que a grande maioria dos entrevistados nos municípios de Itaperuna e adjacências fronteiriças não possuía informações sobre o assunto, entretanto, como a proposta deste Projeto incluía esclarecimento à comunidade geral e acadêmica, foram realizados trabalhos de conscientização, por meio de atendimentos individuais à população, em postos de saúde e, ainda, palestras com profissionais das áreas Médica e Jurídica, dirimindo as dúvidas acerca do assunto, e apresentação de trabalhos, pelo grupo de pesquisadores do PIC no auditório da Universidade Iguaçu/Campus V, aos estudantes de Direito e Medicina.

Debater sobre a morte não é muito fácil, porque significa o fim da vida, e este é um momento doloroso para a família, entretanto, a situação dos pacientes terminais sem qualquer possibilidade de cura, agonizando e sendo submetidos a tratamentos atrozes, desumanos, sobrevivendo por estarem vinculados aos aparelhos, prolongando a morte e vendo violado seu direito de viver e muito mais o de morrer com dignidade, tem suscitado no meio médico a prática da Ortotanásia.

Inegavelmente os progressos tecnológicos e científicos fizeram com que a vida pudesse ser mantida por um lapso temporal cada vez mais extenso, porém questionamentos sobre até que ponto prolongar a vida com sofrimentos do paciente e da família valem a pena? Será que dessa forma estaria sendo resguardada dignidade da pessoa humana, princípio basilar da legislação brasileira?

No rastro dessas discussões conceitos, doutrinas e jurisprundências são criadas e alteradas todos os dias sob seus auspícios. A sociedade sofrendo mutações diárias no que tange a costumes como diretrizes, renovando conceitos e ditando novas regras e limites de convívios sociais, colocam a Ortotanásia no centro dos debates interdisciplinares entre Medicina e Direito promovendo na sociedade reflexões extremamente importantes sobre o assunto, afinal a vida é o nosso bem maior.

E, por essa razão, ao tratar da vida, devem as discussões sobre a Ortotanásia, atentar-se para a legalidade e eticidade de sua aplicação no Brasil, frisando que a mesma não abrevia a vida nem a posterga, apenas oferece ao doente terminal cuidados paliativos e apoio psicológico para que a morte se dê no tempo certo, sem excesso terapêutico e tratamentos dolorosos e fúteis, por sua absoluta desnecessidade no quadro de terminalidade.

Mesmo que sofrida para os que ficam, vista como um mistério incompreensível, ou como um absurdo inaceitável, inegavelmente é fim de todos.

REFERÊNCIAS

BORGES, Roxana Cardoso Brasileiro. **Direitos de personalidade e autonomia privada**. 2. ed. São Paulo: Saraiva, 2007.

BRASIL, CONSELHO FEDERAL DE MEDICINA. **Resolução CFM n. 1805, 28 de novembro de 2006**.

CABRAL, H. L. T. B. ; GREGÓRIO, P. V. O. **Ortotanásia e o PLS nº 116 de 2000 como Direito à Morte Digna.** Revista Jurídica LEX. nº 56 . Mar-Abr/2012.

MORAES, Alexandre de. **Constituição do Brasil interpretada e legislação constitucional**. 8. ed. atualizada até a EC nº 67/10. São Paulo: Atlas, 2011.

Capítulo 24
Considerações Finais sobre O Direito de Morrer Dignamente

Hildeliza Lacerda Tinoco Boechat Cabral

Doutoranda em Ciências Jurídicas pela UNLP.

Mestre em Cognição e Linguagem pela UENF

Autora das obras Consentimento Informado no Exercício da Medicina e Tutela dos Direitos Existenciais – uma visão interdisciplinar Direito e Medicina (2011) e Síntese de Direito do Consumidor (2012). Professora dos cursos de Direito e Medicina da Universidade Iguaçu – Itaperuna. Associada ao IBDFAM. Orientadora do PIC Ortotanásia

> *Nasce uma sabedoria a partir da reflexão, aceitação e assimilação do cuidado da vida humana no sofrimento do adeus final. Entre dois limites opostos, de um lado a convicção profunda de não matar, de outro a visão para não protelar ou adiar pura e simplesmente a morte. Entre o não matar e o não judiar terapeuticamente, está o amarás* (PESSINI; BARCHIFONTAINE, 2014, p. 455).

A morte digna transformou-se em uma espécie de jargão que as pessoas repetem sem saber muito bem do que se trata e sem compreender como promovê-la. Pior, ligam a noção de Ortotanásia ao conceito de Eutanásia e imaginam tratar-se de expressões sinônimas, demonstrando certa surpresa quando se está a defendê-la. Isso se deve ao fato de que a morte sempre traz, desde a Antiguidade, uma série de mitos e mistérios, fazendo com que as pessoas tenham muita resistência em falar sobre ela. É uma realidade desconhecida pelos vivos, que nunca foi vivenciada pelas pessoas que acompanham o enfermo terminal, e como tudo o que é desconhecido, a morte gera medos, dúvidas, ansiedades e muitas dificuldades de enfrentamento.

Entretanto, em alguns países do mundo como França e Estados Unidos da América - influência que vem chegando ao Brasil, em São Paulo desde 2014 - as pessoas já começam a se preocupar com essa fase da existência humana que necessita ser analisada e programada. Nesse sentido, alguns grupos de pessoas com idades variadas se reúnem periodicamente para falar sobre a finitude da vida humana e programar-se para o momento em que a morte se aproximar. São os denominados *Death Cafe Sampa*, que reúnem aqueles que participam de palestras e círculos de debates sobre como morrer com dignidade.

A vida humana tem sido cada vez mais influenciada pelos recursos tecnológicos próprios desta avançada era tecnocientífica (2015) o que tem levado os médicos e a família do paciente com doença irreversível e terminal ao prolongamento artificial da vida por um lapso temporal cada vez mais longo, a despeito das agruras e sofrimentos que lhe são impostos, valendo-se da Distanásia para postergar a morte para além do tempo natural, ameaçando-lhe a dignidade - um direito fundamental contido na cláusula geral dos direitos da personalidade agasalhada no art. 1º, inciso III da CF de 1988. E o fazem sem o consentimento do enfermo, sem ao menos procurar saber como ele próprio escolheria passar seus derradeiros dias.

Ortatanásia é expressão cunhada por Jacques Roskam - e por ele apresentada no I Congresso de Gerontologia, na Bélgica, em 1950, quando ousou afirmar que entre antecipar a morte (eutanásia) e postergá-la artificialmente para além de seu tempo (distanásia) existe um conceito intermediário, a "morte no tempo certo" (conceito etimológico), o mais serena e natural possível. Naquela época, a tecnologia de que se dispunha já começava a preocupar os estudiosos com o excesso terapêutico que impunha dor extrema e tratamentos fúteis ao paciente terminal e sem nenhuma chance de cura. Vale lembrar que esse fato se deu logo após a Declaração Universal dos Direitos Humanos (1948), que consagrou a dignidade da pessoa humana como princípio basilar logo no art. 1º. A partir de então, o estudo da Ortotanásia foi crescendo timidamente, acompanhando a atual perspectiva dos direitos de personalidade e da autodeterminação da pessoa como direito fundamental.

Constatou-se nesta abordagem da Ortotanásia que a atual perspectiva dos direitos de personalidade promoveu uma conscientização no sentido de que tanto o Direito como a Medicina devem empreender esforços no sentido de efetivar a dignidade da pessoa humana, de promover a aplicação do princípio da dignidade da pessoa humana na realidade fática, proporcionando-lhe bem-estar de forma real e autêntica. Ambas as ciências possuem um objeto comum que é tutelar a pessoa e seus direitos de personalidade; e que, embora o foco se diversifique, apresentam um fim comum último: o cumprimento dos ideais de proteção à dignidade da pessoa, a efetividade da tutela da dignidade da pessoa humana.

O Direito tem buscado a concretização da tutela da dignidade protegendo a vontade humana, a autodeterminação (que é a faculdade de autogovernar-se) haja vista a ampla tutela dos direitos existenciais já consagrados, as disposições do vigente Código Civil no sentido de respeitar a pessoa (notadamente o art. 15), o projeto de lei Nº 236 do Senado Federal que visa alterar o Código Penal (descriminalizando a prática da Ortotanásia), o Projeto de Lei Nº 599/2014 (sobre cuidados paliativos) e o Enunciado Nº 527 do CJF validando a vontade expressada em testamento vital.

Por seu turno, a Medicina tem passado por um profundo movimento de humanização, um fenômeno que retira o foco da doença e lança luz sobre a pessoa enferma, prestigiando sua vontade. É o que se pode verificar a partir de Resoluções do Conselho Federal de Medicina que passam a valorizar a vontade da pessoa e suas escolhas. Muitas evoluções nesse sentido têm sido implementadas por meio de Resoluções do Conselho Federal de Medicina que disciplinam a atuação médica em relação aos direitos de personalidade da pessoa enferma, tais como a Resolução Nº 1.805/2006 (que disciplina a Ortotanásia e adoção de cuidados paliativos), a Resolução Nº 1.931/2009 do CFM (o vigente Código de Ética Médica, notadamente em seu art. 41), a Resolução Nº 1.995/2012 do CFM (que impõe respeito às diretivas antecipadas de vontade).

É necessário que se permita à pessoa "viver a própria vida e morrer a própria morte" (Diaulas Costa Ribeiro), reapropriando-se de suas diferentes fases de vida, entendendo a morte como uma dessas fases que merece tanto respeito e cuidado quanto às demais, procurando fornecer a ela afeto e condições psicoemocionais que lhe permitam sentir-se amada e segura para morrer serena e dignamente, já que se percebe a morte digna como um reflexo da vida digna. É preciso que médicos e familiares ressignifiquem o processo de morte, adotando nova conduta em relação às decisões e escolhas conscientes que o enfermo realiza para a própria vida e sua morte.

Essa compreensão inicia-se com a releitura do juramento hipocrático, entendendo os médicos que a dignidade da pessoa é o mais alto valor do ser humano e que não causar lesão a esse axioma é mais sublime que prolongar a vida relativizando os direitos de personalidade. É importante ouvir o enfermo como sujeito de sua autodeterminação e ler as expressões faciais e do olhar para atender ao seu reclamo de morrer em casa, longe das sirenes, dos aparelhos sonoros que o frio CTI produz e que o torna apenas mais um no seu momento mais frágil e sensível - o ocaso da vida humana.

A Oortotanásia não admite abandono do enfermo e está intimamente relacionada à adoção de cuidados paliativos que objetivam minorar a dor e oferecer bem-estar à pessoa que necessita de alento quando as dores lhe atingem a alma. Os tratamentos paliativos se restringem aos medicamentos e procedimentos que produzem conforto ao doente para morrer em paz. Enfatiza-se que nenhum tratamento fútil deverá ser aplicado ao enfermo terminal, entendendo-se como fúteis os tratamentos que apresentam uma absoluta ineficácia em relação à cura da pessoa. Estabelecem-se, portanto, pressupostos para a aplicação ética e legal da Ortotanásia: constatação do estado de terminalidade de doença grave, suspensão de tratamentos fúteis, adoção de cuidados paliativos e autodeterminação do paciente, que se traduz na opção consciente pela Ortotanásia, seja por meio de vontade expressa em diretivas antecipadas de vontade, seja por decisão tomada quando já enfermo (desde que em gozo de capacidade). Se a pessoa doente estiver inconsciente, nesse caso, sim, caberá à família em conjunto com a equipe médica a decisão de adotar a Ortatanásia como medida de proteção à dignidade daquele que se já cumpriu sua trajetória neste mundo e segue para a eternidade.

Anexo I
Resolução nº 1805/2006 do CFM

CONSELHO FEDERAL DE MEDICINA

RESOLUÇÃO CFM Nº 1.805/2006
(Publicada no D.O.U., 28 nov. 2006, Seção I, pg. 169)

Na fase terminal de enfermidades graves e incuráveis é permitido ao médico limitar ou suspender procedimentos e tratamentos que prolonguem a vida do doente, garantindo-lhe os cuidados necessários para aliviar os sintomas que levam ao sofrimento, na perspectiva de uma assistência integral, respeitada a vontade do paciente ou de seu representante legal.

O Conselho Federal de Medicina, no uso das atribuições conferidas pela Lei nº 3.268, de 30 de setembro de 1957, alterada pela Lei nº 11.000, de 15 de dezembro de 2004, regulamentada pelo Decreto nº 44.045, de 19 de julho de 1958, e

CONSIDERANDO que os Conselhos de Medicina são ao mesmo tempo julgadores e disciplinadores da classe médica, cabendo-lhes zelar e trabalhar, por todos os meios ao seu alcance, pelo perfeito desempenho ético da Medicina e pelo prestígio e bom conceito da profissão e dos que a exerçam legalmente;

CONSIDERANDO o art. 1º, inciso III, da Constituição Federal, que elegeu o princípio da dignidade da pessoa humana como um dos fundamentos da República Federativa do Brasil;

CONSIDERANDO o art. 5º, inciso III, da Constituição Federal, que estabelece que "ninguém será submetido a tortura nem a tratamento desumano ou degradante";

CONSIDERANDO que cabe ao médico zelar pelo bem-estar dos pacientes;

CONSIDERANDO que o art. 1° da Resolução CFM n° 1.493, de 20.5.98, determina ao diretor clínico adotar as providências cabíveis para que todo paciente hospitalizado tenha o seu médico assistente responsável, desde a internação até a alta;

CONSIDERANDO que incumbe ao médico diagnosticar o doente como portador de enfermidade em fase terminal;

CONSIDERANDO, finalmente, o decidido em reunião plenária de 9/11/2006,

RESOLVE:

Art. 1º É permitido ao médico limitar ou suspender procedimentos e tratamentos que prolonguem a vida do doente em fase terminal, de enfermidade grave e incurável, respeitada a vontade da pessoa ou de seu representante legal.

§ 1º O médico tem a obrigação de esclarecer ao doente ou a seu representante legal as modalidades terapêuticas adequadas para cada situação.

§ 2º A decisão referida no caput deve ser fundamentada e registrada no prontuário.

§ 3º É assegurado ao doente ou a seu representante legal o direito de solicitar uma segunda opinião médica.

Art. 2º O doente continuará a receber todos os cuidados necessários para aliviar os sintomas que levam ao sofrimento, assegurada a assistência integral, o conforto físico, psíquico, social e espiritual, inclusive assegurando-lhe o direito da alta hospitalar.

Art. 3º Esta resolução entra em vigor na data de sua publicação, revogando-se as disposições em contrário.

Brasília, 9 de novembro de 2006.

EDSON DE OLIVEIRA ANDRADE - Presidente
LÍVIA BARROS GARÇÃO – Secretária Geral

Fonte: http://www.portalmedico.org.br/resolucoes/cfm/2006/1805_2006.htm Acesso em 12.dez.2014.

Anexo II
Resolução nº 1995/2012 do CFM

RESOLUÇÃO CFM nº 1.995/2012
(Publicada no D.O.U. de 31 de agosto de 2012, Seção I, p.269-70)

Dispõe sobre as diretivas antecipadas de vontade dos pacientes.

O CONSELHO FEDERAL DE MEDICINA, no uso das atribuições conferidas pela Lei nº 3.268, de 30 de setembro de 1957, regulamentada pelo Decreto nº 44.045, de 19 de julho de 1958, e pela Lei nº 11.000, de 15 de dezembro de 2004, e

CONSIDERANDO a necessidade, bem como a inexistência de regulamentação sobre diretivas antecipadas de vontade do paciente no contexto da ética médica brasileira; CONSIDERANDO a necessidade de disciplinar a conduta do médico em face das mesmas; CONSIDERANDO a atual relevância da questão da autonomia do paciente no contexto da relação médico-paciente, bem como sua interface com as diretivas antecipadas de vontade; CONSIDERANDO que, na prática profissional, os médicos podem defrontar-se com esta situação de ordem ética ainda não prevista nos atuais dispositivos éticos nacionais; CONSIDERANDO que os novos recursos tecnológicos permitem a adoção de medidas desproporcionais que prolongam o sofrimento do paciente em estado terminal, sem trazer benefícios, e que essas medidas podem ter sido antecipadamente rejeitadas pelo mesmo; CONSIDERANDO o decidido em reunião plenária de 9 de agosto de 2012,

RESOLVE:

Art. 1º Definir diretivas antecipadas de vontade como o conjunto de desejos, prévia e expressamente manifestados pelo paciente, sobre cuidados e tratamentos que quer, ou não, receber no momento em que estiver incapacitado de expressar, livre e autonomamente, sua vontade.

Art. 2º Nas decisões sobre cuidados e tratamentos de pacientes que se encontram incapazes de comunicar-se, ou de expressar de maneira livre e independente suas vontades, o médico levará em consideração suas diretivas antecipadas de vontade. § 1º Caso o paciente tenha designado um representante para tal fim, suas informações serão levadas em consideração pelo médico.

§ 2º O médico deixará de levar em consideração as diretivas antecipadas de vontade do paciente ou representante que, em sua análise, estiverem em desacordo com os preceitos ditados pelo Código de Ética Médica.

§ 3º As diretivas antecipadas do paciente prevalecerão sobre qualquer outro parecer não médico, inclusive sobre os desejos dos familiares.

§ 4º O médico registrará, no prontuário, as diretivas antecipadas de vontade que lhes foram diretamente comunicadas pelo paciente. § 5º Não sendo conhecidas as diretivas antecipadas de vontade do paciente, nem havendo representante designado, familiares disponíveis ou falta de consenso entre estes, o médico recorrerá ao Comitê de Bioética da instituição, caso exista, ou, na falta deste, à Comissão de Ética Médica do hospital ou ao Conselho Regional e Federal de Medicina para fundamentar sua decisão sobre conflitos éticos, quando entender esta medida necessária e conveniente.

Art. 3º Esta resolução entra em vigor na data de sua publicação. Brasília-DF, 9 de agosto de 2012.

ROBERTO LUIZ D'AVILA - Presidente
HENRIQUE BATISTA E SILVA - Secretário-Geral

Fonte: http://www.portalmedico.org.br/resolucoes/CFM/2012/1995_2012.pdf

Impresso em junho de 2016